マンチュリア史研究

——「満洲」六〇〇年の社会変容——

塚瀬　進著

吉川弘文館

目次

Ⅱ　元末から清まで

Ⅲ　清末から中華人民共和国の成立まで

図表目次

序章　本書の目的

本書の目的は、十四世紀の明代から一九四九年の中華人民共和国成立までの約六〇〇年間におよぶ期間、マンチュリアではいかなる要因から社会変容が生じ、どのように変容していったのかを検証することである。

本書では、地名として表記する場合には「満洲」(以下、括弧は略)ではなく、マンチュリアと表記する。[1]その理由は、マンチュリアは地名として限定的に使い、民族名や国号として使われた満洲との混同を避けるためである。また、満洲という表記は戦前日本人の「満洲体験」と結びつき、日本人には特別な意味合いを包含する語句としてイメージされている。例えば、「赤い夕陽の沈む大平原」「理想郷としての満洲」「敗戦後の逃避行で悲惨な体験をした地」など、こうしたイメージを持つのは日本人だけである。むろん、過去の日本人の体験は尊重したいが、マンチュリアの歴史を日本人の満洲イメージに引っ張られて解釈、理解することは問題である。それゆえ本書では地域としてのマンチュリアを強調するために、満洲ではなくマンチュリアとしている。

マンチュリアの範囲は、おおむね北辺はスタノヴォイ山脈、南辺は長城、西辺は大興安嶺、東辺は鴨緑江・図們江(豆満江)の内側を想定している。しかしながら、この地理上の範囲が、常に一体的なまとまりをもちながら歴史的に推移してきたわけではない。清代の東三省の範囲、満洲国の領域、中華人民共和国の東三省の領域はそれぞれ異なり、完全には重ならない。本書は、マンチュリアの範囲は歴史的に生成されたものであり、歴史的変化に伴い、その範囲も伸縮していたという観点に立っている。[2]ある時期のマンチュリアの範囲という示し方はできるが、「固有のマンチ

ュリアの範囲」を確定することはできない。(3)

マンチュリアの特徴として、その状況は均質的ではなく、三つの地帯に分けられる点を指摘したい。第一に農耕がおこなわれ、主に漢人が活動した南部の平野地帯。第二に各種の狩猟民、主にツングース系の人々が活動した東部から朝鮮半島北部に連なる森林地帯。第三に遊牧民、主にモンゴル系の人々が活動した西部の大興安嶺近隣に広がる草原地帯、という地理的特徴を持つ。

平野地帯の漢人は三世紀に漢王朝が崩壊して以後、中華王朝と結びつくことはなく、マンチュリア全域を統治する政治権力を樹立することはなかった。マンチュリアの覇権は、「森林地帯の民」と「草原地帯の民」とで争われた。とはいえ、「森林地帯の民」が草原地帯に勢力をのばすことは困難であり、同様に「草原地帯の民」が森林地帯を制圧することも難しかったので、三つの地帯全域を包摂する政治権力は誕生しなかった。(4)ところが、十四世紀の明朝成立から中華人民共和国の成立まで、マンチュリアはある程度のまとまりを持って歴史的に推移してきた。中国の強い影響を受けるとともに、北はアムール川（黒龍江）、シベリア、東は朝鮮半島、西はモンゴル高原と接していたので、周辺（モンゴル、朝鮮、ロシア）からの影響も受けていた。したがってマンチュリア史の考察には、ロシア・シベリア、中国、朝鮮、モンゴルの動向について検討することが不可欠である。

周辺とのゆるやかな関係性のなかにあったマンチュリアは、十九世紀後半に国境という概念が外側から持ち込まれ、新たな歴史的段階に入った。アイグン条約、ペキン条約によりアムール川以北、ウスリー川以東はロシア領となった。これ以降、マンチュリアは中華王朝の統治空間を示す「版図」ではなく、近代主権国家が標榜する「領土」になったと考えられる。(5)清朝は帝国統治にあたって、異質な内容を持つ各地域を均質化する政策はおこなわず、それぞれの独自性を皇帝一元統治により保持してきた。しかしながら、十九世紀後半の西欧列強による勢力拡大を受けて、清朝は統治政策を修正して近代主権国家的な方式[6]、国民国家体制の導入をしようとしていた[7]。そして清末以降、中華民国、満洲国、中華人民共和国も「領土」の確定、保持を標榜し、国境にまでおよぶ領域支配を推進した。

本書はかかる経緯を踏まえ、近代主権国家が標榜する「領土」の概念を無批判に前近代に遡らせて、マンチュリアの属性を考える方向性はとっていない。近代主権国家が形成される以前と以後とを、連続して検討することにより、現代国家が描く「物語」の相対化を企図している。言い換えるならば、前近代と近代を別々に考察するのではなく、近代に現出した様相は、前近代に形成されたものを土台としながら、近代的なものがあらわれていく過程の検証をおこないたいと考えている。満洲が「中国の領土なのか」、「中国の領土ではないのか」という設問は、近代主権国家の論理がつくりだしたものであり、近代主権国家の誕生以前にまで遡り、こうした設問をつくり、解答しても無意味なことを示したい[8]。

世界史的には近代以降、国境の確定が重視されただけでなく、民族を単位とした主権国家の形成が目指された。しかし、マンチュリアでは民族の活動領域と国境は必ずしも重ならず、ズレが存在した。例えば朝鮮人、モンゴル人はそれぞれの民族を主体とする国家をつくったが、国家成立以後でも依然としてマンチュリアに暮らす人々がいた。マンチュリアで活動した人々は、民族を単位とする国家形成の流れに沿う部分もあったが、そうではない部分もあったのである。「一つの民族」や、「均質的な国民」の形成につながる流れだけではなかった点を指摘したい。そうであったからこそ、満洲国は「五族協和」というスローガンを強調する必要があったと言えよう。

マンチュリアは漢人、ツングース系、モンゴル系の人々を抱え、中国中央の影響、周辺（モンゴル、朝鮮、ロシア、日本）の影響を受けながら、その歴史を歩んできた[9]。つまり単一ではなく多様であり、均質的ではなく重層的な特徴を持つ地域だと指摘できる。本書では、「領土」や「民族」を単位とした歴史把握ではなく、「地域」という空間を中心にすえた歴史像の構築を試みている。本書の目的は、マンチュリアを重層的に形成された地域として、さらには前近代から近代までの期間を連続して考察することにより、その地域性を立体的、総合的に理解する試みだとまとめられる。[10] こうした考察を通して、戦前から日本人の間に流布している「満洲イメージ」を相対化することも本書は目的としている。「満洲は無主の地であった」、「満洲は満洲人の固有の領土であった」、「未開の地満洲を日本人が開発した」などのイメージは、研究の進んだ二十一世紀の現在においてはもはや是認できるものではない。

地域的特徴の考察にあたっては社会変容に焦点を合わせて、地域秩序や社会の反応にも留意した。社会変容は周辺集団の攻撃や中国関内からの移民増加などの外的要因から生じる一方、衛所制や旗民制の変容、鉄道敷設の影響、工業化政策の推進などの内的要因からも生じていた。本書は、衛所制と羈縻衛所制の成立と変容（第Ⅱ部第一章・第二章）、旗民制の成立と変容（同第三章）、鉄道敷設による社会変容（第Ⅲ部第一章）、満洲国政府が実施した政策による社会変容（同第二章）、中国共産党が実施した財政経済政策による社会変容（同第三章）を考察することにより、外的要因と内的要因から生じた社会変容の様相について考察する。[11]

本書が明代から中華人民共和国の成立までをあつかう理由は、以下の三点の理解に起因する。第一には、明代以後のマンチュリアは現在にも継承されるまとまりを保ちつつ、歴史的に推移していた。明代より以前の状況は、二十世紀にまで通じる理解の材料としては距離が遠い。第二には、漢人が多数を占める以前の清代では、マンチュリアは清朝が構築した旗民制により統治されていた。旗民制を理解するには清朝興起にまで遡る必要があり、清朝興起を理解するには明代の考察が必須となる。第三には、一九四九年の中華人民共和国成立以降「中国東北」という地域認識が台頭し、さらにロシア、モンゴル、北朝鮮との国境も明確化したため、マンチュリアという地域認識は歴史的な役割を終息したと考えている。

本書は、以上に述べた目的、観点に基づき、内外の研究成果、諸史料を可能な限り利用し、新たに明らかになった事実を踏まえてマンチュリア史を描く試みである。

本書では、行論中の紀年は、史料上の陰暦をその年の大半を占める西暦に換算して記した。月は史料上の陰暦をそのまま記している。『明実録』『清実録』などの日付は原史料のままであり、太陽暦には換算していない。

註

（1）満洲ではなく、マンチュリアを地名として研究論文に使っている論者はすでにいる。上田裕之、杉山清彦、中島楽章、古市大輔は論文で使っている。いずれも前近代史を専攻する研究者である点が興味深い。

（2）吉田光男〔二〇〇九、一一頁〕は、「歴史舞台の範囲は国境線のように明確な線引きができるわけでは」なく、「境界は曖昧模糊としており、しかも状況によってそれすらも揺れ動く。地域区分はあくまでも空間の中において歴史を把握するための便法の一つにすぎない」と述べている。

（3）筆者はこうした考え方を持つため、現在マスコミの報道が使っている、「旧満州」＝「現中国東北部」という説明はまったく理解できない。

（4）外山軍治〔一九六四、二頁〕。満洲人・漢人・モンゴル人が勢力交錯した点を、マンチュリアの特徴だとする見解は戦前から存在している（例えば、松井等〔一九三一、三六～三八頁〕）。鴛淵一〔一九四〇、一頁〕は、マンチュリアは「農夫たる漢人」、「森林の猟人にて農をも営んだ満洲族」、「草原遊牧の蒙古族」の三者の争奪地であり、「満洲史は三者の争闘史」であったとしている。

（5）上野稔弘〔二〇〇二、四二～四四頁〕は、中華人民共和国が考える領域国家の範囲と、歴史的に中国を考える場合の空間範囲とは異なることを指摘している。

（6）村田雄二郎〔一九八六、六～八頁〕。

（7）千葉正史〔二〇一〇〕。

（8）現在マンチュリアを領域下におく国家は、自らの国家形成との関わりからマンチュリアの歴史を語り、その「物語」をつくっている。しかしながら、一国史的観点から語られる「物語」には無理がある。近代主権国家の枠組みから過去をながめた「物語」をつくることは、本書の目的ではない。こうした考え方は、矢木毅〔二〇〇八〕から大きな示唆を得ている。

（9）マンチュリアに暮らした漢人、朝鮮人、満洲人、モンゴル人が「中国人」としての意識を、中華人民共和国成立以前に確固として持っていたとは考えられない。したがって、本書では「中国人」と表記する。

（10）こうした考え方は、羽田正〔二〇〇五〕から大きな示唆を得ている。

（11）マンチュリアは日本とは異質な「歴史的リアリティ」を持つ場所であることを、本書は強調している。日本の帝国主義的な政策と関わった部分だけを取り出して、マンチュリアの特性を論じる方向性はとっていない。日露戦争から満洲国崩壊まで、マンチュリアに対する日本の影響力は強かったが、マンチュリアのすべての動向を日本が規定していたわけではない。本書では日本の影響力に目をくばりつつも、より基底的な地域の「木目」を描き出すことを目的にしている。

I　マンチュリア史研究の軌跡

第一章「満洲」に関する諸見解

満洲という語句は、満洲語の「マンジュ（Manju）」の漢語音写である。どのような語源であり、いつから使用されたのか、長年にわたって研究がおこなわれてきた。しかしながら不明な点が多い。以下では満洲の語源、用例に関する研究史について述べてみたい。

一　日本での研究

満洲がいつから使われたのか、その語源は何に由来するのか、最初に検討を加えたのは内藤湖南〔一九三六〕であった。内藤湖南は日露戦争のときに奉天の崇謨閣で清朝に関する檔案を調査し、その成果をもとに満洲の用例、語源について自己の見解を述べた。明朝や朝鮮の史料では満洲は使われていないこと、朝鮮に出した手紙のなかでヌルハチは「金国汗」と称していたこと、ヌルハチが建てた東京城の天佑門には「アイシングルン」とあること、ホンタイジが遼陽城外に一六三〇年（天聡四）に建てた碑には「アイシン」国とあることを根拠に、ヌルハチ、ホンタイジのときの国号は「アイシン国（金国）」と称していたと主張した。しかし、『太祖実録』ができたころには、「アイシン国（金国）」という名称はかつての金朝を彷彿させるので使わないことにし、「満洲国」にしたと説明している。満洲の語源は有力者に対する尊称に由来し、仏教の「曼殊（文珠）室利（manjusri）」の転音であると指摘した。

ついで市村瓚次郎（一九〇九）は、いつから満洲が使われるようになったのか、関係史料の分析をおこなった。市村瓚次郎も内藤湖南とともに、奉天の崇謨閣で清朝の檔案を調査した。また明朝や朝鮮の史料をも検討し、天聡年間（一六二七〜三六）では後金や金の国号は見えるが満洲の国号はないことから、満洲は大清の国号を称した後に初めて現れたと主張した。そして満洲の語源として、①仏教用語に由来する、②モンゴル語、女真語で勇猛を意味する「Mang」に由来する、③粛慎の転音、④勿吉靺鞨の転音、⑥「満節」（論語の註疏にある九夷の一つ）の転訛などを指摘した。市村瓚次郎は、ホンタイジは大清に改元したとき、それ以前の国号「後金」を消し去り、これまでの国号はずっと満洲であったかのような操作をしたと主張した。市村説は後年ではホンタイジが国号を偽作したと理解され、「ホンタイジ偽作説」などと称されるようになった（市村瓚次郎は論文の中で「ホンタイジによる偽作」という表現は使っていない）。

内藤湖南、市村瓚次郎に続いて、満洲について論じたのは稲葉岩吉であった。稲葉岩吉（一九一五、四〇九〜四一六頁）は、金国や女真の名称は漢人からは忌み嫌われているので、漢人の居住地に勢力を拡大しようとしたホンタイジにとって都合の悪いものになったと解釈した。それゆえ市村瓚次郎と同様に、ホンタイジは大清に国号を改めたことを契機に、一切の記録から金国、女真を消し去り、満洲に書き換えたと主張した。満洲の由来については、一つはヌルハチの尊称が「満住」であり、それが転化して満洲になったという由来と、もう一つは内藤湖南と同様に仏教の「曼殊（文珠）室利」に由来するという二つを指摘した。その後に書かれた、稲葉岩吉（一九三四）でもほぼ同様の内容を述べている。

三田村泰助（一九三八）は『満文老檔』の分析を通じて、新たな見解を発表した。『満文老檔』にはヌルハチのときに、すでにマンジュ＝グルン（マンジュ国、満洲国）の名称が記述されており、ホンタイジより前にも満洲の記述は存在したことが判明した。そこで三田村泰助は、新たにマンジュ＝グルン（マンジュ国、満洲国）はヌルハチが建州女真の統合後につけた国号だと主張した。しかし、明や朝鮮からの疑念・干渉を避けるため、対外的には「建州」を称した。女真諸部の統一後（一六一六年）、ヌルハチは外には後金国と称し、内にはジュセン国と称して、マンジュ国はやめたと解釈した。つまり、満洲はヌルハチにより国号として使われ、その期間は一六〇〇年前後から一六一六年までと短く、ヌルハチ政権の変化に伴い、その使われ方も変わったと理解したのである。語源については、満洲は有力者に対する尊称であり、「曼殊（文珠）室利」の転音であるとする内藤湖南説を踏襲している。

以上、戦前に満洲の用例や語源について考察した内藤湖南、市村瓚次郎、稲葉岩吉、三田村泰助の見解を見てみた。満洲は地名ではなく、国号として使われていた点では一致している（いつの時点から使われたのかは一致していない）。

戦後になり、『満文老檔』の原本である『満洲原檔』が台湾で発見され、満洲の用例について新たな分析が可能となった。神田信夫（一九七二）は『満文老檔』と『満洲原檔』の記述を比較して、満洲の用例について検討した。「マンジュ」の語句が『満文老檔』に初出するのは一六一三年（万暦四十一）であり、この記述は『満洲原檔』でも最初から書かれていたと指摘した。これにより、「マンジュ」はヌルハチ期に存在したことが確認された。そして、三田村泰助が主張した、「マンジュ国」とはヌルハチが建州女真を統合してつくった国だという見解を支持した。しかし、「女真諸部の統一後（一六一六年）、ヌルハチは外には後金国と称し、内にはジュセン国と称して、マンジュ国はやめた」という三田村泰助の見解には反対し、明や朝鮮には「アイシン」を使っていたが、モンゴルには「マンジュ国」と称し、国内的には天命から天聡にかけて「マンジュ国」、「アイシン」が使われていたとした。こうした混用、曖昧な状況をホンタイジは整理し、一六三五年（天聡九）に民族名を「マンジュ」と改め、翌三六年（崇徳元）に「大清」を国号としたので、「マンジュ」は国号ではなく民族名となったと主張した。神田信夫は満洲の用例については検討したが、満洲の語源については述べていない。

以上の神田信夫説は、通説的な理解として受け入れられている。しかし、敦冰河〔二〇〇一〕は神田説の根拠となっている『原檔』の記述は、後代の加筆・書き込みであり、ヌルハチは「マンジュ」という国号を称しておらず、「建州」、「ジュシェン」と称していたと主張した。そして、女真諸部の統一後に「マンジュ国」、「アイシン」という国号を定めたので、「建州」、「ジュシェン」は消滅したという見解を発表している。

満洲の語源について、今西春秋〔一九六二〕は部族名や地名ではなく、「マンジュ」の尊称を持つ人の治める国だから「マンジュ国」と称されたと解釈している。

ツングース諸語の研究をおこなった池上二良〔一九八七〕は、満洲は「川」の意味に由来すると主張した。池上二良は、ツィンツィウスが『ツングース・満洲諸語比較音韻論』のなかで、「manju」の語句はアムール川流域の住民は「川」の意味で使っていたという指摘を重視し、さらにナナイ語などとの比定を試み、「川」の意味が語源だと主張した。

石橋秀雄〔一九九五〕は『満洲源流考』が述べる満洲の語義について考察を加えた。満洲が民族名となるのは、ホンタイジが一六三五年に「ジュセン」を禁じて「マンジュ」としたことに始まり、それ以前に満洲が民族名として使われたことはなかった。しかし『満洲源流考』では、粛慎にまで遡る部族（民族）名として記述している。清朝の官選である『満洲源流考』がこうした記述をしている理由について、以下のように解釈した。まず、ホンタイジが一六三五年に「ジュセン」を禁じて「マンジュ」としたのは、以前の後金や女真との関係性を断ち切り、新たな「多部族統合国家」となったことを鮮明にする意図を持っていたからだと指摘した。ところが、乾隆年間の状況はホンタイジの時代とは異なり、旗人は没落したり、漢化が進み、かつての満洲人意識が失われようとしていた。それゆえ乾隆帝は、『満洲源流考』において満洲の語源を粛慎にまで遡らせ、伝統ある部族として位置づけようと考え、満洲を部族名にしたと解釈している。満洲の語義は、それを解釈、説明する人々の状況により相違したのであり、解釈、説明された時代状況をも勘案する必要性を石橋秀雄は指摘している。

満洲の語源については、日本では内藤湖南以来の「曼殊（文珠）室利」に由来し、ヌルハチらが仏教を信仰していたことも手伝い、「文殊」→「文珠」→「満洲」と転化したという見解が広く受け入れられている。松浦茂〔一九九五、五八頁〕は、「マンジュ」の語源は「曼殊（文殊）室利（マンジュシュリー）」（サンスクリット語では「目出度い」の意味）であり、ヌルハチらは仏教を信仰していたので「文殊（曼殊）」を崇めており、この点に由来すると述べている。平野聡〔二〇〇七、一〇四頁〕は、「マンジュという名称は、一般的に、彼ら（満洲人）が信仰する文殊菩薩にちなんでいるとされる」と述べている。

こうした見解に岡田英弘は反論している。岡田英弘〔二〇〇九〕は、日本人は「文殊（曼殊）師利菩薩」を「文殊」と略称するが、満洲人は略称せずに「マンジュシュリー」と呼ぶ。また、「満洲人は、自分の種族名がこの菩薩から来ているとは、夢にも思わなかった」とし、満洲の語源を「文殊師利菩薩」に比定する見解を否定した。そして、満洲の語源は不明だと主張している。

以上の日本での研究状況をまとめると、満洲はヌルハチが女真諸部を統合した後に国号として使われ（いつから国号として使われたのか、その時期に関する見解は分かれている）、その語源について定説は確立していないとまとめられる。

二　中国での研究

中国では孟森〔一九三〇・一九八六〕が先駆的な検討をおこない、満洲は「満住」とも書き、建州女真の首長であった李満住も名前に取り入れていた、女真の間で使われた尊称であったと主張した。馮家昇〔一九三三〕は、満洲が使われはじめたときと、その語源に関する諸説の整理をおこなった。満洲がいつから使われたのか、①国初以来、国号としていた、②一六一六年にヌルハチが即位したときに国号とした、③ホンタイジのときに大清と改称する以前は満洲を国号としていたが、「文字の獄」により満洲は抹殺された、とまとめている。満洲の語源については、①「清涼」の漢語、②満洲語の「mong.」（勇猛）、③名珠が取れる「満珠の地」、④戦敗した有力者が逃げ込んできて「満豬」という国をつくったことに由来、⑤日本の源氏の源満仲に由来、⑥粛慎の転音、⑦勿吉靺鞨の転音、⑧『論語註疏』に記述のある九夷の一つである「満節」に由来、⑨靺鞨の有力者の「満咄」に由来、⑩「文殊師利」に由来、⑪建州女真の有力者であった李満住の「満住」に由来、の一一種類をあげている。満洲の語源については、戦前にすでに多数の見解が存在したのである。馮家昇は諸説のなかで、否定できる見解については否定した。しかし、自己の見解については、確定的な主張は留保している。

台湾では陳捷先〔一九六三〕が満洲の語源について考察し、明末の女真各部は名称として居住地の近くを流れる河川の名称を使っていたと指摘し、「婆豬河」が転音して満洲になったと主張した。黄彰健〔一九六七〕は、朝鮮の史書である『東国史略事大文軌』にヌルハチの居住地は「萬朱」だとする記述があることをもとに、満洲は地名に由来したと主張した。

乾隆年間に作成された『満洲源流考』は、満洲を地名ではなく部族名として、その由来について記述している。満洲は以前は「満珠」と書き、チベットの来書に清朝皇帝は「曼殊師利大皇帝」と書かれていたことに由来し、「珠」と「殊」は同音なので「満殊」となり、さらに「殊」は地名を表す「洲」に変えて、満洲という語句が誕生したと

『満洲源流考』は述べている。かかる『満洲源流考』の記述内容を、他の史料で事実だと論証できるのか、王俊中〔一九九七〕はチベット語史料を分析して確認を試みた。その結果、現在参照できるチベット語史料において、チベットからの来書が清朝皇帝を「曼殊師利大皇帝」と記述したことは、順治年間においてはその記述が確認できた。しかし、ヌルハチ、ホンタイジの時代については確認できないので、『満洲源流考』の信憑性は低いと指摘した。そして、『満洲源流考』がチベットとの関係から満洲の語源を説明しようとしたのは、乾隆時代はチベット仏教が興隆したので、それが背景となっているのではないかと主張している。王俊中の研究により、チベットの来書にある「曼殊師利」に由来するという見解は、大きく揺らいだと言えよう。

戦後の中国においても、満洲の語源、用例に関する研究は進められた。滕紹箴〔一九八一・一九九五・一九九六〕は満洲の語源、用例について広範囲におよぶ史料を検討し、満洲は朝鮮の人が鴨緑江上流の女真を呼ぶさいに使った部族名であり、その居住地を示す地名であったと主張する。姚斌〔一九九〇〕は、建州女真の有力者であった李満住の名前に由来すると主張し、王昊〔一九九六〕は、ホンタイジは自分たちの部族が栄えある名称を冠することを目的に、「満珠」ではなく満洲にしたと主張した。

言語学的な観点からは、長山〔二〇〇九〕は「manju」の詞義を言語学的に分析し、「manju」は満洲人が生業とした狩猟経済に由来していると主張した。烏拉康春〔一九九〇〕と張璇如〔二〇〇九〕は、「勇猛な人」、英雄という意味ではないかと述べている。

邸永君〔二〇〇五〕、王鍾翰〔二〇〇四〕は、満洲の語源、用例に関する諸説を整理している。劉厚生〔二〇〇七〕、陳鵬〔二〇一二〕は、「満洲」の語源について、①人名に由来、②満洲語が転音、③地名に由来、④部落名に由来、という四点から整理している。そして、確定的な結論を出すことは難しいと述べている。

Giovanni Stary Venezia〔一九九〇〕は欧米での満洲の語源に関する諸見解について整理をおこない、言語学的な観点から満洲の語源について検討を加えた。そして、満洲の語源はツングース語の「強い」「猛烈」という語句と関係があると主張している。

以上、満洲の語源、用例に関する中国、台湾での研究は、諸説が乱立しており、定説的な見解の確立には至っていないとまとめられる。

三　地名への転化

国名、民族名であった満洲は、いつごろ地名に転化したのであろうか。この問題について矢野仁一〔一九四一、四〜七頁〕は、ヨーロッパの人々が地名として使うようになったと指摘した。矢野仁一は、十九世紀初めまでヨーロッパ人も日本人も満洲は部族名と考えており、マンチュリアは「韃靼、満洲人の国土」などと称され、満洲は地名ではなかった。しかし、一八三〇年代以降ドイツやイギリスなどヨーロッパで、満洲は地名として使われるようになったと主張した。

中見立夫〔一九九三、二七八頁〕は、矢野仁一が検討していない日本人作成の地図を取り上げ、満洲が地名として使われた起源について考証した。桂川甫周が大黒屋光太夫（駿河沖で難破し、アリューシャン列島に漂着した後、シベリアを経由してペテルブルクに行き、ラクスマンとともに一七九二年に帰国した）からの聞き取りをもとに編纂した地誌『北槎聞略』（一七九四年）の地図には満洲の表記が存在すること、高橋景保が作成した「日本辺界略図」（一八〇九年）、「新訂万国全図」（一八一〇年）にも満洲の表記があることを指摘した。そしてこれらの事実から、日本で地名としての満洲が成立したのは、ヨーロッパよりも少し早く、十八世紀末から十九世紀初めだと主張した。

中見立夫は、満洲という地名はマンチュリアの外の人々によりつくられたものであり、マンチュリアに暮らす人々の意向とは無関係であったことを強調する。そして、地域概念とは政治権力がその地域をどのように考えていたかを反映しており、政治権力の意向に沿って地域名称も案出されていたとし、かかる点への考慮を欠くならば、地域理解は外側からの一面的なものに陥り、地域の内在的な理解はないがしろになってしまう危険性があると指摘している。松浦茂〔二〇〇九〕は満洲という語句が、日本へどのように入ってきたのか検討を加えている。松浦茂は間宮林蔵などが残した北辺調査を分析し、江戸時代には「マンチウ」「満州」の二つが使われており、「マンチウ」はアムール川沿岸の住民を経て、サハリンのアイヌの話し言葉を通して伝えられ、「満州」は清朝の文献を通じて日本に広まったと指摘した。そして、「マンチウ」、「満州」が清朝と結びつけて認識されていたわけではなかったと主張した。

満洲を地名として使ったのは日本人やヨーロッパ人であった。では、中国の人々はマンチュリアをどのような地名で呼んでいたのであろうか。

明朝の人々は、マンチュリア全体を表す地名は使っていなかったと考えられる。遼東辺牆の内側については「遼東」「遼左」などの地名を使っていた。ヌルガン地区を総称的に表す地名はなかったようである。『大明一統志』（巻八九）は「外夷」の部分に、朝鮮や日本と並べて「女直」という項目を設け、ヌルガン地区の状況を記述している。女直の居住地は、「東は海に、西はウリャーンハン（兀良哈）に、南は朝鮮に、北はヌルガン」に接していると述べ、特別な地名は記述していない。『明実録』は来朝する女真たちを「東北諸胡来朝者」と記述している（『太宗実録』巻七八　永楽六年四月乙酉）。明朝は遼東とヌルガン地区ではその統治方法も異なっており（第Ⅱ部第一章参照）、両者を合わせて呼ぶ地名、つまりマンチュリアに相当する地名は存在しなかったようである。

満洲人も地名としては、満洲を使ってはいなかった。中見立夫〔二〇〇二、一九頁〕は、「満洲語の語彙のなかには、のちに日本人や欧米人が地名として使う『満洲』に相当する地域名称は存在していな」かったと述べている。それゆえ、マンチュリアを表す地名を、満洲人は持っていなかったと推測される。

清代では盛京、吉林、黒龍江という名称が使われ、「東三省」という語句が登場した。もっとも吉林や黒龍江が省となるのは一九〇七年（光緒三十三）であり、十七〜十九世紀には「東三省」は厳密には存在しなかった。しかし清朝は「東三省」という語句を使っていた。古市大輔〔二〇一二〕は『清実録』から乾隆年間までの「東三省」の用例を網羅的に抽出して、その用例について検討している。「東三省」が『清実録』に登場するのは遅く、一七三三年（雍正十一）であった。意味的には地名ではなく、盛京・吉林・黒龍江の三将軍が統率する兵士を総称する意味で使われていた。そして、「東三省」の語句は、十八世紀までは領域的な意味合いは希薄であり、盛京・吉林・黒龍江の各駐防八旗や各行政機構を便宜的に総称するさいに使われていたと主張している。

十九世紀になると、『清実録』には「東三省為根本重地」などの記述が頻出し、「東三省」は地名として用いられていた。しかし、『清実録』には「満洲為本朝発祥之地」などの表現で、「満洲」を地名として使った用例は存在しない。

二十世紀の中国では、マンチュリアを示す場合には「東北」、「東三省」が一般的だが、「満洲」も地名として使われていた。一九一一年に編纂された『東三省政略』巻四軍事・述要には、「満洲には南北の名がある（満洲而有南北之名）」とあり、「満洲」を地名として使っている。ところが、一九三二年に満洲国が建国されると、満洲という語句そのものの使用が忌み嫌われた。満洲という語句は特別なニュアンスを持つものとなり、敢えて使用する「中国人」に対しては「満洲国の存在を肯定、是認している」などの憶測さえささやかれた。「マンジュ（満洲）」を民族（部族）名と決めたホンタイジは、満洲がこのような意味で使われるようになるとは、まったく想像もしなかったであろう。

戦後ではマンチュリアに相当する場所は、東北アジア、北東アジアという名称でも表記されている。菊池俊彦〔二〇一〇、iii〜iv頁〕は、東北アジアという名称は日露戦争以降におこなわれた満洲史研究のイメージを払拭するために用いられたものだとし、これに対して北東アジアは欧米の諸言語（英語ではNortheast Asia）に由来しており、欧米の学問的影響が強かった民族学、人類学の分野で戦後に用いられたと説明している。そして、東北アジア、北東アジアの用語は、それぞれ歴史的に異なった背景から用いられるようになったので、いずれに統一するかは容易ではないと述べている。

以上の諸見解を検討し、本書では満洲という語句は地名としては使わず、マンチュリアという表記を地名として使うことにした。

第二章　マンチュリア史研究の成果と問題点

はじめに

本章の目的は、戦前から戦後にかけてのマンチュリア史研究の動向について検証し、これまでのマンチュリア史研究が、どのような人たちにより、何を目的におこなわれ、何を明らかにしてきたのかを確認することにある。

一　戦前のマンチュリア史研究

1　マンチュリア史研究のはじまり

(1)　白鳥庫吉による研究

日露戦争の結果、日本は関東州の租借権や南満洲鉄道株式会社（以下、満鉄）の経営権を得るとともに、朝鮮半島に対する地位をより堅固にした。そうした状況を見た東京帝国大学教授の白鳥庫吉[1]は、満洲史・朝鮮史に関する研究の必要性を痛感した。白鳥庫吉は満鉄総裁の後藤新平に歴史研究の重要性を訴え、一九〇八年に「南満洲鉄道株式会社歴史調査室」（以下「歴史調査室」）を東京に立ち上げた〔中見立夫 二〇〇六、三七頁〕。「歴史調査室」をつくった白鳥庫吉の目的は三点にまとめられる。第一には、満洲・朝鮮経営に資するための歴史研究であった〔満鉄 一九一三、六頁〕。第二には、欧米への対抗心であった。一九〇一〜〇三年にかけてヨーロッパに留学した白鳥庫吉は日本の歴史研究の遅れを知り、西欧のことを西欧人から教わるのはまだ許容できるが、「東洋のこと、西人の教を俟って始めて知る」というのは遺憾だと感じた。それゆえ、まだ欧米人が着手していない満洲・朝鮮の研究は、日本人が開拓できる分野であり「世界の学術に貢献」できると考えた〔満鉄　一九一三、四〜五頁〕。第三に、日本の東洋史研究は黎明期であり、研究者の数は少なく、人材の育成が急務となっていた。白鳥庫吉は若手研究者を育成、プールする研究組織の立ち上げが必要だと考えた。

「歴史調査室」が発足した一九〇八年の時点での日本の東洋史研究は盛んではなく、研究体制の整備も遅れていた。東京帝国大学はリースを招聘（一八八七年）して、ランケを開祖とする実証的歴史研究の導入に努め、江戸時代以来の漢学的な研究から脱却して、科学的な史料批判による歴史研究への転換を進めた〔青木富太郎　一九四〇、一四六頁〕。そうした状況下で育成されたのが白鳥庫吉であった（一八九〇年卒業）。白鳥庫吉はヨーロッパ留学からの帰国後、一九〇四年に東京帝国大学教授に就任した。この一九〇四年は東京帝国大学文学部がその組織を大きく改変した年でもあり、哲学、史学、文学の三大学科が設けられ、史学科は国史学科、支那史学科、西洋史学科から構成されることになった〔東京大学百年史編集委員会編　一九八六、六二四頁〕。すでにリースは帰国（一九〇二年）しており、日本人スタッフだけで史学科を立ち上げたのであった。支那史学科は市村瓚次郎が中国史を、白鳥庫吉が塞外諸民族史を担当した。しかしながら、個別分野での研究蓄積はまだ少なく、研究の推進とともに人材の育成が求められた。

白鳥庫吉は東京帝国大学卒業生の箭内亙、松井等、池内宏、東京帝国大学とは関係のない稲葉岩吉、津田左右吉をメンバーとして、「歴史調査室」での研究を開始した。箭内亙、松井等、稲葉岩吉が満洲を担当し、津田左右吉、池内宏が朝鮮を担当した。白鳥庫吉は彼らを、「当時これらの人々は未だ世間には名も余りしられていなかったが、今日ではいずれも博士として、或いは大学教授として、斯界に重要な位置を占め、社会的にもみな有名な人々である」と評価している（白鳥庫吉 一九六九、一〇巻、四〇五頁）。後に箭内亙[2]と池内宏[3]は東京帝国大学教授になり、津田左右吉[4]は早稲田大学教授、松井等[5]は国学院大学教授、稲葉岩吉[6]は朝鮮総督府修史官、建国大学教授になり、日本の東洋史研究を支える人材となった。「歴史調査室」を設けて若手研究者を育成するという、白鳥庫吉の目論見は達成されたと言えよう[7]。

一九一三年に『満洲歴史地理』第一巻、第二巻と、津田左右吉執筆による『朝鮮歴史地理』第一巻、第二巻が刊行された[8]。内容の特徴としては、漢代から清初までのマンチュリアの疆域に関する考証論文が多い点である。「歴史調査室」の研究関心は、マンチュリアを統治した政治権力の勢力範囲の確定に力点があったと指摘できる。のちに東京帝国大学教授となる和田清は『満洲歴史地理』の諸論文を評価して、「ほぼ満鮮東蒙の歴史上の難問を解決して、元代までの文献学的研究は完成に近く、あとには明清両代の調査が稍々未了なのと、他に現地考古学的土俗学的調査が欠けているだけである」と述べている（和田清 一九三三、五三七頁）。だが、マンチュリア社会の内部状況については、十分な考察はなされていないと指摘したい。とはいえ、『満洲歴史地理』は漢学的な手法から離れて、実証的な歴史研究の方法によりマンチュリアの歴史について考察した、日本で最初の研究成果である点は揺るがない。

「歴史調査室」は研究成果を刊行するに至ったが、満鉄社内では現在と距離のある歴史研究を継続することに疑問が出され、一九一五年に「歴史調査室」は廃止された（中見立夫 二〇〇六、三八頁）。しかし白鳥庫吉は研究の継続をはかり、研究室を東京帝国大学内に移して、東京帝国大学の教員を中心に研究を続けた。その成果は『満鮮地理歴史研究報告』という名称で一九一五年に第一冊が出され、以後一九四一年まで合計一六冊が刊行された。

執筆者の多くは津田左右吉、松井等、箭内亙、池内宏などの「歴史調査室」以来のメンバーであったが、第一二冊

（一九三〇年刊）に和田清が「兀良哈三衛に関する研究（上）」を掲載してメンバーに加わった。和田清は東京帝国大学東洋史学科（支那史学科は一九一〇年に廃止され東洋史学科に改められた）で白鳥庫吉、池内宏らの教育・指導を受け、一九一五年に卒業した新たな教育システムが生み出した人材でもあった。それまでマンチュリアと朝鮮との関係については池内宏が担当となり、いわゆる「満鮮史」研究に取り組んでいた。だが、マンチュリアとモンゴルとの関係についての論文が『満鮮地理歴史研究報告』に掲載されたことはなかった。和田清の参加により、いわゆる「満蒙史」研究に関する論文が掲載されたのである。和田清は一九三三年に東京帝国大学教授に就任し、日本を代表する「満蒙史」研究者となる。[9][10]

「歴史調査室」の参加者のなかで、稲葉岩吉は特異な存在であった。稲葉岩吉は白鳥庫吉の誘いに応じて「歴史調査室」に加わったが、新聞記者時代の内藤湖南の教えを受けた経歴を持ち、自身では内藤湖南を師だと称していた〔稲葉岩吉 一九三四〕。稲葉岩吉はとくに大学史学科で教育を受けた経歴はなかったが、高い史料の分析力と優れた叙述力を持っていた。「歴史調査室」に参画した約七年間の成果は、『清朝全史』上・下〔稲葉岩吉 一九一四〕、『満洲発達史』〔稲葉岩吉 一九一五〕として刊行している。『満洲発達史』は明代から清末までのマンチュリア史について叙述しており、概説的な著作としては現在もその価値を失っていない。[11] 満洲国建国後には建国大学教授に就任し、満洲国で研究教育活動をしていた。最後の著作となった『満洲国史通論』〔稲葉岩吉 一九四〇〕は満洲国建国の前史を述べ、満洲国に対する日本人の認識深化を目的に執筆された。古代の粛慎から始まり、日露戦争までの「満洲通史」は、その時点での学界の諸成果を取り入れた優れた内容となっている。しかしながら、考察の方向性として主張したいことは満洲国建国の必然性であり、現代日本人にはこうした方向性を受け止めることは難しい。

(2) 内藤湖南による研究

一九〇七年に京都帝国大学講師に就任した内藤湖南[12]は、日露戦争を契機としてマンチュリア史の研究を始めた。その研究内容は、さきに見た白鳥庫吉の軌跡とは異なっていた。内藤湖南はマンチュリア史への関心は早くから持っていたようで、京都帝国大学に就任する以前の一九〇〇年に明代マンチュリアの疆域に関する論文を書いている（内藤湖南 一九〇〇）。だが、この論文は初歩的な考察の域を出ていない、試論的なものにすぎない。本格的に内藤湖南がマンチュリア史の研究を始めた契機は、史料との出会いが大きく関わっていた。白鳥庫吉は日本の満洲・朝鮮経営に資することや、西欧への対抗からマンチュリアの歴史研究に着手したが、内藤湖南は日露戦争によりマンチュリアでの史料調査が可能となったことを契機に研究を始めた。

内藤湖南は日露戦争がまだ終結していない一九〇五年七月に奉天を訪れ、奉天文溯閣などに保存された史料の調査をおこなった[13]。この調査を皮切りに、一九〇六年には外務省より間島問題調査の嘱託を受けて渡満し、奉天では『満文老檔』などの満洲語史料を収集した。ついで一九〇八年には間島、吉林方面を踏査し、一九一二年には羽田亨らとともに『満文老檔』の写真撮影もおこなった[14]。数回におよぶ史料調査により内藤湖南は、これまで外国人が見たことのない清朝初期に書かれた満洲語の史料などを入手した。そして、それらの史料を分析して論文を発表したが、考察の重点は清朝政権の問題についてであり、マンチュリアという地域の特徴については考察していない[15]。

内藤湖南の関心は史料の収集と刊行にあったようで、一九一九年から史料復刻を目的とした『満蒙叢書』の刊行を始めた。その「序」によると三年を一期として毎年八冊、合計二四冊を刊行する予定だと述べている。しかし実際には、一～五巻、九巻、一七巻の計七冊が一九一九年から二三年にかけて刊行されただけであり、他は未刊である。内藤湖南は史料刊行の目的を、白鳥庫吉らの研究と対比させて、「（白鳥らの研究は）其研究の成績を著して創見を以て学界を提醒し、此は其研究の資料を供給して学者、経世者の随意取用に縦せんとす」としている。[16] 白鳥庫吉らとの研究とは異なる方向を、内藤湖南は志向していたことを明瞭に述べている。

内藤湖南が勤務した京都帝国大学では、白鳥庫吉や内藤湖南とはかなり異なった経歴、見解を持つ矢野仁一[17]が東洋近世史・近代史を講じ、マンチュリア史についても研究していた。矢野仁一は東京帝国大学西洋史学科で学び、卒論の題目は「露清関係殊にネルチンスク条約」であった。その後北京の法政学堂で教鞭をとり、一九一二年に京都帝国大学の助教授に就任した。とくに外交史研究に関して優れた業績を残しており、日清戦争から日露戦争までのマンチュリアをめぐるロシアの動向についての研究は、現在でも価値を失っていない〔矢野仁一　一九四二〕。

矢野仁一は周知のように、「満洲は中国の領土ではない」という見解を発表して、歴史的背景をもとに満洲国建国の正当性を主張していた。[18] 矢野仁一は自らの東洋史研究の成果をもとに、「満洲と中国は異なる」という持論を展開したのである。あまり知られていないが、白鳥庫吉が主催した「歴史調査室」に参加した松井等〔一九三〇〕は、矢野仁一の主張に反対する論説を書いていた。松井等は、その変化の過程を明らかにして、現在を理解することが重要だと主張し、過去のある時点の固定的な状況を、現在の理解に持ち込むことには疑問を唱えた。すなわち、日露戦争以前のマンチュリアの状況をもって、日露戦争以後のマンチュリアの状況を考えることは問題だという見解を展開したのである。中国の領土に対する考え方が西欧とは相違することにも言及し、日露戦争以後に満洲が置かれた状況を踏まえると、中国と満洲を分けて考える主張は、「あまりに過去の事象に拘泥」しすぎていると、矢野仁一を批判した。筆者は松井等の見解に賛意を示すが、ここで言いたいことは、矢野仁一が主張した「満洲は中国の領土ではない」という見解は、創生期のマンチュリア史研究者に共通するものではなかった点である。

日本では明治年間になると、江戸時代の漢学とは異なる東洋史研究という枠組みが、西欧で確立した実証的歴史学の手法を土台に形成された。その形成途上で日露戦争が起こり、マンチュリア・朝鮮の研究が求められ、マンチュリア史は東洋史研究の一部門となった。そして、創生期のマンチュリア史研究は東京帝国大学と京都帝国大学を拠点にして進められたとまとめられる。

2 満洲国建国を契機とする研究の興隆

(1) 日本国内での研究

満洲国の建国を受けて、マンチュリア史研究の強化が国策的におこなわれた。一九三三年に外務省の文化事業部は満蒙文化研究事業という名目で助成金を出すことを決め、東京帝国大学と京都帝国大学にその遂行を委託した。東京帝国大学は池内宏が中心となり、三上次男[19]、旗田巍[20]が研究に従事した。京都帝国大学では羽田亨[21]が中心となり、田村実造[22]、若城久治郎、外山軍治、小川裕人らが研究にたずさわった。

京都帝国大学は一九三八年から『満蒙史論叢』を刊行して、その成果を公にした。『満蒙史論叢』一（一九三八年）の「序」は羽田亨の執筆にかかり、「日露戦役の後に画期的な進歩を遂げた我が国の満蒙史研究は、満洲国の成立後更に一段の発達を示し、精緻透徹の論述が相次いで公にせられつつあるのは学界の慶事である」という文章で始まる。日露戦争を契機に着手されたマンチュリア史研究は、満洲国建国を契機として、さらなる研究の進展が国家的要請により進められた。

満蒙文化研究事業の一環として、明代満蒙史料の編纂という大規模な史料編纂が企図された。具体的には、東京帝国大学では旗田巍が『李朝実録』から満洲関係の記事を採録し、京都帝国大学では三田村泰助[23]と今西春秋[24]が『明実録』から満洲・モンゴル関係の記事を採録するという内容であった。明代より前のマンチュリア史に関する史料の量はそれほど多くはなく、日露戦争後の研究の進展により、そのほとんどは分析・考察された。しかしながら、明代の関係史料は『李朝実録』『明実録』が存在することから、膨大な量に達し、研究の進展を困難にしていた。そのため明代満蒙史料を編纂し、史料利用にあたっての困難を克服することが企図された（田村実造 一九五九／外山軍治 一九六〇）。明代満蒙史料は、戦前には『明代満蒙史料　蒙古篇』一（一九四三年）だけしか刊行されなかったが、戦後にはすべてが刊行され、研究者の活動を支えている。

マンチュリア史研究をおこなう若手研究者が増えたこともあり、雑誌『歴史学研究』は一九三五年に「満洲史特輯号」を刊行した。[25] この特輯号は若手研究者による論文が一四本掲載され、さらにこの時点での研究成果を網羅した「満洲史参考文献目録」を付録とする充実した内容であった。執筆者は東京帝国大学出身者が多数を占めているが、後述する大上末広が入っている点は注目される。

特輯号刊行にあたっての主旨などはとくにないが、巻頭論文である三島一「満洲史研究序説」[26] は矢野仁一の「満洲は中国に非ず」論に対する反論であり、マンチュリアは漢人、満洲人、モンゴル人の居住地帯であり、「この事実を歪曲するとき、それは為にする曲学阿世の史家」であると述べている。

掲載論文の内容を見ると、「ツングゥス族の土地所有関係」、「吾都里族の部落構成」、「清末に於ける吉林省西北部の開発」、「近代に於ける満洲農業社会の変革過程」などの、マンチュリアの社会内部の状況やその変化を考察した論文、「高麗と契丹・女真との貿易関係」、「清代に於ける満支の経済的融合」、「ツァーリと満洲問題」などの、マンチュリアと周辺との関係を考察した論文が目につく。白鳥庫吉、池内宏、和田清らがおこなってきた地理的考証とは異なる問題を考察対象にしていると指摘できよう。

研究者の数は増え、広島文理科大学（現広島大学）では鴛淵一、その弟子の戸田茂喜、および浦廉一が、マンチュリア史に関する研究をおこなっていた。鴛淵一[27]は一九二〇年に京都帝国大学東洋史学専攻を卒業し、マンチュリア史、満洲語史料の研究に従事した。鴛淵一は三田村泰助、今西春秋らの満洲語の教師でもあった。鴛淵一は一九三二年に広島文理科大学助教授に就任し、広島を拠点にマンチュリア史研究を進めた。鴛淵一の指導のもとで研究を始めたのが戸田茂喜[28]であった。戸田茂喜は広島文理科大学卒業後、東洋史研究室の助手となり「満文老檔の研究」をおこない、その成果はいくつかの論文として発表した。一九四三年に満洲国に渡り、奉天図書館の司書官となった。敗戦後、シベリアに抑留され、一九四七年八月に帰国を果たしたが、二ヵ月後の十月に死去した。また、一九二八年に京都帝国大学東洋史学専攻を卒業し、一九二九年に広島高等師範学校教授となった浦廉一[29]もマンチュリア史に関する研究をしていた。

以上の他に、京都帝国大学で桑原隲蔵の指導を受けた有高巌[30]は、元代史を中心に研究していたが、マンチュリア史に関する論文も発表している。また、東京帝国大学を卒業した周藤吉之[31]は、東洋文庫や東方文化学院でマンチュリア史の研究をおこない、その成果を『清代満洲土地政策の研究』（河出書房、一九四四年）として刊行した。基本史料を読み込んで構築された土地政策に関する大枠は、研究の進んだ現在でも通用する水準の高いものである。唐宋時代の税制、財政史研究の泰斗として知られる日野開三郎[32]は、戦前では渤海、靺鞨、遼金朝などの研究をしていた[33]。

研究者の供給源は、東京帝国大学と京都帝国大学で東洋史を専攻した人がほとんどであったが、研究者の人数は国策的なテコ入れがおこなわれたこともあり増加した。そして研究テーマもマンチュリアの社会構造や周辺地域との関わりなど、深まりと広がりを示していた。しかしながら、日中戦争の勃発後、とくに太平洋戦争開戦後には学術研究は難しくなり、『歴史学研究　満洲史特輯号』を頂点として先細り、敗戦を迎えた[34]。

(2)　満洲国での研究

満洲国でもマンチュリア史研究はおこなわれた。一九三二年九月に満鉄社員が中心となり満洲学会が組織され、一九三二年から『満洲学報』が刊行された。[35]『満洲学報』は一九四四年までに合計八冊が刊行され、その内容は現地に住むがゆえに研究できる考古学に関する論文が多い点が特徴である。

執筆者のなかで注目したいのは、明末清初の研究をしている園田一亀である。満洲国建国以前は『怪傑張作霖』〔一九二二〕、『東北四省政局の現状』〔一九二九〕などの現状紹介の論説を執筆していたが、満洲国期には『韃靼漂流記の研究』〔一九三九〕、『清朝皇帝東巡の研究』〔一九四四〕などの歴史研究をおこなった。『満洲学報』に掲載された明末清初の女真に関する論文は、戦後に増補され、『明代建州女直史研究』〔一九四八〕、『明代建州女直史研究（続編）』〔一九五三〕として刊行された。

奉天では満洲史学会という組織が立ち上げられ、一九三七年八月から『満洲史学』という雑誌を刊行した。『満洲史学』は一九四〇年刊の第三巻二号まで確認されている。掲載論文で多いのは、『満洲学報』と同様に考古学関係の論文である。現地調査が不可欠な考古学は、満洲国期に大きな進展をみせていたが、本書では以上の指摘に止める。文献史料の収集も進められ、満鉄奉天図書館館長の衛藤利夫〔一九三八〕は、その成果を『韃靼　東北アジアの歴史と文献』として刊行した。

3　小　結

日本におけるマンチュリア史研究は、日露戦争を契機として始まり、満洲国建国を契機にさらなる進展を示した。日本の大陸政策と歩調を合わせてマンチュリア史研究は大きな成果をあげたが、批判も存在した。とくに白鳥庫吉の流れを受けた、歴史地理の考証に重点を置く研究はその意義が問われた。自らも白鳥庫吉の「歴史調査室」に参加した稲葉岩吉は、満洲国期に次のようにコメントしている。[36]「前述満洲の歴史調査が、一旦閉鎖されて、その継続とも見るべきものが、東京帝国大学の教授を主とし、外一二の人々の手に遷されるや、それらの人々の書斎から累年公表されるものは、内容といい、叙述といい、申分なき研究ではあるが、実は、あまりに専門的であって、一般社会の歩調に順応するものではなかったから、何人もその力作に感服しつつも、亦た一般は之に熱意をもつに至らなんだ。而もその研究には、明代以前のもの多きを占め、現代満洲に副うものは見出されないのであって、悪口をたたくものは、学者の遊戯三昧だ、などというものすらあった」。稲葉岩吉は、あまりに専門的すぎて、現代満洲の理解につながらない点を問題視していた。

また、戦前に靺鞨や渤海の研究をしていた日野開三郎は、戦後に戦前の研究状況を振り返り、次のように述べている。[37]「我が満蒙史の研究は、満鉄会社の大きな財的支援を受け、当時の逸材を集めて出発し、先ずここに興亡した民族や部族の住域やその移動、交通路やその変遷等に結びついて史籍に出てくる重要な地名の現位置への比定に重点を置いた、いわゆる歴史地理に主力を注がれた。これは歴史研究の基礎作業として当然の出発であり、それなりの大きな成果をあげたのであるが、何分にも遺された史料の極端に少ない満蒙の事とて、異論分立のことが多く、……そうした議論の華やかさの中で研究そのものは歴史地理の段階に停滞して終わった観があった。私が満蒙史への踏み込みを思いついた当時、即ち昭和もすでに十五年頃になった当時においてさえ、このマンネリズムは続いたままで、ただ日本の領土的進出の下での現地調査、特に発掘調査の成果が資料的な新味を添えていたにすぎず、満洲史家の間からさえ『満洲史は行き詰まった』との囁きが洩らされていた」。考古学における成果が新たに加わっただけで、マンチュリア史研究は行き詰まっていたと指摘している。

歴史地理の考証を超えて、マンチュリアという地域の構造的特徴、周辺地域との関連をも含みながら地域の社会変容を動態的に明らかにする試みなどは、戦後の課題として残されたと言えよう。

日露戦争以後に勃興したマンチュリア史研究の進展、推移について見てきたが、研究の背後にある世界観が現代とは非常に異なる点を指摘したい。例えば白鳥庫吉を取り上げると、日露戦争後の一九〇七年に「唐時代の樺太島に就いて」という論文を発表している(38)。この論文の執筆意図を白鳥庫吉は、日露戦争により南カラフトが日本の領土になったことを慶賀し、カラフトの歴史を解明して戦勝に貢献することだと述べている。かかる問題意識を堂々と研究論文で述べることなどは、現代の歴史研究者にはおよそ思いも及ばないことである。

白鳥庫吉は晩年の一九三六年には、「なぜ、満洲には匪賊が跋扈するのか」、その理由を歴史的に究明するという問題意識から、「極東史上に於ける満洲の歴史地理」という論説を書いている(39)。まずマンチュリアを「砂漠の蒙古、森林地帯のツングース、農耕をする中国人」の三つに分け、「満洲と云う処は、農耕民・遊牧民・狩猟民と各生活態度を異にする三人種が、三方から入り込んで来て顔を突き合せている処」であり、「チャイニーズ、モンゴール、ツングースと、三様に異った人種を載せて、古くから三つに分裂していた」とする。こうした状態が久しく続いたが、十九世紀後半にロシアが勢力拡大を始めた。これに日本は奮起して、日本人、朝鮮人の来住が増え、ついに「今日の如く支那人を主とする住民の上に、満洲人が君臨し、日本人が之に力を添えるという特別の複雑な状態」となったとする。かかる複雑さが不安定さを生じさせ、匪賊が跋扈しているのであり、そうした不安定性を除去するためにも満洲国の建国は必要であったという論証を展開した。言い換えるならば、漢、モンゴル、ツングースの三者が競合するため、満洲は不安定なことが多く、さらに十九世紀後半以降ロシアの圧力が加わり、その不安定さは加速した。そこで日本が「加勢」「助力」して安定を保つ必要性が生じ、満洲国の建国に至ったと説明したのである。

マンチュリアが「チャイニーズ、モンゴール、ツングース」の混住する場所であったという指摘は理解できる。だが、こうした白鳥庫吉による満洲国建国の説明に賛意を示す歴史研究者は、現代ではいないであろう。現実の理解、解釈の仕方があまりに不用意だと批判することは簡単である。吉澤誠一郎〔二〇〇六、五六頁〕が「戦前の学問と日本の対外侵略との『共犯関係』を指摘するのは容易」であり、「何も考えなくても誰にでも可能な作業」であると指摘するように、敗戦、満洲国の崩壊という事実を知っている現代から遡及した評価は慎みたい。歴史研究者も自分の生きた時代の世界観の影響を受けるものであり、そうしたその時代の世界観をも究明しつつ、彼らの研究成果を消化することが求められていると考える。(40)

二 マンチュリアでおこなわれた調査研究

1 陸軍などの調査研究

陸軍は兵要地誌的な調査のため、日清戦争以前からマンチュリアへ軍人を送り込んでいた。一八八三年には牛荘を拠点にして、「当港（牛荘）ヨリ東北柵外ナル諸新開ノ地方則チ清韓両国界ナル鴨緑江筋ヨリ満洲内部ノ諸要港地ニ達スル大小道路ハ勿論河川山形等逐一実査」していた。(41)こうした調査の結果は、参謀本部編『支那地誌』巻一五上（満洲之部）として一八八九年に刊行された。(42)自然地理（山脈、河川、海岸、気候）、物産、風俗、各地の状況などが述べられている。参謀本部の調査だけあって、各地の陸軍兵力については詳しく記している。

日露戦争以前では陸軍以外の調査はほとんどおこなわれなかったが、日露戦争後に日本が「満洲経営」に乗り出すと、さまざまな機関が調査をおこないはじめた。(43)

満鉄は鉄道運営だけでなく、マンチュリアの状況を調査する調査部も設けていた。日露戦争後に満鉄調査部がおこなった調査研究のなかでも、土地に関する旧慣調査は注目される。『満洲旧慣調査報告』は一九一三年から刊行され、一五年までに合計九冊が刊行された(44)。

『満洲旧慣調査報告』は清朝から調査時点までのマンチュリアの土地の状況について、文献調査だけでなく実地調査もおこない、まとめたものである。この調査報告の作成には、東亜同文書院の卒業生が多く関わっていた。天海謙三郎、亀淵龍長は東亜同文書院の卒業後に、満鉄調査部で働きはじめた人であった(45)。天海謙三郎らは、最初は文献により官荘や王公荘園について調べたが、その実際の所在地、管理人氏名、佃戸の状況などは文献ではわからないので、一九〇九年から復州、蓋平などで実地調査を始めたと戦後に語っている〔天海謙三郎　一九五八〕。実地調査を始めると、先入観的に思っていたマンチュリアの土地状況と、実際の状況とがかなり違うことに驚いたと述べている。例えば、「我々の想像では、荘園官荘という以上、一地方に集団的に広大な面積の土地が塊在しているものと思ってい」たが、実地調査をしてみると、「荘園の地段がバラバラにあっちこっちに散在していて、荘園全体が一ヵ村否少くも数ヵ村に跨って連亙するというふうに一団となり、その地方一帯を包容していないばかりでなく、一般の私有地すなわち旗地、民地はもちろん、他の官荘や王公荘園などと入り乱れて、いわば犬牙錯綜とでも形容すべき状態で存在」していたと述べている。

『満洲旧慣調査報告』は清朝下のマンチュリアの土地状況について、日本人が調査研究をおこなった成果の最初であり、他に類書がないことから、現在でも参照されることが多い。しかしながら、清朝下のマンチュリアの土地制度を、西欧的な範疇で理解しようとしたため、実態の説明としては適当ではない部分もある。例えば、土地制度を官有地、公有地、私有地の三区分で説明しようとしているが、そもそも清朝にはこうした概念はなかった。とくに私有地の区分けには無理があり、王公荘田、旗地、一般民地を入れている。[46] これらの土地は私有地的な側面はあったが、西欧的な私有地の範疇ではくくりきれないものである。したがって、『満洲旧慣調査報告』の考察を無批判に受け入れるのではなく、それが作成された時点での世界観を考慮して読み解く必要がある。

日露戦争後、日本のマンチュリアへの関心は高まり、調査報告書の数は大きく増えた。主な調査主体は、陸軍(軍政署)、関東都督府、農商務省、外務省、満鉄などであった。

日露戦争後すぐに、軍政署による調査がおこなわれた。遼東兵站監部『満洲要覧』一九〇五年は、政治、産業(農業、林業、漁業、鉱業、商業など)、交通、教育、風俗などに関する調査結果を述べている。軍政署の調査なので奉天だけであり、吉林、黒龍江については言及されていない。軍政にあたって管轄地域の状況をまとめたものとして、陸軍省『明治三十七八年戦役満洲軍政史』全一九冊[47]がある。これは大部な調査報告であり、軍政署下の状況について詳細に記述している。

陸軍軍人による調査もおこなわれ、守田利遠(陸軍中佐)『満洲地誌』(一九〇六年)は個人が調査したものだが、マンチュリアをほぼカバーしている。実地調査と「満洲、蒙古、西伯利亜地方に多年定住せし幾多の清国人」から聞いたものを材料としており(「例言」)、地理、政体、殖産興業(各種産業)、運輸交通、風俗など総合的な把握を試みている。

農商務省による調査も日露戦後におこなわれた。農商務省鉱山局『清国奉天府鳳凰庁及興京庁管内金鉱調査報告』(一九〇五年。実際には炭鉱の調査)、農商務省鉱山局『清国遼東半島金鉱調査報告』(一九〇五年)、農商務省山林局『鴨緑江流域森林作業調査復命書』(一九〇五年)[48]、農商務省山林局『満洲森林調査書』(一九〇六年)[49]、農商務省商工局『満洲商工業調査報告書』(一九〇六年)などが作成された。

関東都督府による調査では、関東州民政署『満洲産業調査資料』[50]と関東都督府陸軍経理部『満洲誌草稿　一般誌』、同『満洲誌草稿　地方誌』[51]が注目される。『満洲誌草稿』は一九〇六～一一年におこなった実地調査に基づき、「従来ノ刊行書ハ勿論陸軍海軍外務ノ各省及各領事館、関東都督府、朝鮮総督府等ノ報告書、南満鉄鉄道会社、三井物産会社等ノ調査資料及各旅行者ノ報告等ヲ参酌シテ編成」（凡例一頁）して書いたという、実地調査と関係文献により作成された、膨大な情報を含む調査報告書である。

外務省による調査報告も多く作成された。外務省通商局『満洲事情』[52]は各地領事館からの報告をまとめたものであり、市場、貿易動向については有用である。各領事館がまとめた外務省通商局『鉄嶺事情』（一九〇八年）、外務省通商局『吉林経済事情』（一九〇八年）なども刊行された。また領事報告である『通商彙纂』にも、通商状況について重要な報告が掲載されている。

満鉄が作成した調査報告書も多い。『錦州府管内経済調査資料』（一九〇九年）、『南満洲経済調査資料』（一九〇九年）、『南満洲経済調査資料』一～六（一九一〇～一二年）、『満蒙交界地方経済調査資料』一～三（一九〇九～一五年）、『北満洲経済調査資料』上・下（一九一〇年）、『続北満洲経済調査資料』（一九一一年）、『吉林東南部経済調査資料』（一九一一年）、『松花江黒龍江及両江沿岸経済調査資料』（一九一二年）は実地調査の結果に基づき作成された、マンチュリア全域をカバーする大規模な調査報告書である。周知のように満鉄は鉄道運行のためにマンチュリアの実情を精力的に調査していた。その目的は今日的な研究の目的とは距離はあるが、地域経済の状況を考察するさいにこれらの調査報告書は有用である。

陸軍、満鉄、関東都督府、農商務省、外務省などの機関により、一九一〇年代後半以降も調査報告の刊行は続けられたが、調査研究は低調となった。調査研究を唯一おこなっていた満鉄調査部の『満洲旧慣調査報告』のメンバーは、

一九一〇年代後半に大半が異動してしまい、その後補充もなく、ほとんど研究できない状態となってしまった。(53)

そうしたなかで、満鉄調査部が編集した『満蒙全書』全七巻は注目される。(54)これは「我国が満蒙の開発に着手して以来、既に十有七年の星霜を閲したるに拘わらず、未だ満蒙全般の事象に関する統一的調査を欠き、為に政府及び一般国民に対し満蒙に関する正確なる体系的智識を提供し得ざりしは頗る遺憾である」という観点から編集された。(55)完成した『満蒙全書』は大部のものであり、マンチュリアについて百科全書的に記述している。とはいえ、その中味について、編集に参加していた伊藤武雄（東京帝国大学卒）は「われわれ帝大卒業生はまったく語学ができない、経験もない。調査歴もないという状態でした。そういう人間に、同文書院出身で調査経験もあるエキスパートの人たちと同じように、項目を分担させてあの全書を作らせたのだから、その成果たるやまことに不揃いでした」と戦後に回想している。(56)

一九一〇年代後半以降もスポット的に場所を特定した調査は継続し、調査報告書も刊行された。調査報告書の傾向として指摘したい点は、東部内モンゴルに関する調査が一九一〇年代後半以降に増えた点である。

一九一四年四〜八月にかけて、参謀本部、農商務省、奉天総領事館、満鉄からの派遣員で編成された調査チームは東部内モンゴルを踏査し、その報告は『東部内蒙古調査報告』全七巻（一九一四年）として刊行された。参謀本部はこれとは別に『東蒙事情』一〜三号、特別号（一九一五〜一六年）を刊行し、東部内モンゴルの状況について報告している。

関東都督府の陸軍部は一九〇八年に『東部蒙古誌』上・中・下を刊行しており、(57)これに続いて『東部蒙古誌補修草稿』上・下（一九一四年）、(58)『東蒙古』（一九一五年）を刊行していた。関東都督府の民政部は東部内モンゴル方面を調査して『満蒙調査復命書』全一一巻（一九一五〜一八年）(59)を出していた。

農商務省も東部内モンゴルの調査をおこない、その成果を刊行していた。農商務省商工局『東部内蒙古事情』（一九一五年）、農商務省『東部内蒙古産業調査』全五冊（一九一六年）、農商務省『東部内蒙古畜産事情』（一九一六年）があげられる。

陸軍、満鉄、関東都督府、農商務省、外務省は現状調査を主目的としており、歴史研究とは異なる方向からマンチュリアの調査をおこなっていた。歴史的な追求は、『満洲旧慣調査報告』ではおこなわれたが、その後は立ち枯れとなった。以上の調査には白鳥庫吉や内藤湖南などの大学で歴史研究をしていた人たちは関わっておらず、まったく別々におこなわれていた。つまり歴史研究者と調査担当者とは没交渉であり、それぞれがそれぞれの関心、手法でマンチュリアという場所の特徴を考察していたとまとめられる。

2　満鉄調査部などの調査研究

満洲国の建国は、日本人によるマンチュリアに対する調査研究の性格を変える影響をおよぼした。その理由は、満洲国をどのように統治すべきなのかという、現実の国家的要請に応えることが調査研究の主目的になったからである。満洲国統治という現実に対応するため調査機構は拡充され、多数の日本人がマンチュリアの調査研究に関わった。また、満洲国建国により、日本人の調査が妨害を受ける可能性は低下し、容易に調査できる状況が生まれた。

一九三二年に関東軍は満洲国での経済建設を立案する組織として、経済調査会の設立を決定した。こうした立案をおこなえる人材を抱えていたのは満鉄だけであったので、経済調査会の構成員はすべて満鉄社員であった。経済調査会は、組織上は満鉄の一部署であったが、実質的には関東軍所属の機関という存在であった（一九三七年三月に経済調査会は解散）〔野間清　一九七五〕。経済調査会は膨大な「立案調査書類」を残しており、計画立案にあたって収集した関係文書も収録されている。そうした文書のなかには、中華民国期のマンチュリアの状況について貴重な事実を記述するものも含まれている。例えば、立案調査書類二五編第一巻第一号『満洲通貨金融方策』（一九三六年）に収録されている、東三省官銀号などの経営状況に関する史料は興味深いものである。

経済調査会でマンチュリア経済史について考察した代表者として、大上末広をあげたい。[60]周知のように、大上末広はマルクス主義的な分析枠組みを用いて、マンチュリアにおける資本主義の発展状況を考察した人物である。大上末広と同じく、満鉄で活動した中西功との間におこなわれた[61]「満洲経済論争」は有名である。その内容については先行研究もあり、[62]両者の論点となった「半植民地半封建社会」における資本主義発達をどう評価するのかについては、筆者はコメントする準備はないので触れないことにする。

ここでは、大上末広のマンチュリア経済の歴史的推移に関する理解について検証してみたい。大上末広（一九三三a）は、清朝期のマンチュリアの土地所有は「封建的、身分制的大土地所有」（旗地、官荘など）と「自由農民による近代的零細土地所有」（一般民地）との二つからなるという理解を打ち出し、この状況は漢人移民による開拓などにより清末に崩壊したと指摘している。そして大上末広（一九三三b）では中華民国期の状況を考察し、資本主義形成の出発点は「封建的農業諸関係の意識的・計画的打破」にあるとし、そのためには土地整理が必要だと主張した。それゆえ、中華民国以降におこなわれた土地整理について考察し、土地整理により封建制は解消されて近代的な資本主義的生産様式に変革されるはずであったが、実際にはそうはならなかったとした。「旧封建的諸土地は、その身分制的性格を失って、民地に解消されはしたが、我らの分析に従えば、かかる封建制から近代性への推移は、ただ単に封建的身分なる旧地主に代わって、荘頭なる新地主が出現したと云うことにしか過ぎなかった」とし、結論的には「国有荒地の払下げ・蒙地の出放の過程は、……封建的大地主の創出過程であった」と述べている（三一頁）。そして、土地整理が農業の資本主義発展に結びつかないことを、張作霖・張学良政権の封建的性格から説明する。大上末広は張作霖・張学良政権を、「末期封建社会の必然的産物たる農業ルムペンの成り上がり者」、「緑林出身」者を構成員とし、「封建的絶対主義をその構造的本質」にすると規定し、近代国家がその形成過程でおこなうことは何一つしなかったと指摘する（三二頁）。

清朝後半期、中華民国期のマンチュリア史に関する研究は、各帝国大学で活動した歴史研究者はまだ着手していない分野であった。大上末広は少ない研究蓄積を利用して、独自に清朝後半期から中華民国期までのマンチュリア史の再構成を試みたと評価したい。むろん、現在の研究水準に照らすならば、大上末広の見解は史実的にも、解釈的にも多くの問題が存在する。しかしながら大上末広の意図は、満洲国政府が適切な経済政策をおこなうための歴史研究であり、現代の歴史研究者の問題意識とはまったく異なる立場からの研究であった。そうした点を考慮せずに、その問題点のみをあげつらうことは慎みたい。大上末広は張作霖・張学良政権がおこなった土地整理、地租改正は、マンチュリアの農業資本主義の発展に何の貢献もしなかったので、満洲国政府は張作霖・張学良政権とは違った土地政策をおこなう必要性を叫んでいた、とまで解釈することは読み込み過ぎであろうか。

経済調査会や満鉄調査部は講座派理論に基づき研究する人たち、いわゆる「満鉄マルクス主義」[63]の拠点のように考えられているが、こうした傾向とはまったく対蹠的な方法、立場の人も所属していた。天野元之助は調査結果を復元、紹介すること、文献史料の徹底した読み込みなど、事実の解明に重点を置いた研究を進めていた。そして戦後は中国農業史研究の大家となり、日本の東洋史研究に大きな足跡を残す。

満洲国政府はマンチュリアの農村についての理解を深め、どのような政策が適切なのかを考える一助として、大規模な農村調査を一九三五〜三六年におこなった〔長岡新吉　一九九一〕。しかし、実際の調査は必ずしも政策立案のためではなく、学術的な内容でおこなわれた。農村調査に参加した野間清〔一九七六、三五頁〕は、調査の特徴として「農村の経済的基礎構造を究明しようとする社会的、経済的な諸関係、諸事象についての総合的な調査であり、集落のなかのモデル農家についてのサンプリング調査ではなく、一つの集落の全農家についておこなわれる悉皆調査」であったと述べている。

調査報告書は、マンチュリアの農村に関する重要な史料となっている。[64] 調査員が閲覧した族譜や聞き取り内容は、刊行史料からでは知ることのできない事実が含まれている。例えば、『康徳元年農村実態調査　戸別調査之部　浜江省』第一分冊に記述されている、綏化県蔡家窩堡の開拓の経緯などに関する記述は貴重である。[65] 農村調査によりマンチュリア史に関する事実の豊富化は達成されたが、満洲国政府はその内容に不満を持っていた。というのは、農村調査は日本人が新しく向き合ったマンチュリア農村の現実を、学術的に認識したいという観点からおこなわれたので、政策的視角が稀薄であったからである。それゆえ満洲国政府は不要だと判断し、やがて中止となった。

満洲国政府は商業、土着資本の調査もしていた。糧桟〔穀物問屋〕、雑貨商などの土着資本についての調査は、満洲国の建国前には不可能であり、商店数やだいたいの取引額など表面的な調査が限界であった。ところが建国以後、満洲国政府は公権力を使い、土着資本の資金運用や利潤についての調査をおこなった。この調査は一九三九〜四三年におこなわれ、調査結果の一部は、満鉄新京支社調査室『満洲土着資本実態調査報告書〔統計篇〕』〔一九四二年〕などで刊行された〔江夏美千穂　一九九六〕。

満鉄や満洲国政府の刊行物は、『旧植民地関係機関刊行物総合目録―南満州鉄道株式会社編―』、『旧植民地関係機関刊行物総合目録―満州国・関東州編―』[66] がほぼ網羅しており、その数は非常に多い。なかには杜撰なものもあるが、一九四〇年におこなわれた国勢調査の報告書や、財政部が編纂した貨幣に関する史料集などは、その史料的価値は高い(67)。これらの調査報告書は、満洲国期には十分に分析されることはなく、敗戦を迎えた。現在の研究者には、これら調査報告の史料的性格、限界に注意を払い、マンチュリア史の究明に利用することが求められている。

3　小　結

満洲国期には、東京帝国大学や京都帝国大学などでマンチュリアの歴史研究に従事する研究者は増えていた。また満洲国でもマンチュリアに関する調査、歴史研究はおこなわれていた。それゆえ個別研究では優れたものも出されたが、総合化という点では不十分であった。

一九四二年に『満洲評論』に掲載された文章は、マンチュリアに関する研究上の問題点を以下のように述べている(68)。「研究者の中の、一つの流れは、東洋史の専攻者達の歴史的研究である。この人達の特徴を一口に言ふと、現在の満洲経済と何等のつながりも感じられない。この流れに加はるためには必ず漢文が読めなくてはならないこと」である。「第二の流れは、所謂満鉄の旧満洲経済年報以後の社会経済史研究、この方面は今日までかなり立遅れている。満洲経済年報以後、目だった労作は一つも出ていない」。「第三は、産調調査に始まる農村の実態調査である。この方面は、多額の経費と多くの人材を動員して、その後も個々的には相当実行されていながら、いまだに満洲農業全体に亘る纏まった研究成果が出ていない」。「第四は、満洲戦時経済の研究である。これは公的乃至半公的な機関で相当つっこんでなされて居り、その成果の片鱗は時々公衆の目にふれる所へも現はれてくるが、今の所では総合的な成書としては公刊されていない」。「これら研究の色々の流れを見ると、東洋史派は社会経済を知らず、社会経済史派は資料をこなしきるだけの語学力がなく、農業専門家は農業だけの数字を克明に蒐集することで終わり、現段階派は忙しくて過去とのつながりなどを見ておられるかといふ調子で、各個ばらばらである」。「個々の研究としては、たとへば、旧慣調査にしても、産調資料にしても、満洲経済年報にしても、それぞれ立派なものである。しかしそれらは要するに資料であって、研究としては半端者である。問題の領域から言っても、理論の高さから言っても、何とか現状打破の工夫なきや」。それぞれの研究者のディシプリンに規定され、総合的な理解につながっていないことを嘆いている。

問題点はあったとはいえ、満洲国期にマンチュリアに対する認識が拡大、深化したことは疑いない事実である。今後は満洲国期に調査された史料をどのように利用するのかが問われている。筆者は満洲国期に出された農村調査報告書を読み、村落沿革の記述は清朝初期から始まるものがほとんどであることを知った。農耕の歴史が長い遼東でも、明末の混乱、清朝統治の開始により、以前から続いていた村落は断絶したか、大きな再編を余儀なくされたと推測される。こう考えると、満洲国期の農村の状況を理解するには清朝期の理解が不可欠であり、清朝期の理解にはヌルハチが勃興した明朝期の理解が必要だという認識に至る。

三　敗戦後のマンチュリア史研究

1　低迷するマンチュリア史研究

敗戦により日本人はマンチュリアから引き揚げ、日本とマンチュリアの関係性は変化したので、国策的にマンチュリア史研究者を養成する必要性は低下した。また一九四九年に中華人民共和国が成立したため、中国史研究者の関心は中国革命の軌跡やその社会基盤などに移行したことも手伝い、マンチュリア史研究は低迷した。

一九五一年の研究成果をまとめた「回顧と展望」のなかで、三上次男〔史学会編　一九八八、七〜八頁〕は次のように述べている。「満洲方面の研究はいかにも淋しい。これはアジア史上における満洲の地位およびこの地方に対する日本の政治的関心の現実と歴史研究との関係を如実に物語るものとして興味深い」とし、戦後の日本人がマンチュリアへの関心を失ったことが、マンチュリア史研究を低迷させていると指摘した。また、「満鮮史を動体として捕《（ママ）》えようとする歴史意識が、あまりにも論文に反映するところが少ないように見える」と述べ、研究方法のあり方にも疑問を投げかけている。

一九五二年の「回顧と展望」において朝鮮史研究の大家である末松保和〔史学会編 一九八八、一〇頁〕は、戦前とは異なる新たな人材の登場に期待し、次のように書いている。「最近まで約五十年間の満鮮史研究の隆盛の、より広大な基盤が、時勢にあり時代に在ったことは否み得べくもなく、軍事力・政治力、そして経済力のあとを追った満洲史の研究、朝鮮史の研究であったことは、是非の論はしばらく措いて、事実とせねばならぬ」とする。そして時代が変わったことを率直に受け止め、「嘗ての朝鮮に住み、嘗ての満洲に生れ、また嘗ての朝鮮・満洲を見知した人々によってなされる朝鮮史・満洲史の研究が一応終止符を打たれ」たとし、これからは「全くの新人が新しい感覚、新しい意識をもって、新しい基盤の上に立って研究を開始する日の到来を確信し且つ期待する」と記している。

一九五六年の「回顧と展望」で旗田巍〔史学会編 一九八八、一四～一五頁〕は、「かつて盛んであった満洲史研究がこれほどまでに不振になったのには驚かざるを得ない。満洲史という言葉や概念が、すでに時代にあわなくなったためであろうか」と、その不振を嘆いている。そして、「日本が植民地として支配していた時代には研究者が輩出し、その時代が終わると研究がなくなるという傾向は、喜ぶべきことではない。歴史研究の対象は、もっと学問的検討を経た上でえらばれねばならないと思う」と述べている。

一九五八年の「回顧と展望」〔史学会編 一九八八、一七頁〕には、「満洲史学の研究成果を顧みるに、依然その多くは戦前以来の諸家に占められ、後継者は皆無に近い。それが時勢の反映とはいえ、往昔の盛況を思う時、寂寞の念を禁じ得ぬ」とある。戦後になって人材育成が断絶し、戦前に研究者となった人が細々と成果を出している状況を憂いている。

一九五〇年代は新たな研究者の養成は進まず、研究も低調ではあったが、まったく研究成果がなかったわけではない。(69) 東京方面では、神田信夫、(70) 松村潤、(71) 石橋秀雄、(72) 岡田英弘ら(73) により、満洲語史料を使った入関前後の時期の研究がおこなわれた。これらの研究者は『満文老檔』の翻訳をおこない、その研究水準の向上に貢献した。(74) 京都方面では、三田村泰助、今西春秋、河内良弘、外山軍治が明清期の女真の動向について研究していた。また江嶋寿雄、田中克己、鴛淵一らも研究成果を出していた。(75) これらの研究により、明代、清代初期（入関前後）の時期に、女真、ヌルハチ・ホンタイジらがどのような状況であったのかの解明は進んだ〔外山軍治 一九六七〕。

戦前の昭和期に育成され、戦後も研究を続けた人たちは、史料的には満洲語史料に依拠し、清朝史の文脈からマンチュリア史について考察するという方向性を示した。杉山清彦〔二〇〇八、三五六頁〕はそうした研究を、「満洲語史料を補助でなく基軸に据え、マンチュリアではなく大清王朝の興亡に沿って論題を選択」する、満洲史と清朝史を合わせた「清朝・満洲史研究」と表現している。

マンチュリア史研究の低迷が続くなかで、中国史研究、なかでも明清史研究の進展は戦後において著しいものがあった。また、モンゴル、シベリアなどを含む北アジア史研究が一九六〇年代には盛んになった。マンチュリア史は中国史の一部なのか、北アジア史の一部なのか、その存在意義は揺さぶられ、しだいに北アジア史研究のなかへ飲み込まれていった。『史学雑誌』「回顧と展望」の分類も、一九六七年からはマンチュリア史に関する研究は、「北アジア」のなかで取り上げられている。(76)

一九六〇年代には敗戦、満洲国の崩壊に至った歴史事実と、戦前のマンチュリア史研究はどのような関係にあったのかが問われた。なかでも旗田巍（一九六四・一九六六）の批判はよく知られており、またその批判はとても鋭い。繁雑を厭わず、筆者なりの理解を述べたい。

旗田巍は、戦前の日本におけるアジア研究は日本の大陸政策と強く結びついて、その研究体制が育成、整備された点を確認する。多くの論者は、このことがただちに侵略的な研究内容や、日本の国策に従属した研究に結びついたわけではなく、当時の研究者が学問の純粋性の擁護に努めていた点を忘れてはならないとしているが、旗田巍はそうした点にこそ問題があったとして議論を展開する。学問を現実から引きはなし、現実に関わりのない態度で、現実に関係ないことを研究するのが正しい研究であり、現実とはなれて学問それ自体のために研究することが、戦前の東洋史家の伝統的態度であったと指摘する。

旗田巍は白鳥庫吉らが執筆した『満洲歴史地理』を評して、「地名や年代の非常に綿密な考証である。そこには民衆や社会の悩みは全くない。精巧な研究ではあるが、現実とは縁の遠いものである」とする。そして「人間不在の考証的研究」からは、侵略を積極的に支えるものも、また侵略に反対するものも出てこない。東洋史学は現実の問題からはなれることによって、その純粋性を守ったが、その結果として「思想に乏しい」研究になってしまったとする。また、個々の事実に対する考証の水準は高かったが、体系的把握は不十分であったとする。その理由は、体系的把握をする段階にまで個別研究が進んでいなかったからではなく、体系的把握を軽視する傾向があったとし、その結果、アジアの展望についての見通しも誤ったと述べている。

さらに旗田巍は白鳥庫吉の世界観、歴史認識をも批判する。白鳥庫吉がランケ史学をもとに東洋史という領域を開拓した功績は認めながらも、西欧的な価値観、近代主義をものさしに中国の諸事実を理解したことは、中国の遅れや欠点をあげつらうことにつながり、その結果として中国・中国人に対する蔑視感・優越感を育んでしまったとしている。

そして、「かつて日本のアジア研究は侵略的研究体制のなかでおこなわれた。研究者は現実から目をそらし思想をすてることによって、学問の自主性・純粋性を守ろうとした。それはそれなりに相当の成果をあげた。しかし、そういう方向は、研究を個々の事実の考証に限定し、歴史の体系的認識を放棄させただけでなく、権力との無責任な結合をもたらした。しかも思想をすてることは実際には不可能であって、何ものにもとらわれぬと思っていたものが、実は近代主義の立場にたち、そこからアジアを眺めていた。そのためアジアの変革・アジア諸民族の解放という重大な歴史的事実を認識することができなかった」（旗田巍　一九六六、二二三〜二二四頁）と総括している。

総じてマンチュリア史研究が低調であった一九六〇年代に、石田興平[77]は清代から中華民国期にかけてのマンチュリア経済史を構造的に描く試みをおこなった。石田興平は一九三一年に京都大学経済学部を卒業し、三九年からは建国大学助教授を務めた。専門は金融論、外国為替論であり、歴史学の専攻ではなかった。戦後になって清代マンチュリアの社会経済史に関する研究を進め、一九六四年に『満洲における植民地経済の史的展開』を刊行した。石田興平の基本的な観点は、「移住植民地と投資植民地との相互媒介的な二重構造」からマンチュリア経済を説明する点にあった。漢人による移住植民地であった点と日本やロシアの投資植民地であった点との相互連関から、マンチュリア経済史を動態的に把握しようとした。石田興平は秀逸な観点を打ち出したが、その研究が他の研究者に参照されることはほとんどなかった。言うなれば、埋もれた状態になっていた。しかし、筆者は石田興平の観点を高く評価しており、塚瀬進（一九九三）の基本的な視角に影響をおよぼしている。また山本有造（二〇〇三）も、石田興平の影響を受けた研究を展開している。

2　日本史研究者によるマンチュリア史研究

東洋史研究者によるマンチュリア史研究の低迷が続くなかで、一九七〇年代には日本史研究者による日本のマンチュリアへの勢力拡大、満洲国に関する研究が盛んになった。日露戦争以後のマンチュリア史に日本は深く関与していたので、日本の対外関係史や植民地研究をテーマにする研究者が、マンチュリア史研究をおこないはじめた。

日露戦争以後のマンチュリアへの日本の勢力拡大に関する研究を、どのように位置づけるかは東洋史研究者の間では懸案となっていた。例えば、一九六四年の「北アジア――回顧と展望」〔史学会編 一九八八、四二頁〕では、『現代史資料七　満州事変』や満洲国期を対象とする論文を紹介している。その理由として、「旧満州国を中心とした研究は、研究の対象を満州に求めながら、実は主として日本の満州進出の歴史であり、日本の満州開発であって、満州側に立った研究ではない。そこで、例年本誌のこの部で、こうした研究が回顧され展望されたことは殆どない。これは現在の日本の満州史研究の大きな、しかも余りにも明瞭な限界である。満州史研究は、清朝初期で終わるものでは決してない。戦後すでに二〇年、満州側に立った満州の近代化と日本の支配というものを、もう一度見直してみなければならない」と主張している。

かかる指摘がなされた一九六四年の時点では、日本史研究者によるマンチュリア史研究の成果は少なく、その発信力も低かった。しかしながら、一九七〇年代になると注目すべき研究が出されるようになった(78)。

満州史研究会編〔一九七二〕は、複数の研究者による論文集ではあるが、どの論文も「日本帝国主義による『満州』支配の経済的特質の解明」を意図している。なぜ「満州」を取り上げるのか、その理由として、第一に、いわゆる「満州もの」の出版が盛行し、日本帝国主義の「満州」支配を肯定、美化する傾向が生じていることに対抗するため。

第二に、日本の植民地であった台湾、朝鮮、「満州」のうち、研究の遅れている「満州」の解明が必要だからだとしている。その後も同様の観点からの研究は継続し、執筆者と検討テーマを増やして、浅田喬二・小林英夫編〔一九八六〕が出された。また日本近現代史研究者である岡部牧夫〔一九七八〕は、戦後初めてとなる満洲国の概説書を出版した。日本による「満州」支配の研究がおこなわれる一方で、日本が植民地支配をした台湾、朝鮮、東南アジアの動向と関連づけてマンチュリアの動向を考察する研究がおこなわれた。こうした観点からの研究としては、小林英夫〔一九七五〕や波形昭一〔一九八五〕があげられる。

これらの日本史研究者による研究は優れた成果をあげたが、戦前の満洲史研究の成果を取り入れることはなく、断絶的な研究をしている。それゆえ、マンチュリアという地域についての理解が不十分な点を問題として指摘したい。日本史研究者による研究成果は、『史学雑誌』「回顧と展望」では日本史の部分で言及され、北アジア史や内陸アジア史の部分では言及されていない。一九八八年の「回顧と展望　内陸アジア」では、「近現代の東北地方は、満鉄、満洲事変、満洲国等日本史の論考の中に扱われるので、日本史部門近現代史を参照」としている(79)。マンチュリア史は、前近代史は内陸アジア史に含まれ、近現代史は日本史に含まれるという認識がうかがえる。日本史研究者により研究が進められたことから、近現代のマンチュリア史は日本史研究の領域だという、戦前のマンチュリア史研究者には想像もできない認識が生み出された。

総じて日本史研究者によるマンチュリア史研究には、戦前の大上末広などの研究成果が参照され、大上末広らの研究の多角化、豊富化という側面がうかがえる。日本帝国主義との関わりからマンチュリアを分析した大上末広らの「満鉄マルクス主義」は、戦後には日本史研究者によるマンチュリア史研究に受け継がれたことを指摘したい。日本史研究者による研究は、マンチュリアにおよぼした日本の影響を検出することには大きな成果をあげた。とはいえ、マンチュリアの社会変容は日本の影響だけから生じていたわけではない。マンチュリアの社会変容が、いかなる要因から生じ、どのような状況を生み出していたのかは、日本の影響も含めて、総合的な観点から考察する必要がある。

3　概説書から見たマンチュリア史の位置

本項では、日本語で書かれたマンチュリア史に関する概説書が、どのような構成なのかを検証し、マンチュリア史の位置について考えてみたい。

日本で最初に書かれたマンチュリア史の概説書は、稲葉岩吉が執筆した『満洲発達史』〔一九一五〕だと指摘したい。だが、必ずしも概説書を目的に書かれた著作ではないので、その内容は明清期については詳しいが、明代より以前のことは簡単な記述に止まっている。

満洲国の建国後、マンチュリア史に関する概説書はいくつか刊行された。大原利武〔一九三三〕は、「満洲は此の如く古来我国と密接の関係があり、現今我生命線であるが、その歴史はあまり知られて居らぬ」という問題意識から執筆された。著者は朝鮮総督府古蹟調査委員とあり、歴史研究者ではあったが、それぞれの時期の叙述は簡単なレベルに止まっている。及川儀右衛門〔一九三五〕は粛慎・勿吉、高句麗、渤海、遼、金、元、明、清、満洲国という順序で叙述された概説書である。著者は広島高等師範学校の助教授であり、鴛淵一の弟子であった。きちんとした考証をもとに書いているが、政治史、制度史、日本との関係、文化史など多岐にわたる内容を盛り込んでいるため、マンチュリアという地域の歴史経過が不鮮明な叙述となっている。

稲葉岩吉他編〔一九三五〕に所収された「満洲史」は、古代満洲、高句麗、渤海、遼、金、元、明、清という構成をとっている。執筆者は矢野仁一、鴛淵一、外山軍治らであり、当時のマンチュリア史研究の第一人者たちが書いている。矢野仁一他編〔一九四二〕も、マンチュリア史の概説的な流れを記述している。豊田要三〔一九四三〕は、「序」によると、満洲国建国十一周年を祝し、満洲の特色を歴史的に明らかにする動機から刊行したと述べている。著者は歴史研究者ではないようだが、一九四三年時点までに刊行された研究成果をよく消化して記述している。とくにイデオロギー的な叙述はなく、マンチュリアの歴史推移を淡々と述べている点に特徴があると指摘したい。

戦前の概説書は、満洲国期に刊行されたものがほとんどであった。それゆえマンチュリア史は満洲国につらなる歴史を叙述することであり、満洲国の領域において過去に何があったのかを整理して述べる傾向が強いと指摘したい。あたかも現代の国民国家の歴史教科書が、その領有範囲の歴史を古代から現代まで並べて、「我国の歴史」と主張しているのと軌を一にしている。

戦後に書かれた概説書として、第一に、江上波夫編〔一九五六〕をあげたい。江上波夫は「序説」において、これまでの北アジア史の叙述は、中国史に従属的な傾向があったことを批判し、中国周辺民族の歴史は「より広い世界史の立場から、また彼ら民族自体を中心に書かれねばならない」と主張した。その構成は「第一編　先史時代」（一六頁）、「第二編　モンゴリア」（一五八頁）、「第三編　満洲」（七二頁）、「第四編　朝鮮」（七二頁）、「付編　チベット」（三四頁）であり、記述の総頁数は三五二頁である。各編の頁数の割合は、だいたい先史時代〇・五、モンゴル四・五、満洲二、朝鮮二、チベット一という数値で表せる。つまりモンゴル史を重視していると指摘できる。また北アジア史はモンゴル、満洲、朝鮮、チベットからなるという認識を知ることができる(80)。

三上次男他編〔一九五九〕は、古代から現代までをカバーした概説書としての内容を持っている。書名には「朝鮮・東北アジア」とあるが、東北アジアの範囲については、とくに説明はない。「満鮮史のあけぼの」という章がある一方、「モンゴル治下の東北アジア」、「明の満州支配」という章もあり、地域名称に混乱が見られる。

山川出版社は「世界各国史」を新版に改め、護雅夫他編〔一九八一〕が刊行された。その構成は、「第一章　シベリア・モンゴルの古代文化」、「第二章　遊牧国家の成立と発展」、「第三章　遊牧国家の文明化」、「第四章　モンゴルの統一」、「第五章　モンゴルの分裂」、「第六章　現代のモンゴル」、「第七章　満洲における国家の成立」、「第八章　女直民族の発展」、「第九章　ロシア進出以前のシベリア諸民族」である。第二章から第六章まではモンゴル史と考えられ、モンゴル史を重視している点は旧版と同様である。北アジア史の範囲は、シベリア、モンゴル高原、満洲（現在の中国東北地区）としており、旧版の朝鮮とチベットは除外されている。

新版も旧版と同様に、マンチュリア史を北アジア史の一部としてあつかい、中国やモンゴルの動向をも視野に入れた叙述をしている。しかしながら、あつかう時期が変更されている。旧版では満洲国期や戦後の状況についても記述されたが、新版では清末までである。その理由として、「清朝の滅亡とともに、ほとんどの満洲人は漢人の中に実質的に吸収されてしまったといってよい。ここに『満洲史』は終幕となるのである。かつて満洲人やその先祖の活躍した舞台は、中国の東北地区として、以後『中国史』の中で取り扱われるべきであろう」と述べている〔護雅夫他編　一九八一、三五〇頁〕。この記述には二つの疑問が残る。第一には、「満洲史」を「満洲人の歴史」と考えている点である。第二には、中華民国期にはもはや「満洲史」は存在せず、「中国史」のみが存在するという考え方である。

東北アジアという地理的概念を設定し、そのなかでマンチュリア史について述べた概説書として、神田信夫他編〔一九八九〕が出された。シベリア、沿海州、中国東北、朝鮮半島を東北アジアの範囲だとし、「第1部　多様なる民族文化」、「第2部　諸民族の歴史世界」、「第3部　近代化の衝撃をこえて」からなっている。東北アジアの特徴として、民族構成が複雑、多様なため、住民の生業も狩猟、漁労、農耕などさまざまである点、歴史的に一つの大きな政治勢力により統合されたことはない点をあげている。歴史に関する第2部は中国東北、朝鮮、シベリアに分けて叙述している。全体を通して東北アジアを一つの歴史世界として把握しようとはしているが、中国東北、朝鮮、シベリアが並列的に述べられており、その関係性が不鮮明である。また第3部は広範な問題を限られた紙数で記述したため、概括的な記述に止まっている点が惜しまれる。

若松寛他編〔一九九九〕はモンゴリア、東北平原、チベットを対象としている。モンゴリアについては時期別の構成をとっているが、マンチュリアについては「東北アジアの歴史と文化」という章を設け、古代から清朝成立期まで叙述している。そのため、個々の記述については簡単なものに止まり、なにより十九世紀以降についての記述は存在せず、中華民国期や満洲国期について知ることができない点は、概説書としては不十分さを感じる。

明清時代の社会経済的状況について、概説的にまとめた著作として小峰和夫〔一九九一〕が出された。類書がない状況に不満を持ち執筆されたとあるが、一次史料の読解はせずに、二次文献だけに依拠して書いている。新たな歴史事実を発掘して叙述した著作ではないので、戦前の研究の焼き直しの域を出ていない。

山川出版社はさらに改訂を加えた「世界各国史」の編集をおこない、一九九八年から刊行を始めた。このシリーズでは、「北アジア史」という独自の巻は存在しない。以前の「北アジア史」と「中央アジア史」とを合わせて、『中央ユーラシア史』〔小松久男他編 二〇〇〇〕とする構成をとっている。中央ユーラシアの東端は大興安嶺までとされたため、大興安嶺以東のマンチュリアについての記述は存在しない。こうした状況について杉山清彦〔二〇〇一、一一七〜一一八頁〕は、概説書においてマンチュリアのあつかいが低下していると警鐘を鳴らしている。

戦前の概説書は、満洲国へと至る筋道を古代に遡って叙述するという考え方が底流にあった。この考え方は、マンチュリア史の縦の流れについてはうまく叙述できたが、周辺の中華王朝、モンゴル、朝鮮との関係性が十分に取り込まれない内容となってしまった。戦後においては、北アジア史のなかの一部として、中国周辺史からの脱却が企図された。しかし、北アジア史という枠組みが「中央ユーラシア史」の一部となり、その過程でマンチュリアは切り捨てられてしまった。総合的なマンチュリア史をどのように描くのかについては、現在でも十分な解答は出されていない(81)。

戦後になり中国史・東洋史研究者によるマンチュリア史研究は衰退し、概説書の記述においてもマンチュリアの位置づけは低下した。しかし一九九〇年代以降、戦前以来の研究成果を批判的に取り入れて、新たなマンチュリア史を構築する動きが出てきた。筆者もその一人であり、こうした研究成果については塚瀬進〔二〇一二a・二〇一二b・二〇一二c・二〇一三a〕を参照されたい。

四　中国におけるマンチュリア史研究

1　戦前の研究

中国人研究者によりマンチュリア史研究がおこなわれたのは、満洲事変、満洲国建国を契機にしていた〔彭明輝　一九九五〕。満洲事変より前では、取り上げるに足る研究成果は存在しない。満洲国建国により、中国人はマンチュリアの重要性を認識して、その歴史研究を開始した。研究の目的は、満洲国の建国に反対することや、矢野仁一が主張する「満洲は支那に非ず」という見解に反論する点にあった。

中国人研究者による最初のマンチュリア史研究は傅斯年らによる『東北史綱』〔一九三二〕であった。しかし、ほとんど研究蓄積が無いなかで書かれたこともあり、その水準は高くはなかった。『東北史綱』は日本人の研究に対抗するため、急いでまとめられた側面が強かったことは、すでに清水美紀〔二〇〇三、四四〜四五頁〕が指摘している。

中国人研究者はマンチュリア史研究の蓄積がほとんどないことを嘆いていた。日本では「満鮮史」研究、「満蒙史」研究に関する論文が多数出されているにもかかわらず、なぜ中国ではマンチュリア史研究は興隆しないのかという焦燥感さえ存在した〔馮家昇 一九三四〕。

中国人研究者はマンチュリア史研究の立ち遅れを取り戻す努力をおこない、その成果は『禹貢半月刊』に「東北研究専号」として刊行された。[82] 掲載された論文のなかには、潘承彬「明代之遼東辺牆」や劉選民「東三省京旗屯墾始末」などの水準の高いものもある。とはいえ、研究蓄積の不足から、通史的な見通しを得られる内容にはなっていない。そして日本人の研究に依存している点は、既述した『歴史学研究 満洲史特輯号』に掲載された論文や文献目録を翻訳していることから見てとれる。

こうした状況下でマンチュリア史研究に力を尽くしたのは金毓黻[83]であった。遼陽で生まれた金毓黻は北京大学を卒業した後、黒龍江省などの官庁に勤めていた。そうしたなか満洲事変が勃発し、満洲国が建国されるという事態に直面した。金毓黻は満洲国に残り、官庁での勤務をしながらマンチュリア史研究に取り組んだ。関係史料を求めて朝鮮、日本を訪問もした〔梁啓政 二〇〇八〕。日本人主催の満洲学会に参加して『満洲学報』に論文を掲載したり、渤海に関する『渤海国志長編』の執筆や、史料集である『遼海叢書』の編纂、刊行をおこなった〔孫玉良 一九八八／王慶豊 一九八六〕。金毓黻は一九三六年に満洲国を脱出して国民党統治区へ移り、その後もマンチュリア史研究を続けて、古代から元末までをあつかう『東北通史』〔一九四一〕を刊行した。これは、それまでの研究成果を取り入れ、基本史料に基づき叙述した中国人研究者による最初の著作と考えられる。金毓黻は「引言」において、「今日の奇異な現象の一つとして、東北史の研究は我国ではなく日本が中心となっている」とし、さらに日本人の研究は「牽強付会」なので、そうした点を正すためにも『東北通史』を書いたと述べている。

戦前の中国において、マンチュリア史研究は振るわず、その研究水準は高くはなかった。満洲国建国を契機としておこなわれたマンチュリア史研究は、中国とマンチュリアが不可分な存在であることの論証に力点が置かれていた。それゆえマンチュリアという地域の特質を検証する研究はおこなわれなかった。

2　概説書から見た一九八〇年代以降の研究

中国でのマンチュリア史研究は、一九八〇年代になると注目すべき研究が出されるようになった。ここでは概説書を取り上げ、中国の研究状況について考察したい(84)。

古代から清代までの概説書としては、張博泉〔一九八五〕が刊行された。その構成は、「第一章　秦以前の東北」、「第二章　漢代の東北」、「第三章　晋代の東北」、「第四章　南北朝時代の東北」、「第五章　隋・唐代の東北」、「第六章　遼代の東北」、「第七章　金代の東北」、「第八章　元代の東北」、「第九章　明代の東北」、「第十章　清代の東北」となっており、中華王朝の一地方史として「東北史」を位置づけている。董万侖〔一九八七〕も同様の主旨から書かれた概説書であり、中華王朝と東北諸政権とは密接な政治的、経済的、文化的な関係を持っていたことを記述している。

一九八〇年代には近現代史をあつかった概説書も刊行された。王魁喜他編〔一九八四〕は、アヘン戦争から第一次世界大戦までを記述している。常城他編〔一九八六〕は、五四運動から中華人民共和国成立までを記述している。また常城他編〔一九八七〕は、アヘン戦争から中華人民共和国の成立までを記述している。これら近現代史の通史は、人民闘争史観を重視した観点から叙述されている。

特定の観点に基づき、時期を区切った概説書も一九八〇年代には出された。経済史の観点から清朝期より満洲国期までを記述した概説書としては、孔経緯〔一九八六〕が刊行された。また日本の侵略に重点を置き、日清戦争から満洲国崩壊までを記述した陳善本他編〔一九八九〕や、満洲国期の概説書である姜念東他編〔一九八〇〕も刊行された。

中国における研究で指摘したい点は、一九八〇年代以降、各地の檔案館に所蔵されている檔案を分析して書かれた論文が出されるようになった点である。こうした傾向は清代に顕著であり、これまで公開されることなく、檔案館に眠っていた満洲語、漢文の史料を活用した研究がおこなわれた。各地の檔案館には大量の檔案が所蔵されていることが判明し、一九八〇年代にマンチュリア史研究は檔案を基本史料とする段階に入った。

一九九〇年代になると、こうした研究成果を受けて、多数の研究書が出された。古代から現代までの概説書としては、佟冬他編全六巻〔一九九八〕が出された。現時点では、これより詳細な概説書は存在しない。第一巻は旧石器時代から高句麗まで、第二巻は渤海から金代まで、第三巻は元代から明末まで、第四巻は明末から清代前期まで、第五巻はアヘン戦争から第一次世界大戦まで、第六巻は五四運動から中華人民共和国の誕生までを記述している。基本的な観点は、中国の一地方史として「東北史」を叙述するという点である。

薛虹他編〔一九九一〕は、他の概説書にはない構成をとっている部分がある。注目したいのは、「第二編　東北各族の競合時代」の構成である。この第二編は五章の記述からなり、第一章は漢族による東北西南部の開発について、燕の時期から晋代までを記述する。第二章では東北中部に暮らした穢貊系の民族として扶余と高句麗を取り上げ、高句麗の滅亡までを記述する。第三章は東北西部で遊牧をしていた鮮卑など、第四章では東北東部の挹婁、勿吉を取り上げ、第五章では渤海について述べ、その滅亡までを記述する。渤海までは複数の民族が東北各地に興亡したことを、こうした構成で叙述する書き方は、他の概説書にはない特徴である。また中華人民共和国以後についても簡単ではあるが述べ、文化大革命の終結した一九七〇年代末まで叙述している。

寧夢辰〔一九九九〕は、中華王朝との関係性から東北諸政権を考察する構成をとっている。中華王朝の一地域としてマンチュリア史を考える方向性は、中国辺疆史研究とも連動し、マンチュリアを新疆、チベット、モンゴルなどと並列して取り上げ、中国辺疆史の一部分とする研究が出されている〔馬汝珩他編 一九九八〕。李治亭他編〔二〇〇三〕は、マンチュリア史を中国辺疆史の一つとして叙述している。さらにはマンチュリアを辺疆として位置づけることを強調した、馬大正主編『中国東北辺疆研究』〔二〇〇三〕という書名の論文集も刊行されている。

東北アジア史という設定をおこない、その古代から現代までを叙述する概説書も出された。劉徳斌他編〔二〇〇六〕は、古代から二〇〇五年までを、第一期十世紀以前、第二期十世紀～一八四〇年、第三期一八四〇～一九四五年、第四期一九四五～九一年、第五期一九九二～二〇〇五年に分けて述べている。東北アジアの範囲については漠然としているが、マンチュリアを中心とする周辺地区を指していると考えられる。

中国でのマンチュリア史研究の特徴は、中華王朝の一地域として、中国辺疆の一地域としてマンチュリア史を位置づけている点にある[85]。そして現在の東三省の領域において、古代から現代にかけて生じていたことが、中華王朝とどのような関係を持っていたのか、中国の辺疆としていかなる役割を果したのかの検証を目的にしていると指摘したい[86]。

五　近年における新たな研究動向

一九九〇年前後から檔案の分析や網羅的な史料利用が可能となり、マンチュリア史研究は新たな段階に達した。とくに明代と清代については、大きな進展を示した。

明代のマンチュリア史研究については、日本では荷見守義が精力的におこなっている。江嶋壽雄〔一九九九〕や河内良弘〔一九九二〕の研究成果を踏まえ、制度史的な観点から遼東統治の特色を明らかにしている〔荷見守義 二〇〇〇・二〇〇六・二〇〇七a・二〇〇九・二〇一〇・二〇一一a〕。また、檔案を分析することにより、馬市の実態や安楽・自在州の動向について考察を加えている〔荷見守義 二〇〇二a・二〇〇二b・二〇〇四・二〇〇七b・二〇一一b〕。中国では、明朝による遼東統治について分析を加えた張士尊〔二〇〇二〕の研究が注目される。研究史の詳細については塚瀬進〔二〇一三a〕を参照されたい。

一九九〇年代以降、日本では清代史研究の進捗が著しく、それに伴いマンチュリア史に対する認識も深められた。例えば、細谷良夫編〔二〇〇八〕は新たな史料利用だけでなく、現地調査をもおこなうことによって、より立体的な清代史像を描く試みが進行していることを示している。清代のマンチュリア史については、漢人による開拓史として描くだけではなく、旗人と民人の暮らす空間として理解する方向性が出されている（第Ⅱ部第三章参照）。中国では定宜庄〔二〇〇三・二〇〇四〕、劉小萌〔一九九五〕が優れた研究成果を発表している。研究史の詳細については、塚瀬進〔二〇一二a・二〇一二b・二〇一二c・二〇一三b・二〇一四〕を参照されたい。

二十世紀以降のマンチュリア史研究についても、一九九〇年代以降では新たな研究が出されている。塚瀬進〔一九九三〕は鉄道敷設を契機とした、マンチュリア経済の変化について考察している。江夏由樹編〔二〇〇五〕は、日露戦争以降から一九四九年の国共内戦期までの「中国東北地域」の状況について考察した論文集であり、地域史としてのマンチュリア史像を前面に出している。安冨歩編〔二〇〇九〕は、鉄道敷設後に形成された市場構造は、マンチュリア固有の自然条件を組み込みながら形成されていったことを主張している。

モンゴル人の動向や、モンゴルとの関係についても優れた成果が出されている。鈴木仁麗〔二〇一二〕は、日露戦争から満洲国期までの内モンゴルの動向について考察している。中見立夫〔二〇一三〕は、モンゴルの動向がマンチュリアにおよぼした影響について分析している。モンゴル人による農耕については、ボルジギン・ブレンサイン〔二〇〇三〕が検討しており、満洲国期の土地制度については広川佐保〔二〇〇五〕により研究がおこなわれている。

おわりに

戦前のマンチュリア史に関する研究は、日露戦争を契機に勃興し、満洲国の建国により大きく発展した。しかし戦後は衰退してしまい、一九七〇年代以降に日本史研究者による成果が出されるようになった。そして一九九〇年代以降マンチュリア史研究は新たな興隆を示していると、巨視的にはまとめられる。

それぞれの時期の研究の方向性は、マンチュリアに対する日本人の向き合い方により規定されていたことが確認できる。日露戦争後に研究に着手した白鳥庫吉らは、誰も明らかにしていない歴史事実を究明し、日本の東洋史研究の成果が欧米より高い水準にあることを示そうとした。各種の史料において、記述の混乱する地名を考証して、その場所をつきとめるなどの研究は、日本以外ではおこなわれていないものであった。白鳥庫吉らは未開拓な領域の、未確定な事実を考証することで、欧米の研究をこえる試みをおこなった。しかし、マンチュリア史の総合化、地域史像の構築には消極的であった。

満洲国期には現地調査、現地体験が可能となったことから、マンチュリア内部の地域的特質に関する研究が進められるようになった。関係史料の収集、整理、若手研究者の養成などがおこなわれたが、総合的なマンチュリア史の構築は十分には達成されなかった。

戦後はマンチュリアとの関係性が消滅したため、研究は停滞状態に陥った。一九七〇年代以降、満洲国建国の正当性を主張する意見の台頭に危惧を抱いた日本史研究者が、日本との関係からマンチュリア史研究をおこなうようになった。一九八〇年代までのマンチュリア史研究は、マンチュリアと日本との政治的な関係性——戦前では日本による満洲支配を間接的に支えることが目的、戦後では日本帝国主義による満洲支配を正当化、擁護する見解に反対することが目的——が、研究の背景にあったと指摘できる。それに対し、一九九〇年代以降に勃興した研究は、マンチュリアという多様な特徴をもつ地域への理解を深め、その特徴を多面的に理解したいという目的を背景にしている。また、新たな史料の登場（各地檔案館所蔵の檔案）により、マンチュリア史研究をめぐる状況は大きく変化した。

本書は、日露戦争以来の東洋史研究者による研究、現地調査をもとにした日本人の研究、日本帝国主義史研究、日本植民地史研究の諸成果などを、その研究内容を規定した時代背景を考慮しつつ消化し、さらに近年の檔案に依拠した研究、新たな方向性を出している諸研究および新出史料をもとに叙述している。

註

（1）白鳥庫吉（一八六五〜一九四二）。一八九〇年東京帝国大学卒業。同年学習院教授就任。一九〇一〜〇三年欧米留学。一九〇四年東京帝国大学教授。一九〇八年「歴史調査室」を組織。一九二五年東京帝国大学退職〔津田左右吉 一九四四〕。

（2）箭内亙（一八七五〜一九二六）。一九〇一年東京帝国大学卒業。一九一九年東京帝国大学助教授。一九二五年白鳥庫吉、市村瓚次郎の退職を受けて教授に昇進（池内宏も同時に教授昇進）〔箭内亙 一九三〇〕。

（3）池内宏（一八七八〜一九五二）。一九〇四年東京帝国大学卒業。一九一三年東京帝国大学講師。一九一六年東京帝国大学に朝鮮史講座が設置されるに伴い、講座担当者として助教授に就任。一九二五年東京帝国大学教授。一九三九年東京帝国大学退職〔三上次男 一九七〇〕。

（4）津田左右吉（一八七三〜一九六一）。一八九一年東京専門学校卒業。一九二〇年早稲田大学教授。一九四〇年早稲田大学辞職（自伝は「学究生活五十年」『津田左右吉全集』二四巻所収）。

（5）松井等（一八七七〜一九三七）。一九〇一年東京帝国大学卒業。一九〇四年日露戦争に従軍。一九〇七年国学院大学講師。一九二〇年国学院大学教授。一九二一年『満鮮地理歴史研究報告』の研究担当から勇退。市村瓚次郎を師と仰ぎ、満洲史に限定されない領域での研究をおこなった。和田清は松井等を称して、「多能なる松井氏は独り歴史地理の研究に止まらず、また満蒙の範囲」だけではない研究をおこなったと述べている〔和田清　一九三三、五三一頁〕。伝記は高橋政清〔一九三七〕を参照。

（6）稲葉岩吉（一八七六〜一九四〇）。一九〇〇年中国へ留学。一九〇四年日露戦争に従軍。一九一五年陸軍大学校教官。一九一九〜二二年内藤湖南のもとで『満蒙叢書』の復刻に従事。一九二二年朝鮮総督府修史官。一九三七年建国大学教授〔稲葉岩吉　一九三八a〕。稲葉岩吉に関する研究は瀧澤規起〔二〇〇三〕、寺内威太郎〔二〇〇四〕、桜沢亜伊〔二〇〇七〕がある。著作一覧は松原孝俊〔二〇〇五〕を参照。

（7）津田左右吉は回想で、「学問上の論文らしきものを書いたのは明治時代の末からであるが、書物の形でそれを公にしたのは、『朝鮮歴史地理』と『神代史の新しい研究』とが始めであって、何れも大正二年の出版である」とし、「歴史調査室」での研究を通じて「はじめて特殊の問題についての学問的研究、特に原典批評の方法をさとるようになった」と述べている（「学究生活五十年」『津田左右吉全集』二四巻、八九・九七頁）。

（8）『朝鮮歴史地理』第一巻、第二巻は『津田左右吉全集』一一巻（岩波書店、一九六四年）に収録されている。

（9）和田清（一八九〇〜一九六三）。一九〇九年第一高等学校入学（東洋史の講師は箭内亙）。一九一五年東京帝国大学東洋史学科卒業（卒業論文は「清初の蒙古経略」）。一九二二年東京帝国大学講師。一九二七年東京帝国大学助教授。一九三三年東京帝国大学教授。一九五一年東京大学退職（自伝は「学究生活の想出」〔和田清　一九五五〕所収）。

（10）『官報』七九七三号、明治四十三年一月二十四日、四四四頁。

（11）『満洲発達史』は中国語にも翻訳され、楊成能訳『東北開発史』（辛未編訳社、一九三五年）として刊行された。この翻訳書は、『満洲発達史』（萃文斎書店、奉天、一九四〇年）、『満洲発達史』清史資料第二輯――開国史料二第十冊（台聯国風出版社、一九六九年）としても刊行された。

（12）内藤湖南（一八六六〜一九三四）。一八八五年秋田師範学校を卒業して小学校の主席訓導（校長）になる。一八八七年上京して新聞記者となる。一九〇七年京都帝国大学講師。一九〇九年京都帝国大学教授。一九二六年京都帝国大学退職。

(13) 「游清第三記」（『内藤湖南全集』七巻）。この調査には東京帝国大学の市村瓚次郎も同行した〔市村瓚次郎 一九三四〕。

(14) 『内藤湖南全集』七巻所収の旅行記、日記を参照。こうした内藤湖南の調査については、中見立夫〔一九九二〕、名和悦子〔一九九八～九九・二〇〇〇・二〇一二〕、陶徳民〔二〇〇六〕を参照。

(15) 主な論文としては以下がある。「日本満洲交通略説」一九〇七年講演（『内藤湖南全集』八巻）、「清朝姓氏考」（『芸文』三―三・四、一九一二年、『内藤湖南全集』七巻）、「清朝開国期の史料」（『芸文』三―一一・一二、一九一二年、『内藤湖南全集』七巻）、「都爾鼻考」（『史林』五―四、一九二〇年、『内藤湖南全集』七巻）、「女真種族の同源伝説」（『民族と歴史』六―一、一九二一年、『内藤湖南全集』八巻）、「清朝初期の継嗣問題」（『史林』七―一、一九二二年、『内藤湖南全集』七巻）。

(16) 「序」（『満蒙叢書』一巻、一九一九年）。

(17) 矢野仁一（一八七二～一九七〇）。一八九九年東京帝国大学西洋史学科卒業。一九〇五年北京の法政学堂に勤務。一九一二年京都帝国大学助教授。一九二〇年京都帝国大学教授。一九三二年京都帝国大学退職。満洲国建国の正当化を主張したため戦後は公職追放となる〔小野信爾 一九七四〕（「学問の思い出――矢野仁一博士」『東方学回想』Ⅲ、刀水書房、二〇〇〇年）。

(18) 矢野仁一の見解に対する筆者の見解については 塚瀬進〔二〇〇四、一〇九～一一二頁〕を参照。

(19) 三上次男（一九〇七～八七）。一九三二年東京帝国大学文学部東洋史学科卒業。東亜考古学会留学生として中国留学。一九三三年満蒙文化研究事業研究員（金史の研究に従事）。一九三九年東方文化学院東京研究所研究員。東京帝国大学文学部講師。一九四九年東京大学教授。一九六七年青山学院大学教授（「先学を語る――三上次男博士」『東方学回想』Ⅸ、刀水書房、二〇〇〇年）。

(20) 旗田巍（一九〇八～九四）。一九三一年東京帝国大学文学部東洋史学科卒業。一九三三年満蒙文化研究所研究員。一九四〇年満鉄調査部北支経済調査所調査員となり北京へ赴任。一九四五年北京で敗戦を迎え、留用される。一九四八年帰国。一九五〇年東京都立大学人文学部教授。一九七四年専修大学教授（「旗田巍先生略歴」『朝鮮歴史論集』下、龍渓書舎、一九七九年）。

(21) 羽田亨（一八八二～一九五五）。一九〇七年東京帝国大学卒業（指導教授白鳥庫吉）。内藤湖南の招きにより京都帝国大学

大学院入学。一九〇九年京都帝国大学講師。一九一三年京都帝国大学助教授。一九二四年京都帝国大学教授。一九三八年京都帝国大学総長。

(22)　田村実造（一九〇四～九九）。一九二九年京都帝国大学史学科東洋史学専攻卒業。大学院へ進学。一九四〇年京都帝国大学助教授。一九四七年京都帝国大学教授。

(23)　三田村泰助（一九〇九～八九）。一九三三年京都帝国大学史学科東洋史学専攻卒業。外務省対支文化事業部満蒙文化研究班。一九四九年立命館大学教授（「三田村泰助博士略年譜・著作目録」『立命館文学』四一八～四二一、一九八〇年）。

(24)　今西春秋（一九〇八～七九）。一九三三年京都帝国大学卒業。羽田亨教授の指導下で満洲語の研究に従事。一九三八年北京故宮文献館で『満文老檔』の研究に従事。一九四三年北京大学教授。一九四五年敗戦後も中国滞在を継続（北京大学教授は解任）。一九四七年瀋陽博物館研究員。一九四八年北京大学講師に復職。一九五四年帰国。一九五六年天理大学おやさと研究所教授〔河内良弘　一九八〇〕。

(25)　『歴史学研究』五―一一（一九三五年）。

(26)　三島一の執筆者名で発表されたが、実際は柴三九男が執筆した論文であった（「月報」『歴史学研究　戦前期復刻版』五、青木書店、一九七四年）。

(27)　鴛淵一（一八九六～一九八三）。一九二〇年京都帝国大学史学科東洋史学専攻卒業。一九二三年大阪外国語学校教授。一九三二年広島文理科大学助教授。一九四七年「清初八旗制度考」で京都大学より文学博士授与。一九五一年大阪市立大学教授。内藤湖南の女婿であった（「鴛淵一博士略歴及主要著作目録」『人文研究（大阪市立大学）』七―八、一九五六年）。

(28)　戸田茂喜（一九一〇～四七）。一九三三年広島文理科大学東洋史学科卒業。大学研究科に進み「満文老檔の研究」をテーマとする。一九三四年広島文理科大学東洋史研究室助手。一九四三年奉天図書館司書官。一九四五年シベリア抑留。一九四七年八月帰国。同年十月死去〔鴛淵一　一九五〇〕。

(29)　浦廉一（一八九五～一九五七）。一九二〇年広島高等師範学校卒業。一九二八年京都帝国大学史学科東洋史学専攻卒業。大学院に進学。一九二九年広島高等師範学校教授。一九五〇年広島大学文学部教授〔杉本直治郎　一九五九〕。

(30)　有高巖（一八八四～一九六八）。一九一一年京都帝国大学史学科卒業。大学院へ進学（桑原隲蔵の指導を受ける）。一九一七年京都帝国大学助手。一九二九年東京文理科大学助教授。一九三三年東京文理科大学教授。一九五一年立正大学教授

（「有高巌先生略歴」『立正史学』三二、一九六八年）。

(31) 周藤吉之（一九〇七〜九〇）。一九三三年東京帝国大学文学部東洋史学科卒業。朝鮮総督府・朝鮮史編修会嘱託。一九三八年東洋文庫にて「満洲農民史の研究」に従事。一九四一年日本学術振興会の助成を受け「清朝に於ける八旗制度の研究」に従事。一九四三年東方文化学院研究員。一九四九年東京大学東洋文化研究所助教授。一九六七年東京大学教授退職（「先学を語る――周藤吉之博士」『東方学回想』Ⅸ、刀水書房、二〇〇〇年）。

(32) 日野開三郎（一九〇八〜八九）。一九三一年東京帝国大学文学部東洋史学科卒業。一九三五年九州帝国大学助教授。一九四六年九州帝国大学教授。

(33) その研究成果は『日野開三郎東洋史学論集――北東アジア国際交流史の研究（上・下）』九・一〇巻、『日野開三郎東洋史学論集――東北アジア民族史（上・中・下）』一四〜一六巻に収録されている。

(34) 北海道大学や高等商業学校でのマンチュリア史研究は、歴史研究というよりは現状理解のための考察がほとんどであった〔長岡新吉 一九八二／松重充浩 二〇〇六〕。

(35) 「満洲学会の創立並に現況」（『満洲学報』一、一九三二年）。

(36) 稲葉岩吉〔一九三八b、三八三頁〕。

(37) 日野開三郎「解説」（『日野開三郎東洋史学論集』八巻、三一書房、一九八四年）五八四頁。

(38) 「唐時代の樺太島に就いて」（『白鳥庫吉全集』五巻）七九頁。

(39) 「極東史上に於ける満洲の歴史地理」（『白鳥庫吉全集』九巻）三九九〜四〇八頁。

(40) 本節の内容については、井上直樹〔二〇一三〕も参照されたい。

(41) 井上清他編〔一九七三、一九八〜二〇〇頁〕。

(42) 同書は一八九四年に参謀本部編纂課編輯『満洲地誌』（博聞社）としても刊行された。戦後に出された復刻には、参謀本部編『満洲地誌』（国書刊行会、一九七六年）がある。『明治後期産業発達史資料』（六五三巻、龍渓書舎、二〇〇三年）所収の『満洲地誌』は、原本の一八八九年版ではなく、博聞社が出した一八九四年版を復刻している。

(43) 一九一二年までに刊行された調査報告書については、塚瀬進〔二〇〇八〕を参照。

(44) 宮内季子『典ノ慣習』（一九一三年）、宮内季子『押ノ慣習』（一九一三年）、眇田熊右衛門『租権』（一九一四年）、亀淵龍

長『蒙地』（一九一四年）、天海謙三郎『内務府官荘』（一九一四年）、天海謙三郎『皇産』（一九一五年）、亀淵龍長『一般民地』上・中・下（一九一四・一五年）。また関東都督府臨時土地調査部『関東州土地旧慣一斑』（一九一四年）も、満鉄調査部の人たちによりまとめられたものである。
(45) 経歴、著作については、井村哲郎編〔一九九六、七一七～七一八・七四五頁〕。
(46) 亀淵龍長『一般民地』上、四～六頁。
(47) 陸軍省『明治三十七八年戦役満洲軍政史』全一九冊（一九一五～一七年）。ゆまに書房より一九九九～二〇〇二年復刻。
(48) 『明治後期産業発達史資料』（二四七巻、龍渓書舎、一九九六年）所収。
(49) 『明治後期産業発達史資料』（二九八巻、龍渓書舎、一九九六年）所収。
(50) 関東州民政署『満洲産業調査資料』全八冊（一九〇六年）。内訳は一 農業、二 醸造業、三 林業、四 商業、五 水産業、六 鉱産、七 棉布及棉糸、八 蚕糸業・畜産業であり、平野健一郎により考察されている〔平野健一郎 一九八二〕。
(51) 関東都督府陸軍経理部『満洲誌草稿 一般誌』全四冊（一九一一年）、同『満洲誌草稿 地方誌』全七冊（一九一一年）。クレス出版より二〇〇〇年復刻。
(52) 外務省通商局『満洲事情』一～四輯（一九一一年）。大空社より一九九一年復刻。
(53) 井村哲郎編〔一九九六、三頁〕。
(54) 『満蒙全書』一～七巻（一九二二～二三年）。
(55) 『満蒙全書』一巻、序、三頁。
(56) 井村哲郎編〔一九九六、四頁〕。
(57) 『アジア学叢書』一五五・一五六・一五七（大空社、二〇〇六年）。
(58) 『アジア学叢書』一五八（大空社、二〇〇六年）。
(59) 一巻――洮南方面。二巻――鄭家屯、開魯、林西、赤峰方面。三巻――哲里木盟北部一帯。四巻――赤峰県。五巻――農安、扶余、斉斉哈爾方面。六巻――西豊、海龍、柳河方面。七巻――吉林省中部方面。八巻――林西、経棚方面。九巻――扶余県。一〇巻――赤峰。一一巻――開魯、通遼鎮方面。
(60) 経歴、著作は井村哲郎編〔一九九六、七七六～七七八頁〕を参照。

(61) 経歴、著作は井村哲郎編〔一九九六、七六八～七六九頁〕を参照。
(62) 浅田喬二〔一九八二〕。
(63) 天野元之助（一九〇一～八〇）。一九二三年京都帝国大学経済学部入学。一九二六年四月満鉄入社。一九三五年北京で研究活動。一九四八年京都大学人文科学研究所入所。一九五五年大阪市立大学教授。自伝的記述は天野元之助〔一九六一〕を参照。井村哲郎編〔一九九六、七一八～七一九頁〕も参照。
(64) 調査報告書の内訳については、中兼和津次〔一九八一〕を参照。
(65) 実業部臨時産業調査局編『康徳元年農村実態調査　戸別調査之部　浜江省』第一分冊（一九三七年）一八三頁。
(66) 『旧植民地関係機関刊行物総合目録―南満州鉄道株式会社編―』（アジア経済研究所、一九七九年）、『旧植民地関係機関刊行物総合目録――満州国・関東州編――』（アジア経済研究所、一九七五年）。
(67) 国務院総務庁臨時国勢調査事務局編『康徳七年臨時国勢調査報告』（一九四一～四三年）。文生書院より二〇〇〇年復刻。財政部資料科編『満洲幣制史料――硬幣篇』（一九三六年）、財政部資料科編『満洲幣制史料――紙幣篇』（一九三六年）。
(68) 「満洲経済研究者の態度」（『満洲評論』二二―二四、一九四二年）。
(69) 以下では、古代から元朝までの研究成果については検討対象からはずし、明朝以後を対象としている。
(70) 神田信夫（一九二一～二〇〇三）。一九四三年東京帝国大学東洋史学科卒業。一九四九年明治大学助教授。一九九二年明治大学退職。主要論文は神田信夫〔二〇〇五〕を参照。
(71) 松村潤（一九二四～）。一九五三年東京大学東洋史学科卒業。一九六二年日本大学助教授。一九七〇年日本大学教授。一九九五年日本大学退職。主要論文は松村潤〔二〇〇八〕を参照。
(72) 石橋秀雄（一九二三～二〇〇二）。一九四九年東京大学東洋史学科卒業。一九五四年東京大学文学部助手。一九五七年日本女子大学助教授。一九六七年立教大学助教授。主要論文は石橋秀雄〔一九八九〕を参照。
(73) 岡田英弘（一九三一～）。一九五三年東京大学東洋史学科卒業。一九六六年東京外国語大学助教授。一九七三年東京外国語大学教授。一九九三年東京外国語大学退職。主要論文は岡田英弘〔二〇一〇〕を参照。
(74) 満文老檔研究会『満文老檔』Ⅰ～Ⅶ（東洋文庫、一九五五～六三年）。
(75) これらの研究者の個々の論文については、河内良弘他編〔一九七二〕を参照。

(76)　ここまでの記述は、古畑徹〔二〇〇三〕を参考にするところが大きかった。

(77)　石田興平（一九〇五〜八八）。一九三一年京都大学経済学部卒業。一九三三年立命館大学商学部講師。一九三九年建国大学助教授（金融論、外国為替論を担当）。一九四四年大阪商科大学助教授。一九五〇年滋賀大学経済学部教授。経歴や主要論文については滋賀大学経済経営研究所〔二〇〇五〕を参照。

(78)　日本史研究者による研究成果の整理については、鈴木隆史〔一九七一〕、金子文夫〔一九七九・一九八八〕、浅田喬二〔一九八四〕、村上勝彦〔一九八四〕、山本裕〔二〇〇八〕を参照。

(79)　「回顧と展望　内陸アジア」（『史学雑誌』九七―五、一九八八年）二八四頁。

(80)　田村実造他編〔一九五六〕の構成は「先史時代の北アジア」、「古代遊牧国家の時代」、「征服王朝の時代」、「元朝崩壊後の北アジア」、「清代の北アジア」であり、モンゴルの歴史を中心としている。マンチュリアに関する記述もあるが、体系的記述ではないので、本文では取り上げなかった。

(81)　概説書ではないが、『史学雑誌』「回顧と展望」の地域区分でも、マンチュリアの位置は迷走している。一九六六年までは「満洲」という分類が設けられていたが、一九六七年から「北アジア」という分類を設け、その範囲は「満洲、モンゴル、シベリア」だとした。そして一九八六年から「北アジア」と「中央アジア」を合わせて「内陸アジア」としている。ここにマンチュリアに関する研究は「内陸アジア」に分類されることになった〔史学会編　一九八八、まえがき〕。

(82)　「東北研究専号」（『禹貢半月刊』六―三・四、一九三六年）。

(83)　金毓黻（一八八七〜一九六二）。一九一六年北京大学卒業。一九二〇年黒龍江省教育庁科長。その後いくつかの東三省の官職を務める。満洲国下でも宮口塩務署長などの官職を務める。一九三六年満洲国から国民党統治地区へ脱出。教職につく。一九四九年北京大学教授〔金景芳　一九八六〕。業績については栄文庫〔一九九四〕を参照。

(84)　近年の中国での東北地方史研究については、李治亭〔二〇〇九〕が参考になる。

(85)　中国における研究は、マンチュリアを中華王朝の一地域史と考えることから、高句麗を朝鮮の王朝とはみなしていない。このため韓国の学会とは論争になっている。中国と韓国との間の「高句麗論争」については金光林〔二〇〇四〕、澤喜司郎〔二〇〇四〕、李鎔賢〔二〇〇五〕、井上直樹〔二〇〇五〕、古畑徹〔二〇〇八〕を参照。

(86)　近年の中国では、中華王朝によるマンチュリア統治の理念を、「華夷一統」、「華夷之辨」、「羈縻而治」という概念を使って説明しようとする研究も出されている〔劉信君編 二〇〇八〕。

Ⅱ　元末から清まで

第一章　元末・明朝前期の社会変容

はじめに

本章では、元末の十三世紀後半から洪武帝、永楽帝の企図によりマンチュリアへの明朝の勢力範囲が拡大するなか、マンチュリアではいかなる社会変容が生じていたかを検証する。

この期間に関する研究は、これまで以下のような方向性でおこなわれてきた。第一には、元朝の滅亡、明朝の成立という中華王朝の交替が、マンチュリア統治にいかなる影響をおよぼしたのかという、中国史の推移から考察する方向性があげられる〔和田清　一九三四・三七〕。第二には、朝鮮史との関わりから考察されてきた。元朝が衰亡したことから、その服属下にあった高麗は自立化を始める。高麗の自立化は元朝という後ろ盾を失うことにつながり、王権は不安定化してしまい、やがて有力武将（李成桂）による簒奪を余儀なくされた。こうした歴史経過のなかで、マンチュリアをめぐり各王朝（元朝、明朝、高麗・朝鮮王朝）がどのように動いたのかを考察する研究がおこなわれている〔末松保和　一九四一〕。第三には、マンチュリアに住む女真の動向に焦点を合わせて、元朝衰亡による女真の自立化、明朝下での女真の動向を考察するという、女真史の推移を重視した研究があげられる〔園田一亀　一九四八／河内良弘　一九九二〕。第四に、モンゴルの動向と関連させて、元明交替の動乱期にモンゴルがマンチュリアにおよぼした影響を考察する研究がおこなわれている〔和田清　一九三二〕。近年では、明朝によるマンチュリア政策だけを取り上げるのではなく、明帝国全体の推移のなかにマンチュリア政策を位置づける方向性が提唱されている〔杉山清彦 二〇〇八〕。

本章は、これまで明朝―マンチュリア、朝鮮―マンチュリア、女真―マンチュリア、モンゴル―マンチュリアとそれぞれに考察されてきた研究成果を統合し、元朝末から明朝前期にかけてマンチュリアに生じていた社会変容について考察する。そして、洪武帝、永楽帝の時に、マンチュリアの姿がおぼろげに現れた経緯について述べたい。

一 元朝統治下のマンチュリア

モンゴル帝国の建国者であるテムジンは、一二〇六年に即位してチンギス・カンと称し、勢力拡大のための軍事行動を継続した。チンギス・カンは金朝統治下のマンチュリアにも攻め入ったが、金朝を滅ぼすことはなく一二二七年に死去した。モンゴル帝国の膨張はその後も続き、一二三四年には金朝を滅ぼし、五九年には高麗をも服属下に置いた。以下では、元朝によるマンチュリア統治について述べてみたい。

『元史』地理志には、一二八七年（至元二十四）に遼陽等処行中書省（以下、遼陽行省）を設置し、その下に遼陽路、広寧府路、大寧路、瀋陽路、東寧路、開元路、合蘭府水達達等路の七路を置いたとある（『元史』巻五九 地理志二）(1)。遼陽行省の北部に置かれた開元路と合蘭府水達達等路については史料が乏しく、治府の所在地や管轄領域については諸説が乱立している(2)。遼陽等処行中書省の北辺は、アムール川河口にまでおよんでいたと推測されている。その理由は、元朝はアムール川下流域を統治するため、ティル（アムール川下流右岸）に東征元帥府（設置、廃止の年次不明）を置いていたからである〔中村和之 二〇〇六〕。中村和之〔二〇〇八、四八頁〕は『遼東志略』の記述をもとに、元朝の管轄領域はサハリンにまで達していたと主張している。

遼陽行省の南辺には大寧路が置かれ、長城までを範囲とした。遼陽行省の西辺には瀋陽路、遼陽路が置かれ、その領域はおおむね遼河以東であった。遼河以西はモンゴル諸王に分け与えられた場所であった〔叢佩遠 一九九八、五〇～九四頁〕。遼陽行省の東辺は高麗と接しており、東辺の状況を理解するには、元朝と高麗の関係を振り返らなければならない。モンゴル軍は一二三一年（高宗十八）に高麗への侵攻を始め、五九年（同四十六）に服属下に置いた。このため、高麗の領域は南に引き下げられ、元朝の領域が拡大した。両者の境界は、西側はピョンヤンの南にある慈悲嶺、東側は和州（双城、永興）となった〔津田左右吉 一九六四a・一九六四b〕。

以上をまとめると、遼陽行省の管轄範囲は、北辺はアムール川河口、南辺は長城、西辺は遼河付近、東辺は朝鮮半島北部（北緯三九度ぐらい）であったと推定できる。当然のことであるが、後の東三省や満洲国の領域と重なる場所もあるが、重ならない場所もある。この領域を往来する使臣のため、元朝は交通路の整備にも力を入れていた〔園田一亀 一九四九／叢佩遠 一九九〇／郭毅生 一九八〇〕。

元代のマンチュリアにはさまざまな人間集団が暮らしていたが、その詳細については史料が少なく、判明する事実は限られている〔楊茂盛 一九八九／叢佩遠 一九八八・一九九三a〕。なかでも女真は多かったと推測される。邱樹森〔二〇〇三〕はマンチュリアに暮らした女真を、①熟女真（遼陽以南に住む）、②生女真、③水達達女真の三つに分類している。元朝は女真を兵士の補充源にあてたり、毛皮を税として徴収したりしていた〔楊保隆 一九八四／蔣秀松 一九九四〕。

漢人の状況についてはよくわからないが、元代にマンチュリアは流刑地となっており、関内からの流刑者が暮らしていた。アムール川下流のヌルガン地区に流された流刑者は、厳しい気候風土のため自活は難しかった。それゆえ流刑地で消費する衣食の輸送費がかさみ問題となっていたことが明らかにされている〔徳永洋介 一九九六、三〇一～三〇六頁〕。

元朝は屯田政策をおこない、農業生産を増やそうとしていた。屯田には軍士がおこなった軍屯と、農民がおこなった民屯の二種類があった〔叢佩遠 一九九八、二九七～三一九頁〕。軍士のなかには関内から送られた人もおり、例えば張成という湖北生まれの軍士は「黒龍江之東北極」で屯田に従事していた〔岩間徳也 一九二五／王綿厚 一九八二〕。一般の田地の状況については史料不足のためよくわからないが、叢佩遠〔一九九三b〕は、遼陽行省での漢人による農業生産は金代や明代と比べて、それほど劣っていなかったと主張している。

北部の合蘭府水達達等路は「土地曠闊、人民散居（土地は広く、人々は散居している）」、「逐水草為居、以射猟為業（水草を逐って住まい、狩猟で生計を立てていた）」（『元史』巻五九 地理志二）という状況であり、女真、クイ（骨嵬）、ギレミ（吉里迷）、ウジェ（吾者）などが暮らしていた〔王頲 一九八二／増井寛也 一九八二〕。元朝はこれらの人々を「随俗而治（俗に随って治める）」（『元史 地理志』）方針で統治していた。しかしながら程尼娜〔二〇〇五〕は、元朝が合蘭府水達達等路に設置した万戸府、千戸所の長官は、有力者が世襲的に就任していた例もあるが、元朝が任命した地方官もいた可能性を指摘している。そして元朝統治の内容を、①徴税活動の実施、②災害や飢饉に際しての救荒、③屯田政策の実施、④交通機関の整備、⑤監察のための官吏派遣とまとめ、間接的な羈縻統治ではなく、地方行政的な側面を持っていたと主張している。(3)

元朝によるマンチュリア統治は、諸部族集団の動向（北辺）、モンゴル人の動向（西辺）、高麗の動向（東辺）、関内の動向（南辺）による影響を受けていた。北辺では部族間の抗争に元朝は介入した。アムール川下流域からサハリンにかけて暮らすクイがギレミを攻撃した事件に対して、元朝はギレミを援助する政策をとった。元朝はクイへの攻撃を一二六四年（至元元）以降繰り返しおこない、元軍はクイとアムール川下流域、サハリンで戦闘を交えた。この紛争は、一三〇八年（至大元）にクイが毎年元朝に毛皮を献じる条件で終息した〔大葉昇一　一九九八〕。このときのアムール川下流域、サハリンでの元朝の軍事行動を、日本への侵攻（元寇）と連動させて、「もう一つの蒙古襲来」とも呼ぶべきだとする見解がある〔遠藤巌　一九八八／榎森進　一九九〇〕。これに対して中村和之〔一九九二〕は、元軍出兵はギレミを脅かすクイを討伐するという防御的色彩が強く、北海道への侵攻まで意図していなかったと反論している。(4)

西辺ではモンゴル王侯同士の抗争に介入した。興安嶺方面に勢力を持つナヤン（乃顔）は、クビライに不満を持ち、一二八七年にカイドゥの乱と呼応して、打倒クビライを掲げて挙兵した。ナヤンの反乱はほどなく鎮圧されたが、同時に挙兵したカダアンの抵抗はしばらく続き、一二九二年（至元二十九）に鎮圧された〔張泰湘　一九八六／堀江雅明　一九九〇／吉野正史　二〇〇八・二〇〇九〕。

東辺での高麗との関係は少しく複雑であった。高麗はモンゴル帝国に服属したため、その王位は元朝の影響を受けていた。(5)忠烈王（在位一二七四〜一三〇八）から恭愍王（在位一三五一〜七四）までの国王のほとんどは、元朝の大カガン家の公主を娶っていた〔森平雅彦　一九九八a／厳聖欽　一九九五〕。元朝は高麗国王と姻戚関係を結ぶだけでなく、一二八七年に征東行省という高麗統治の出先機関を設け、高麗への影響力を確保した〔北村秀人　一九六四／程尼娜　二〇〇六〕。

また、十四世紀初めから後半にかけて、元朝は高麗王や高麗王族に瀋王という称号を与えていた。瀋王の評価については論争となっている。まず、瀋王は高麗帰順民が多数暮らす瀋陽地方の統治者としての役割を持っていたとし、十四世紀初め以降、高麗とマンチュリア南部の一体化が進められたという見解が主張された〔丸亀金作　一九三四／岡田英弘　一九五九〕。これに対して北村秀人〔一九七二〕は、瀋王は高麗王や高麗の王族に対する元朝の優遇措置として与えられた称号であること、並びに瀋王は高麗帰順民が多数暮らす瀋陽地方の統治者ではなかったことを主張した。

北村秀人は、瀋王は名目的称号の性格が強い存在だと指摘したのだが、森平雅彦〔二〇〇八b〕は瀋王が瀋陽路の統治に具体的にどう関わったかは不明としながらも、瀋陽路に所領を有していた可能性を指摘している。

モンゴル軍の高麗侵攻後、元朝に投降した朝鮮人や、流浪を余儀なくされた朝鮮人のなかには遼東で暮らす人もいた〔方学風 一九八九／王崇時 一九九一／呉松弟 一九九六／楊暁春 二〇〇七〕。瀋陽や遼陽で生活する朝鮮人は多く、元朝はそうした朝鮮人を統治する機関として、瀋陽等路安撫高麗軍民総管府を設けていた〔北村秀人 一九七二、一一二～一一七頁〕。

元朝はクビライの死後、皇位継承をめぐり混乱が続いた。とくに「天暦の内乱」（一三二八年）による紛糾はひどく、その勢力は衰退した。マンチュリア北部に暮らした人々は、元朝の衰退に乗じて一三四三年（至正三）に反乱を起こした。元朝は衰えていたとはいえ、この反乱を鎮圧し、一三五五年（至正十五）には乞列迷等処諸軍万戸府を置いて、北部の統治を強めようとしていた〔和田清 一九三四、二六一～二六三頁／大葉昇一 一九九八、一三七～一三八頁〕。そうしたなか、紅巾軍は一三五九年（至正十九）に遼東へも侵攻した。

元朝下のマンチュリアは女真、クイ、ギレミ、漢人、朝鮮人、モンゴル人などの多様な人々が暮らす空間であった。元朝の統治は、そうした多様性を温存、対応する方向でおこなわれていた。そのため、地域としての凝集度を高めることはなく、その後のマンチュリアに継承される地域的なまとまりは弱かったと指摘したい。

二　紅巾の乱から洪武末年まで

1　ナガチュ（納哈出）の降伏まで

一三五一年（至正十一）に勃発した紅巾の乱は中国各地に拡大し、紅巾軍は五九年（同十九）に遼東へも侵攻した。紅巾軍は高麗北部にも侵攻し、首都ケソンは一時占拠された。紅巾軍は一三六二年には撃退されたが、元朝の衰退は著しかった。一三六八年（洪武元）にトゴンテムル（順帝）は大都を放棄して、モンゴルへと逃亡して元朝は滅びた。元朝滅亡後、マンチュリアは明朝、北元（モンゴル人）、故元勢力（ナガチュら）、高麗の四つどもえ状態となり、その帰趨は混沌としていた（萩原淳平 一九六〇／陳文石 一九六七／趙立人 一九九四／張立凡 一九八三／胡凡 一九九八・二〇〇六）。以下ではそれぞれの状況について見てみたい。

一三七〇年（洪武三）の北征により明軍はモンゴル軍に打撃を与え、さらにトゴンテムルが死去したことを明朝は知った[6]。北元の凋落により、一三七一年（洪武四）にかつては遼陽行省平章の任にあった劉益が降伏してきた。洪武帝はこれを契機に遼東衛指揮使司を置き、劉益を指揮同知に任命した[7]。同年洪武帝は馬雲、葉旺らの率いる明軍を送り込み、遼陽に定遼都衛指揮使司（一三七五年に遼東都指揮使司となる。以下、遼東都司）を置き、遼東経営に着手した[8]。この時点では、マンチュリアには依然として故元勢力が割拠しており、遼陽には高家奴、瀋陽には哈剌張、開原には也先不花が、そして金山（懐徳付近）を拠点とするナガチュは大きな勢力を有していた[9]。

一三七二年（洪武五）、明朝によるマンチュリア制圧は頓挫し、方針転換を余儀なくされた。その理由は、第一には、モンゴル方面に出撃した明軍が北元に敗北したからである。これまで明軍による北征は順調に進んでいたが、この時の敗北をもって明軍の進撃はストップし、しばらく北征は控えられた〔谷井陽子 二〇〇九、三〇～三三頁〕。第二には、十一月にナガチュが牛家荘を襲撃して明軍を撃破し、その勢力の強大さを示したからである。[10] このため明朝は故元勢力と武力対決し、その駆逐をおこなうという方向はとらず、遼東経営を固める方向をとった。

明朝は当初、遼東には衛所と州県を置き、軍政と民政をおこなう統治機構をつくろうとした。しかし、ナガチュの侵攻など緊迫した軍事情勢から、州県は廃止して衛所を中心とした軍事機構に重点を置く統治機構を構築した。[11] 衛所とは明朝が各地に置いた軍事組織であった。衛所には兵士が駐留するとともに、兵士は農業もおこない、兵農一致を原則とした。衛所のトップの武官は世襲であり、明朝はその家系が途切れないようさまざまな優遇措置を講じていた〔川越泰博 二〇〇一〕。衛所の形態にはいくつかあり、徐仁範〔一九九九〕は内地衛所、沿辺衛所、沿海衛所に分けている。遼東のような州県が存在しない場所の衛所は、地方行政的な職務もおこなった。管轄領域を持つことから、譚其驤〔一九三五〕、解毓才〔一九四〇〕はこの種の衛所を「実土衛所」と呼んでいる。遼東都司および各衛所がおこなった職務として、李三謀〔一九八九・一九九六〕は①勧農、②徴税、③教育、④商業の管理、⑤裁判の五点を指摘している。[12]

明朝は衛所の軍士に屯田をおこなわせ、食糧を確保しようとした。しかし、屯田だけでは不十分であり、海運により食糧を運んでいた。[13] 洪武前半では、遼東への食糧供給は屯田と海運の併用でまかなっていた〔清水泰次 一九三七a、二五～二八頁〕。

明朝は衛所制により遼東経営を進める一方で軍事行動を再開し、一三七六年〔洪武九〕ごろにはナガチュの攻撃を撃退し、鴨緑江付近まで軍隊を進めた。[14] また、一三八一年〔洪武十四〕には内モンゴル東部の掃討をおこなった。[15] 明朝の制圧領域が拡大したこと、衛所制による遼東経営が進んだことから、一三八一年以降、故元勢力は明朝への帰順を始めた[16]。一三八二年（洪武十五）にはアムール川流域に住むと推測される故元鯨海千戸の速哥帖木児らが来帰した[17]。その後もマンチュリア北部からの帰順があいついだことを踏まえ、洪武帝は一三八七年（洪武二十）にナガチュ掃討の軍事行動を起こした。

以上、明朝の遼東経営について、北元（モンゴル人）、故元勢力の動向と関連させて述べてみた。以下では、高麗との関わりからマンチュリアの動向を考察したい。

元朝の衰退を見た高麗の恭愍王は、一三五六年（至正十六、恭愍王五）に北辺に出兵し、元朝が統治する双城総管府を奪還した（北進政策）。恭愍王は元朝への武力抵抗に踏み切ったが、元朝が反撃に出るや恭順の意を表し、その赦しを願った（池内宏 一九一七）。しかし、翌一三五七年（至正十七、恭愍王六）には伊板嶺（磨天嶺、咸鏡南道の北境）を境界にすることを元朝に通告し、北進政策の継続を表明した[18]。

高麗が元朝統治からの離脱を始めるなか、一三五九年（至正十九、恭愍王八）に紅巾軍は高麗に侵攻し、一三六一年（至正二十一、恭愍王十）に都ケソンは紅巾軍に占拠された。恭愍王は紅巾軍を撃破して一三六三年（至正二十三、恭愍王十二）にケソンへの帰還を果たすが、紅巾軍侵攻後、高麗には二つの変化が生じていた。

第一には、戦乱の影響を受けて、高麗王権が不安定化したことである。恭愍王は反元政策を志向したが、紅巾軍侵攻後に王権が不安定化したため、元朝の後ろ盾は国王権力の維持に必要であった。それゆえ、元朝から自由になろうとする政策の実施は難しく、露骨な反元政策はできなかった[19]。

第二には、高麗各地で有力武将の自立化が進んだ点である。なかでも東北境を地盤とした李成桂（朝鮮王朝の太祖）は、その勢力を拡大していた（池内宏 一九一五a、引用は池内宏 一九七二、二九〜三四頁／浜中昇 一九八六）。李成桂は紅巾軍の侵攻により高麗が混乱していたさなかの一三六〇年（至正二十、恭愍王九）に、亡父を継ぎ咸興付近（東北境の万戸となった。咸興近隣は主に女真が散居する区域であった。李成桂は女真との混住地を地盤にしたので、その配下には女真人も多かった。

女真は生活に窮すれば高麗への侵攻を繰り返したので、高麗にとって、女真への対応は悩みの種であった〔西野幸雄 一九八八／蔣秀松 一九九四〕。高麗は女真を高麗軍に編入するとともに、その村落を郡県制により把握しようとしていた。つまり、女真を軍隊と郡県制に取り込むことで、北辺の安定化をはかろうとしたのである〔江原正昭 一九六三〕。

明朝がマンチュリアへ侵攻するためには、高麗を味方につけておく必要があった。明朝の動きはすばやく、洪武帝は建国した翌年の一三六九年（洪武二、恭愍王十八）に、恭愍王を高麗王として冊封した[20]。洪武帝は帰還する高麗の使者との問答のなかで、いまだ遼東を平定していない不安を述べていた[21]。

恭愍王にとっても、明朝と冊封関係を結ぶメリットはあった。北進政策をとる恭愍王は、親明政策をとりつつ北方へ領域を拡大することが、高麗復興につながると考えていた。一三七〇年（洪武三、恭愍王十九）、恭愍王は鴨緑江以北に出兵し、遼東に残る故元勢力に打撃を与え、北辺の安定をはかる行動に出た〔池内宏 一九一八b／孫衛国 一九九七／李新峰 一九九八〕。故元勢力では最大のナガチュは、一三六二年（至正二十二、恭愍王十一）に高麗に侵攻しており、ナガチュをたたくことは恭愍王にとっても必要な措置であった[22]。しかし政権内部には親明派と親元派の対立があり、恭愍王の王権は不安定であった。

明朝と高麗の友好的な関係は、一三七二年（洪武五、恭愍王二十一）のナガチュによる牛家荘の攻撃以後に崩れた。一三七三年（洪武六、恭愍王二十二）に明朝から帰国した高麗の使者は、洪武帝の意向を伝える書簡を持ち帰った。その内容は厳しく高麗の行動を譴責するものであり、以後、遼東経由による朝貢は禁止された[23]。明朝の高麗に対する態度変更を末松保和〔一九四一、一五三〜一六七頁〕は、洪武帝はナガチュによる牛家荘攻撃の背後には高麗の手引きがあったのではないかと疑い、高麗の使者が遼東を通過し、その状況をナガチュが知るのを回避するためであったと解釈している。

明朝と高麗の関係が険悪化した翌一三七四年（洪武七、恭愍王二十三）九月に、恭愍王は親元派により殺害された。そして同年十一月には、帰国する明使を護送する高麗の官吏が、明使を殺害して北元に投降するという事件が起きた。ここに洪武帝の高麗に対する不信はさらに高まった(24)。

恭愍王の後を継いだ禑王は、北元との関係改善にも注意を払った。禑王はナガチュや北元とも使者の往来をおこない、一三七七年（洪武十、禑王三）二月には、北元の年号（宣光）を使う決定までしていた（翌七八年九月に再び洪武を使うことにした）(25)。辛禑政権は即位から一三八〇年（洪武十三、禑王六）ごろまで、北元と明朝との間をさまよっていた〔池内宏 一九一八c／王剣 二〇〇六〕。

そうしたなか故元勢力の明朝への帰順が始まった。故元の後退、明朝の拡大は決定的となり、高麗と北元との往来も一三八〇年（洪武十三、禑王六）を最後とした。禑王は北元との連携はあきらめ、明朝との関係改善を選択した。そこで明朝に新国王としての冊封と、刺殺された恭愍王の諡号を賜ることを求めた。しかし洪武帝の不信感は強く、逆に馬匹や金銀などの歳貢を要求して高麗の誠意を問うてきた。最終的に禑王は一三八四年（洪武十七、禑王十）にこれまでの歳貢すべてを進献し、ようやく高麗王としての冊封を許された。一三八五年（洪武十八、禑王十一）、洪武帝は禑王を冊封し、恭愍王の死以来一〇年あまりを経て、明朝と高麗の関係は落ち着いた(26)。

2　ナガチュの降伏以後

故元勢力の帰順が増えたこと、高麗との関係に一段落がついたことを受けて、洪武帝は一三八七年（洪武二十、禑王十三）にナガチュ掃討の軍事行動を起こした。[27]洪武帝はナガチュ掃討にそなえ、軍馬の供出を高麗や琉球に要求し、軍隊の増強に力を注いでいた（金渭顕 一九九八／蔭木原洋 二〇〇八）。ナガチュは抵抗を試みたが、勝利はできないと判断し、降伏した。[28]翌一三八八年（洪武二十一、禑王十四）には、明軍はマンチュリア北西のベイル湖付近まで進撃し、北元勢力を敗走させた。[29]この後、北元のトグステムルはモンゴル人に殺され、クビライの皇統は途切れた。[30]ここにマンチュリアに残った北元、故元勢力は掃討された。

ナガチュの降伏後、明朝は統治機構の設置に乗り出し、北辺には三万衛を置いた。『明実録』には、三万衛は一三八七年（洪武二十）十二月に置かれ、翌八八年（同二十一）三月に開原に移されたとある。[31]最初の設置場所について『明実録』には明確な記述がないことから、その場所がどこなのか、見解が分かれている。[32]

また明朝は高麗に対して、明朝の領域は鉄嶺より北側にするという通達を出した。[33]鉄嶺は咸鏡道と江原道の境あたりであり、かつて元朝が統治した範囲の南界であった。北進政策を推進し、北辺の領域を拡大していた高麗は明朝の要求に驚いた。高麗の受け止め方は、明朝は元朝と同じ範囲を要求してきたという理解であった（鉄嶺問題）（津田左右吉 一九六四c・一九六四d）。しかし、このときの明朝に鴨緑江以南にまでおよぶ領域を確保する力はなかった。明朝は当初、鴨緑江沿岸の黄城付近に立衛したが、黄城は遠すぎたため、翌一三八八年（洪武二十一、禑王十四）に奉集に鉄嶺衛は移された。さらに一三九三年（洪武二十六、太祖二）には鉄嶺に移動され、高麗の懸念は解消された。[34]

モンゴル人への備えとして、明朝は一三八七年（洪武二十）に大寧都指揮使司（大寧都司）を設置した。[35]もっとも大寧都司は一四〇一年（建文三）に保定へ移転したので、対モンゴル防衛拠点としての意義は低下した（清水泰次 一九一八／郭紅 二〇〇〇）。とはいえ、ナガチュが降伏した一三八七年に設けられた点を重視したい。またモンゴル系のウリャーンハン（兀良哈）に対しては、一三八九年（洪武二十二）に朶顔衛（興安嶺東方の洮児河上流付近）、福余衛（チチハル付近）、泰寧衛（洮南付近）という三つの羈縻衛所（後述）を設けて対応した。[36]

以上のように、マンチュリアに明朝の統治機構が設けられるなか、高麗の政権は大きく揺れ動いていた。禑王は明朝の冊封を受けたとはいえ、その政権内部には明朝に不満を持つ人々もいた。鉄嶺問題が高麗に伝わると、禑王は不当な決定であると考え、高麗軍に遼東攻撃を命じた。李成桂（朝鮮王朝の太祖）は遼東攻撃を無謀な試みだと考え、一三八八年五月にクーデターを起こし、都ケソンを占拠した。李成桂は禑王を廃し、高麗政権の実権を握った。

末松保和〔一九四一、一九二～一九四頁〕は、明朝による高麗圧迫政策が鉄嶺問題により爆発し、遼東攻撃という挙をとらせたという理解はしりぞけている。高麗政権のなかには、かねてから対明屈従を続ける政権に不満を持ち、高麗再興のためには対明屈従からの脱却、遼東攻撃が必要だと考える人がいた（例えば崔瑩）。そうした高麗政権内部の対立の延長上に遼東攻撃が決断されたと考えている。[37] 遼東攻撃を決めた原因については見解が分かれているが、ナガチュ降伏後のマンチュリア情勢が、高麗政権の動向に影響をおよぼしたことは指摘できよう。

一三九二年（洪武二十五）に李成桂は朝鮮王朝を創設したが、洪武帝は李成桂を朝鮮国王に冊封することは保留し、「権知国事」に任命するに止めた。洪武帝は高麗に対してさまざまな要求をおこない、高麗を圧迫していたが、朝鮮に対してはやや突き放した対応をとった。[38] ナガチュが降伏し、遼東占領を果たした後では、洪武帝にとって朝鮮の重要性は低下したからである〔末松保和　一九四一、二〇九～二一〇頁〕。

明朝はナガチュの降伏後、遼東各地に衛所を設置し、州県制の導入ではなく衛所による統治という方法をとった。遼東都司が管轄した二五衛のうち、二四衛は洪武年間に設置された〔張勝彦　一九七六〕。洪武年間の北限は、三万衛が置かれた開原であった。明朝は一三九二年と九五年（洪武二十八）に開原以北への出兵をしているが、このさいには立衛はしていない。[39] 北辺の安全のため出兵はしたが、作戦終了後は全軍すべて引き揚げ、駐屯はしなかった。

洪武帝は衛所による統治機構をつくりあげる一方、衛所に駐屯する軍士の食糧確保にも尽力した。曹樹基〔一九九六〕は、洪武年間の遼東には約一三万人の軍士がいたとし、その内訳は故元勢力の軍士約三万人、謫戍による軍士約二万人、女真や高麗人約一万人、遼東土着人の軍士約二万人、関内から移動した軍士約五万人と推計している。こうした軍士の食糧を、洪武前半では屯田と海運の併用でまかなっていたことは既述したが、洪武後半になると明朝は海運への依存を低めようとした。一三九四年（洪武二十七）に洪武帝は屯田による自給に努め、海運は縮小するよう命令した。(40)とはいえ、遼東での農業生産はすぐには増加しなかったので、海運を止めることはできなかった。だが、一三九七年（洪武三十）には自給できる水準にまで農業生産は増えたので、海運はおこなわないことにした。(41)

洪武末年になると、洪武帝は明軍出撃により北辺の安定化をはかるのではなく、防御を固める方針をとった。その理由は、北辺に展開する明軍の状況を考えると、モンゴルと正面から戦っても勝算はないと判断していたからである。(42)北辺防御の主体になったのは親王であった。北辺への親王の配置は一三九七年前後にはほぼ完了し、「分封親王を軸とした分鎮体制」とも表現される防御体制が形成された〔佐藤文俊　一九九九、三八～五八頁〕。

洪武帝はマンチュリアにおける北元、故元勢力の軍事的掃討という目的を果たした。その一方で、衛所を設置して統治機構をつくり、屯田を奨励して遼東経営の土台を固めた。(43)ナガチュの降伏後、広大な範囲を統治下におさめようとしたが、すぐにその不可能が明らかになり、三万衛、鉄嶺衛は当初の設置場所から撤退を余儀なくされた。洪武年間の統治範囲は、北は三万衛（開原）、東は連山関、(44)西は大寧都司までであり、マンチュリア北部にはまだおよんでいなかった。北部にまで統治がおよぶのは、永楽帝が即位し、女真の招撫を始めるまで待たなければならなかった。

三　永楽帝のマンチュリア政策

1　女真の招撫

永楽帝は洪武帝が末年にとっていた防御重視の方針を転換し、マンチュリアに明朝の影響力を拡大する試みをおこなった。

永楽帝は即位後すぐに女真の招撫をおこなった。『明実録』には記載されていないが、『殊域周咨録』〔厳従簡 一九九三、七三三頁〕には一四〇三年（永楽元）に邢枢がアムール川下流域に派遣され、女真の招撫をしたとある。女真の反応も早く、同年五月には女真の首長が来朝した(45)。同年十一月にはアハチュ（阿哈出）が来朝し、建州衛指揮使に任命され、女真の首長が初めて衛所の長となった(46)。以後、来朝する女真は絶えず、マンチュリア北部には続々と衛所が設けられた〔楊暘 一九八二／榎森進 二〇〇八〕。

明代の史書に記述された「女真」という語句には、広義と狭義との区別がある。明朝の史書は建州女真、海西女真、野人女真と記述したが〔増井寛也 一九九六〕、朝鮮の史書は女真、兀良哈、兀狄哈などと記述している。これらは狭義の女真を指す。広義には、マンチュリアに暮らすツングース系諸民族の総称とも解釈でき、後の満洲人の祖先だけを指す語句ではなかった〔愛新覚羅烏拉熙春 二〇〇九、四・二八頁〕。

永楽帝による招撫以前において、マンチュリア北部に暮らした女真がいかなる状況であったかについては、史料不足のためよくわからない。しかしながら、元末から明初にかけてマンチュリア北部では、ナガチュなどの故元勢力が衰退し、その圧迫下にあった諸集団が自立化する社会変動が生じていたと推測される〔河内良弘 一九九二、三六〜三七頁〕。

建州衛の首長のアハチュや建州左衛の首長のモンケテムルらは、元末には三姓近隣の馬大屯という場所にいたと考証されている。[47] ところが、元末明初の社会変動を受けて、南下を余儀なくされた。モンケテムルは兀狄哈（兀者野人?）の圧迫を受け、一三八五年（洪武十八）ごろ朝鮮東北境の吾音会（会寧）へ移動したらしい。[48] アハチュの移動経路については不明だが、一四〇三年（永楽元）には輝発河上流の鳳州（山城鎮付近）に移動していた〔河内良弘 一九九二、一四二～一四三頁〕。

永楽帝は来朝した女真の首長に武職を授け、明朝の軍制組織である衛所の長に任じた。しかし女真により組織された衛所は、遼東に設置された衛所とは異なっていた。第一に、明朝は首長が持つ特権を承認して衛所の運営をまかせ、その女真集団の統治に直接関与することはなかった。第二に、衛所の構成員に軍事的義務はなかった。第三に、首長は衛所の長に任命されたが、俸禄は支給されなかった〔江嶋壽雄 一九五〇、一七頁〕。こうした特徴を持つ衛所は羈縻衛所と呼ばれており、明朝軍制の基本組織である衛所とは区別されている〔蔣秀松 一九九二／彭建英 二〇〇四〕。明朝は基本的には来朝すれば、衛所の長に任命する方針をとっていた。[49]

女真の首長にとって、羈縻衛所に組織されることは大きな意味を持っていた。首長は明朝から勅書、印璽を与えられ、衛所の長に任命された。この勅書は朝貢するさいに、衛所の長であることを証明するものであり、勅書がなければ朝貢は認められなかった。つまり勅書は、衛所の長に任命された辞令であるとともに、朝貢する資格の証明書とも表現できるものであった。勅書を得た女真の首長は、朝貢により、さらには馬市での取引により、大きな経済的利益を獲得した。

以上の検討から、①女真を直接統治するのではなく、女真の首長を衛所の長に任命して統治し、②衛所の長には勅書を与えて朝貢、馬市での取引を認めるという、明朝が実施していた制度を羈縻衛所制と呼ぶことにする。

羈縻衛所の設立が進められるなか、明朝は一四〇九年（永楽七）に奴児干都指揮使司（以下、ヌルガン都司）の設置を決定した。[50] そして一四一一年（永楽九）にイシハ（亦失哈）の率いる兵団が、アムール川を下りながら女真を招撫し、アムール川右岸のティルにヌルガン都司を開設した。

ヌルガン都司の機能は遼東都司とは大きく相違した。その設置目的は招撫であり、ヌルガン地区一帯の直接統治をおこなう機関ではなかった。イシハらが派遣され、ヌルガン都司に滞在した期間は統治的機能を果たしていたが、その撤収後は常駐的な官吏はいなかったと考えられる。それゆえ、統治機能を維持するためには派遣活動を続ける必要があり、派遣中止は機能停止、名目化を意味した〔杉山清彦 二〇〇八、一一四〜一一五頁〕。

ヌルガン都司の特徴として、恒常的な統治をおこなう行政機構ではなかった点と、その運営に携わった人たちにも特徴があった点を指摘したい。第一に、明朝に出仕した女真やモンゴル人という非漢人がその運営に携わったこと、第二に、内廷（宦官）と武官が主体となり運営された、という点である〔杉山清彦二〇〇八、一二八〜一二九頁〕。

永楽帝はヌルガン都司の設置とともに、その近接地に永寧寺を建設した。これは、おそらく明朝の権威がヌルガン地区にまでおよんでいることを示すためであったと考えられる。永楽帝はかかる寺院建設を、マンチュリア東部の長白山方面でもしていた。一四一七年（永楽十五）に永楽帝は張信を長白山方面に派遣し、寺院の建設をおこなわせた〔和田清 一九三七、四二一〜四二四頁／池内宏 一九一六〜二〇、引用は池内宏 一九七二、一四〇〜一四七頁〕。永楽帝はマンチュリアの北辺と東辺に寺院を建設して、女真を慰撫する拠点にしていただけでなく、明朝の勢力がおよぶ範囲を示していた〔杉山清彦 二〇〇八、一二一〜一二七頁〕。

2　朝鮮との関係調整

洪武帝は朝鮮の太祖（李成桂）を朝鮮国王に冊封することを保留していたが、永楽帝は即位後すぐに太祖を朝鮮国王に封じた。[51] また、領域問題では朝鮮の主張を入れて、「公嶮鎮」以南を朝鮮の領域と認め、[52] 永楽帝は朝鮮と争う選択はしなかった。[53]

永楽帝は朝鮮国王の冊封、領域の確定という案件では朝鮮に寛大であったが、他方では朝鮮に要求もしていた。その内容は、対モンゴル戦に必要な馬匹の献上〔北島万次 一九九五／荷見守義 二〇〇二〕、マンチュリアでの農業振興に必要な耕牛の献上〔川越泰博 一九八六〕、遼東から朝鮮に流入した人々の返還（「漫散軍」と呼ばれた）〔末松保和 一九四一、二四九～二六四頁〕などがあげられる。こうした要求に、朝鮮もできるだけ応じる姿勢を示していた。

朝鮮は明朝との関係が「正常化」したことに安心したが、女真をめぐる問題から難しい状況が生じていた。永楽帝は即位後すぐに女真の招撫を始めたことは既述したが、朝鮮に対しても永楽帝は女真招撫を通知していた。[54] 永楽帝から女真招撫の勅諭を受けた朝鮮は対応に苦慮した。その理由は、元朝崩壊後、鴨緑江周辺の明朝と朝鮮の境域は政治的空白地となっており、そうした状況を高麗・朝鮮は利用して、北進政策を進めるとともに女真の羈縻、懐柔をしていたからである。とくに太祖の権力掌握（一三八八年）後、北辺の女真のなかには太祖を慕い、方物の献上に来る者がいた。[55] 来朝した女真に対して、太祖は万戸、千戸の職を与えるなどの羈縻政策をおこなっていた。[56] 朝鮮にとって女真への羈縻政策は、北辺の安定を保つために必要な政策であったが、永楽帝の女真招撫とは並存できない政策でもあった。

永楽帝が女真の招撫をおこなったことから、それまで朝鮮に入朝していた女真のなかには、明朝に入朝する者が出ていた。一四〇五年（永楽三、太宗五）以降、朝鮮東北境の女真は明朝への入朝を始め、モンケテムルも一四〇五年（永楽三）か〇六年（同四）に明朝へ入朝し、建州衛都指揮使に任命された〔河内良弘 一九九二、四九〜五〇頁〕。ここにモンケテムルは明朝の官職を得て、その臣となったので朝鮮との関係を続けることはできなくなった。明朝から見て、女真のモンケテムルも朝鮮も同じ朝貢者であり、明朝は朝貢する者同士が互いに通交することは認めていなかった。明朝―女真、明朝―朝鮮という関係性は存在したが、女真―朝鮮という関係性は、明朝の冊封関係には存在しなかった。

永楽帝が推進した女真招撫により、朝鮮は女真に対する方針の変更を余儀なくされ、女真との通交を縮小する方向性をとった。一四〇六年（永楽四、太宗六）には女真との交易の場であった慶源市を閉鎖した。[57]またこの年には、朝鮮から明朝に派遣される使臣が、遼東で私交することも禁止した。[58]翌一四〇七年（永楽五、太宗七）には、青州以北を往来する人物には印信の取得を義務づけて、その往来を制限した。[59]朝鮮北辺と遼東との交易は洪武年間にはおこなわれていたが〔須川英徳 二〇〇〇、七六〜七七頁〕、永楽年間には明朝による女真招撫、女真と朝鮮の私交禁止という新たな事態を受けて、相互の交易は縮小していたと指摘できよう。

交易の縮小は、朝鮮との交易に依存することが深かった女真の生計を脅かした。女真のなかには交易の縮小を、掠奪により補う者も現れた。女真の掠奪に手を焼いた朝鮮は、一四一〇年（永楽八、太宗十）に軍隊を東北境に派遣し、モンケテムルら女真を攻撃、懲罰する行動に出た〔河内良弘 一九九二、五四〜五七頁〕。攻撃を受けたモンケテムルは、朝鮮との関係改善は難しいと判断し、一四一一年（永楽九、太宗十一）に鳳州へと移動し、朝鮮との軋轢を回避する行動を選択した。

朝鮮は軍事行動により女真の脅威を除くことに成功したが、朝鮮が攻撃したモンケテムルは明朝の官職を持つ臣でもあったので、明朝への説明が必要であった。朝鮮は明朝に対して、この攻撃は「国家之命」ではなく「辺将」がしたものと説明し、朝鮮朝廷の決定ではなかったことを主張した。[60]

朝鮮は国家レベルでの対応（例えば、馬匹や耕牛の献上など）では、明朝の要求に応じる姿勢を示していた。しかしながら北辺の安定確保という地域レベルの問題では、朝鮮は明朝が冊封する女真への攻撃を敢えておこなう選択をしていた。明朝へは周到に練られた弁明をしてはいたが、「明朝への事大」よりも北辺安定を優先していたのである。太宗以後も女真の北辺での跳梁はやまず、朝鮮は北辺の安定化をはかるために、「明朝への事大」と「女真の羈縻」という両立が難しい問題に悩まされた。かかる問題が生じた震源は、永楽帝によるマンチュリア政策に求められる。

3　モンゴル情勢の影響

永楽帝のモンゴルへの対応は、即位後すぐに対応した女真や朝鮮に比べて、迅速ではなかった。一四〇八年（永楽六）に永楽帝は、モンゴル高原で勢力を伸張していたオルジェイテムル（本雅失里）に朝貢をうながした。[61]そして翌一四〇九年（永楽七）に使者を派遣したが、オルジェイテムルはその使者を殺害し、明朝への敵対姿勢を示した。[62]ここに永楽帝はモンゴル遠征軍の派遣を決め、丘福を征虜大将軍に任命した。ところが丘福の率いる明軍は大敗してしまった。このため永楽帝は親征の決断を下し、一四一〇年（永楽八）にモンゴル高原に出撃した。

永楽帝によるモンゴル攻撃はマンチュリア情勢にも影響を与え、女真や朝鮮の動向を左右した。朝鮮は一四〇九年（永楽七、太宗九）に丘福がおこなったモンゴル攻撃について探知しており、明朝が敗れればモンゴルが朝鮮北辺にまで侵攻してくることを警戒していた。[63]そして、永楽帝が親征に乗り出し、明朝の関心がモンゴル情勢に傾くなか、既述したように朝鮮は女真への攻撃をおこない、軍事行動により北辺の安定化をはかった。朝鮮が女真攻撃に踏み切る

表1　ヌルガン都司管轄下の衛所の設置年次

年　次	設置数
洪武年間	3
永楽元年	2
2 年	6
3 年	10
4 年	35
5 年	23
6 年	21
7 年	14
8 年	7
9 年	1
10 年	10
11 年	2
12 年	6
13 年	3
14 年	1
15 年	3
合　計	147

出典：楊暘〔1982〕301〜311頁より作成。

にあたって、どれだけモンゴル情勢を勘案したのか、詳細を記述する史料はない。とはいえ、モンゴル遠征による明朝の圧力低下に、朝鮮が乗じて出兵したのではないかという、その関係性の指摘はこれまでもなされてきた〔和田清　一九三七、四〇九頁／末永保和　一九四一、二六三〜二六四頁〕。

永楽帝は一四一〇年（永楽八）の第一次モンゴル親征から、死去する二四年（同二十二）まで、五回におよぶモンゴル親征をおこなっており、一〇年以降の関心はモンゴル政策にあったと考えられる。表1は、楊暘らが明らかにしたヌルガン都司管轄下における羈縻衛所を、設置年次ごとにカウントしたものである[64]。これによると一四〇六年（永楽四）は三五ヵ所と最も多く、〇九年（同七）まで多数の羈縻衛所が設置されたことを示している。一四一八年（永楽十六）〜二四年（同二十二）年の間は、羈縻衛所は設置されていない。こうしたヌルガン都司管轄下の羈縻衛所の設置年代から、一四〇九年には女真の有力集団の羈縻衛所制への編入、女真の招撫は一段落ついたので、以後はモンゴル政策に力点を移したという解釈はできないだろうか。もとより、永楽帝によるモンゴル政策は明帝国の推移全体のなかから、その位置づけを解釈する必要はあるが、筆者はヌルガン都司管轄下の羈縻衛所設置との関わりから、以上のような仮説を主張したい。

一四二一年（永楽十九）から翌二二年（同二十）にかけて、モンゴルのタタルは遼東に侵攻し、遼東は混乱に陥った〔河内良弘　一九九二、五九〜六〇頁〕。モンゴルの脅威が遼東におよんだことに、女真は不安を感じた。鳳州に移動していたモンケテムルはモンゴルの侵攻を警戒し、一四二三年（永楽二十一）に再び朝鮮東北境の会寧に移動した。建州衛の李満住（アハチュの孫）も、一四二四年（永楽二十二）に鳳州から鴨緑江支流の婆猪江流域へ移動した。こうした女真の有力集団の朝鮮北辺への移動により、再び女真と朝鮮との間には紛糾が生じてしまった〔河内良弘 一九九二、六〇～六二・一四三～一四四頁〕。

おわりに

洪武帝は北元・故元勢力をマンチュリアから駆逐し、遼東都司を設けて衛所制による統治をおこなった。永楽帝は女真の招撫を積極的におこない、来朝した女真を羈縻衛所制に組み入れた。そして、ヌルガン都司を設けて朝貢に来る女真を羈縻した。ここに明朝は、遼東では衛所制により、ヌルガン地区では羈縻衛所制による統治機構を樹立し、のちのマンチュリアに継承される地域的なまとまりを形成した。

とはいえ、遼東での衛所制は領域的な統治であったが、ヌルガン地区での羈縻衛所制は領域的な統治を目的にしておらず、明朝の統治政策には質的な差が存在した。また、明朝は遼東では屯田をおこない、人を定住化させる政策をおこなったが、ヌルガン地区へは元朝がしたような屯田政策や犯罪者を流刑にして長期的に人を定住させようとする試みはしなかった〔中村和之 二〇〇八、五四～五五頁〕。むしろ明朝は、遼東からの出境は禁止する政策をとっていた。(65)この点からも、明朝は遼東とヌルガン地区を同一視していなかったことが見てとれる。

こうした遼東とヌルガン地区との統治の違いだけでなく、遼東と関内との統治の相違も指摘したい。明朝は遼東で領域的な統治をしたとはいえ、その統治は軍事に重点を置いており、関内と同質的な領域統治はしていなかった。遼東と関内との結びつきは、ゆるやかなレベルに止まっていたと理解したい。

元末明初の動乱により大きく変容したマンチュリアは、永楽帝のときには安定性を取り戻した。とはいえ、ヌルガン地区の女真は、朝鮮やモンゴルとの関係から不安定な状況にあり、移動を繰り返していた。永楽帝の死去、洪熙帝の短命な治世を経て、宣徳帝が即位した。宣徳帝は、マンチュリア政策については祖父永楽帝の方針を延長していた。女真の朝貢は無制限に受け入れるとともに、ヌルガン都司維持のためにイシハを二回派遣した〔江嶋壽雄　一九五三〕。しかしながら、永楽帝の方針遵守は財政的に難しかった。宣徳帝に次いで即位した正統帝は、即位後すぐに遼東総兵官、遼東都司らに造船やヌルガン地区への運糧の停止を命令した。(66) これにより、正統帝はヌルガン都司の維持を放棄したと解釈できる。さらに女真の朝貢を制限する政策をおこない、永楽年間につくられた羈縻衛所制は変容していった。(67) その変容過程については、次章で考察したい。

註

（1）チンギス・カンによる侵攻から元朝滅亡までのマンチュリアの状況については、叢佩遠〔一九九八〕を参照。遼陽行省については、薛磊〔二〇〇八〕、都興智〔二〇〇九〕を参照。瀋陽路については、薛磊〔二〇〇六〕を参照。

（2）開元路の治府であった開元城の場所については戦前以来論争が続いている。箭内亙〔一九一三・一九二三〕は、元初は黄龍府（農安付近）にあり、後に咸平（開原付近）に移動したと主張した。景愛〔一九七九〕、薛磊〔二〇〇五〕もほぼ同じ見解を述べている。池内宏〔一九二二〕は、元初は三姓付近にあり、元末に開原に移動したと主張した。和田清〔一九二八・一九四四〕は池内の三姓説を批判して、綏芬河流域の東寧付近に比定した。李学智〔一九五九〕は元初から現在の開原に開元城はあったと主張する。岡田英弘〔一九六一〕は寧古塔付近を主張し、張泰湘〔一九八二〕はロシア領ニコリスクに開元城はあったと主張する。

合蘭府水達達等路の問題点については、蔣秀松〔一九九七a〕、董万侖〔一九九〇〕を参照。

（3）程尼娜が研究史上に新たな論点を提起した点は評価したい。しかし筆者は、元代においてもマンチュリア北部は中華王朝の直接統治下にあったことを主張したいかのような、やや「ナショナル」な史料解釈をしている点が気にかかる。

（4）このときの元軍出兵をオホーツク文化の消滅と結びつけ、元軍出兵によりオホーツク文化の担い手は大陸から金属器の入手ができなくなり擦文文化に吸収されたという、「元軍出兵による金属器の欠乏」→「オホーツク文化の滅亡」という見解を海保嶺夫〔一九八七、一三三頁〕は主張している。しかし大葉昇一〔一九九八、一三八〜一四一頁〕は、実際にそうした金属器の欠乏が元軍出兵を原因として生じていたかは疑問だとしている。オホーツク文化の消滅と元軍出兵との因果関係については見解が分かれているが、元朝によるマンチュリア統治がオホーツク文化圏の動向に何らかの影響を与えていたことは否定できない。それゆえ日本の北方史の理解には、東北アジア、中国の情勢まで視野に入れて考察する必要性が主張されている〔佐々木史郎　一九九四、三三八頁〕。

（5）元朝による高麗統治の特徴としては森平雅彦の指摘に注目したい。森平雅彦〔二〇〇八、一六一頁〕は「元における高麗在来王朝体制の保全とは、中国伝統の華夷秩序や冊封体制の再現というより、相手国に対し一定の実質的影響力を保ちつつ、比較的高度な自律性と独自性を認めるというモンゴルの征服地支配の一般的方式が、冊封・賜印・頒暦など一部の形式において中国風の外皮をまとって表れたものとみるのが、実態に近いのではないだろうか」と主張している。

（6）『太祖実録』巻五二　洪武三年五月辛丑（『明代満蒙史料　蒙古篇』一、三九〜四〇頁。以下『史料蒙古』と略す）。

（7）『太祖実録』巻六一　洪武四年二月壬午（『明代満蒙史料　満洲篇』一、九〜一〇頁。以下『史料満洲』と略す）。

（8）『太祖実録』巻六七　洪武四年七月辛亥（『史料満洲』一、一六頁）。

（9）『太祖実録』巻六六　洪武四年六月壬寅（『史料満洲』一、一二〜一三頁）。

（10）『太祖実録』巻七六　洪武五年十一月壬申（『史料満洲』一、二五頁）。

（11）州県制を廃した理由について、『遼東志』は「控制諸夷、非兵不能守国、非食無以養兵、罷郡県専置軍衛」と記している（「遼海東寧道題名記」『遼東志』巻二）。遼東の州県廃止の年次については、史料により記述が異なる。『遼東志』地理志は「十年革所属州県、置衛」として、一三七七年（洪武十）だとしている。『太祖実録』巻二三八　洪武二十八年四月乙亥（『史料満洲』一、一三五頁）と『明史』巻四一　地理志二は、金州などの州撤廃は一三九五年（洪武二十八）だとしている〔清水泰次　一九三五、一三一〜一三三頁。和田清　一九三四、三三〇頁注26も参照〕。

（12）近年の研究では、内地に置かれた衛所も軍事組織であると同時に、州県と同様に管轄領域を持ち、地方行政的なことをしたことが指摘されている〔顧誠　一九八九／鄭慶平　二〇〇七／于志嘉　二〇〇九〕。

(13)『太祖実録』巻八七　洪武七年正月乙亥（『史料満洲』一、三四頁）。
(14)『遼東志』巻五、官師志、名宦「周鶚」。このときの出兵に関する記事は『明実録』にはない。
(15)『太祖実録』巻一三五　洪武十四年正月辛亥（『史料蒙古』一、一四九頁）。
(16)『太祖実録』巻一三七　洪武十四年四月壬午、同巻一三八　洪武十四年七月甲午（『史料満洲』一、五八～五九頁）。
(17)『太祖実録』巻一四二　洪武十五年二月壬戌（『史料満洲』一、六一頁）。
(18)『高麗史』巻三九　恭愍王六年八月。
(19) デイビッド・ロビンソン（二〇〇七、一六七・一七一頁）は恭愍王の対外政策を改めて考察し、反元という方針一辺倒ではなく、「国内的にも対外的にも柔軟な、ある意味では日和見主義的な態度で臨み」、「できるだけ多くの選択肢を持とうと努力」していたと解釈している。しかし、恭愍王の政策が反元のみでは解釈できないことは、すでに北村秀人（一九六四、五二～五五頁）が征東行省（元朝の高麗統治機関）を廃止しなかった点を論拠に指摘している。
(20)『太祖実録』巻四四　洪武二年八月丙子。
(21)『太祖実録』巻四六　洪武二年十月壬戌。
(22)『高麗史』巻四〇　恭愍王十一年二月己卯。
(23)『高麗史』巻四四　恭愍王二十二年七月壬午。
(24)『太祖実録』巻一一六　洪武十年十二月、同巻一四五　洪武十五年五月丁巳。
(25)『高麗史』巻一三三　辛禑三年二月。
(26)『太祖実録』巻一七四　洪武十八年七月甲戌。
(27)『太祖実録』巻一八〇　洪武二十年正月癸丑（『史料蒙古』一、一六二～一六三頁）。
(28)『太祖実録』巻一八二　洪武二十年六月丁未（『史料蒙古』一、一六七～一六八頁）。
(29)『太祖実録』巻一八九　洪武二十一年三月甲辰（『史料蒙古』一、一九一頁）。
(30)『太祖実録』巻一九四　洪武二十一年十月丙午（『史料蒙古』一、二〇四頁）。
(31)『太祖実録』巻一八七　洪武二十年十二月庚午、同巻一八九　洪武二十一年三月辛丑（『史料満洲』一、九四・九七～九八頁）。

(32) 池内宏(一九一五b)は三姓(依蘭)付近を主張している。董万侖(一九九三)は池内説を批判して、会寧に設置されたと主張する。李学智(一九五六)、楊暘(一九八〇)は琿春付近に置かれたと主張している。
(33) 『太祖実録』巻一八七 洪武二十年十二月壬申(『史料満洲』一、九四~九五頁)。鉄嶺の位置については諸説があり、池内宏(一九一八a)は鴨緑江岸の黄城、稲葉岩吉(一九三四)は平安北道の江界ではないかとしている。和田清(一九三四、三一五~三二〇頁)、末松保和(一九四一、一九〇頁)、張杰(二〇〇三)は咸鏡道と江原道の境あたりだとしている。本節では和田清らの主張する、咸鏡道と江原道の境あたりであったという見解をとりたい。
(34) 『太祖実録』巻一八九 洪武二十一年三月辛丑、同巻二二七 洪武二十六年四月壬午(『史料満洲』一、九七・一二二頁)。
(35) 『太祖実録』巻一八四 洪武二十年八月辛未(『史料蒙古』一、一七八頁)。
(36) 『太祖実録』巻一九六 洪武二十二年五月辛卯(『史料蒙古』一、二〇八頁)。
(37) 張輝(二〇〇三)も高麗政権内部の対立が出兵を決めた点を主張している。姜陽(二〇〇六)、張杰(二〇〇四)は、明朝による鉄嶺以北の要求に高麗が反発したためだと述べている。
(38) 例えば一三九八年(洪武三十一)に、五軍都督府と兵部が朝鮮の討伐を主張したことに対して、まず礼部を通じてその改悛をうながし、それから討伐を考えても遅くないと答えている(『太祖実録』巻二五七 洪武三十一年四月庚辰)。
(39) 『太祖実録』巻二二〇 洪武二十五年八月庚申、同巻二三六 洪武二十八年正月甲子、同巻二三九 洪武二十八年六月辛巳(『史料蒙古』一、二二八頁、『史料満洲』一、一三二・一三七頁)。
(40) 『太祖実録』巻二三三 洪武二十七年六月戊寅(『史料満洲』一、一二九頁)。
(41) 『太祖実録』巻二五五 洪武三十年十月戊子(『史料満洲』一、一五七頁)。洪武年間の水運については、(清水泰次 一九二八、二一九~二二六頁/星斌夫 一九六三、一~一五頁/樊鏵 二〇〇八)を参照。
(42) 『太祖実録』巻二五三 洪武三十年六月庚寅(『史料蒙古』一、二五一~二五四頁)。
(43) 和田清(一九三四、三二一頁)が「洪武一朝の満洲経略は此の地に於ける元朝の勢力を覆へすことをのみ目的としたと云ひ得る」と述べているのは、やや言いすぎだと考える。
(44) 張士尊(二〇〇二、五九頁)は『太祖実録』巻二二九 洪武二十六年七月辛亥と『太祖実録』巻二三〇 洪武二十六年十一月丙辰の記事に着目し、このときに連山関が設けられ、これより内側への朝鮮人の入境は禁止されたと解釈した。つまり、洪武帝は連山関を遼東の東端とみなしていたという見解を主張している。筆者もこの見解に同意したい。
(45)『太宗実録』巻一九下　永楽元年五月乙未（『史料満洲』一、一七五頁）。
(46)『太宗実録』巻二四　永楽元年十一月辛丑（『史料満洲』一、一八一頁）。
(47)箭内亙〔一九一三、四一四頁〕、池内宏〔一九一六～二〇、引用は池内宏　一九七二、八七～八九頁〕、和田清〔一九三七、三八〇頁〕、河内良弘〔一九九二、三四頁〕（馬大屯を支持しながらも、疑問点についても述べている）。考古学的に「馬大屯説」が確認されたという報告が出されている〔実瑋　二〇〇二〕。しかし、滕紹箴〔二〇一〇・二〇一一〕は「馬大屯説」への批判を展開している。
(48)『朝鮮太宗実録』巻九　太宗五年五月庚戌（『明代満蒙史料　李朝実録抄』一、一六六～一六七頁。以下『史料李朝』と略）。
(49)『宣宗実録』巻五八　宣徳四年九月丙午（『史料満洲』一、四二四頁）。
(50)『太宗実録』巻六二　永楽七年閏四月己酉（『史料満洲』一、二三五頁）。
(51)『太宗実録』巻一六　永楽元年二月甲寅。
(52)『朝鮮太宗実録』巻七　太宗四年五月己未（『史料李朝』一、一四九～一五一頁）。「公嶮鎮」という地名は、朝鮮がその領域を広大に示すためにつくった虚構の地名であったことは、戦前以来指摘されている〔津田左右吉　一九六四e／池内宏　一九一九／蔣秀松　一九九七b／劉子敏　二〇〇三〕。
(53)『朝鮮太宗実録』巻八　太宗四年十月己巳（『史料李朝』一、一五四頁）。
(54)『朝鮮太宗実録』巻五　太宗三年六月己酉（『史料李朝』一、一三九頁）。
(55)例えば、後に明朝から建州左衛の長に任じられるモンケテムルは一三九五年（洪武二十八、太祖四）に朝鮮に来朝していた（『朝鮮太祖実録』巻八　太祖四年九月己巳〈『史料李朝』一、六六頁〉）。
(56)『朝鮮太祖実録』巻八　太祖四年十二月癸卯（『史料李朝』一、六七～七〇頁）、北島万次〔一九九六、一六六～一六八頁〕。
(57)閉鎖に対する女真の反対は強く、鉄製品の取引は禁止という条件で再開された〔河内良弘　一九九二、五二頁〕。
(58)『朝鮮太宗実録』巻一一　太宗六年正月己未（『史料李朝』一、一八四頁）。
(59)『朝鮮太宗実録』巻一四　太宗七年九月丁丑（『史料李朝』一、二一七～二一八頁）。
(60)『朝鮮太宗実録』巻一九　太宗十年三月壬辰（『史料李朝』一、二六四～二六五頁）。

(61) 『太宗実録』巻五五 永楽六年三月辛酉(『史料蒙古』一、三三五〜三三七頁)。
(62) 『太宗実録』巻六四 永楽七年六月辛亥(『史料蒙古』一、三四七頁)。
(63) 『朝鮮太宗実録』巻一八 太宗九年八月壬戌(『史料李朝』一、二四一頁)。
(64) ヌルガン都司管轄下の羈縻衛所の設置年次は、『大明会典(万暦)』巻一二五や『明史』巻九〇 兵志二にも記述はあるが、楊暘〔一九八二〕らの研究に依拠した。
(65) 『太宗実録』巻一四三 永楽十一年九月丙申(『史料満洲』一、二六七頁)、同巻二〇四 永楽十六年九月戊申(『史料満洲』一、二九八頁)。
(66) 『英宗実録』巻一 宣徳十年正月甲戌(『史料満洲』一、五二九頁)。
(67) 正統年間以降もヌルガン都司は存続し、マンチュリア北部は明朝により実効支配されていたという見解は、現在の領土問題との関係から主張されている部分が大きく、歴史の実態認識とは距離のある見解だと筆者は考える。ヌルガン都司は女真などの朝貢をうながす目的から設けられた。それゆえ正統年間に朝貢を制限するようになると、その存在意義は大きく低下したと考えられる。「朝貢制限をおこなう時代に、ヌルガン都司を維持する政策を明朝がとるとは考えにくい」という杉山清彦の見解に筆者も同意したい〔杉山清彦 二〇〇八、一一八頁〕。また中国における研究でも、正統年間以降ヌルガン都司は機能喪失していたという見解が主張されている〔張士尊 二〇〇三〕。

第二章　明代中期・後期の社会変容

はじめに

本章では、正統年間（一四三六〜四九年）から明末までの期間、マンチュリアではいかなる社会変容が生じていたのか、そうした社会変容に明朝はどのように対応したかについて検討する。

明朝は永楽年間までに、遼東とヌルガン地区とでは異なった統治制度を構築していた。遼東では衛所制を実施した。衛所制とは、衛所を設置して軍士を配属し、軍士が屯田をおこない、食料は自給を原則とするものであった。他方、ヌルガン地区では羈縻衛所制を実施した。羈縻衛所制とは、①明朝が直接統治するのではなく、女真の首長を衛所の長に任命して統治する、②衛所の長には勅書を与えて朝貢、馬市での交易を認めるものであった。ヌルガン地区に暮らした女真に対して明朝は、①「分而治之（分割して統治して強大化を防ぐ）」、②「以夷治夷（女真のなかの有力者を擁護し、その有力者に他の女真の統制をおこなわせる）」を基本に対応していた〔欒凡 二〇〇四／王冬芳 二〇〇五〕。かかる方針の具体的な措置として、羈縻衛所制がおこなわれていたと理解したい。

こうした明朝によるマンチュリア統治は、正統年間以降変容するとともに機能しなくなった。そしてヌルハチの勢力拡大により、これらは十七世紀初めには消滅した。明朝によるマンチュリア統治はいかなる要因から変容したのか、ヌルハチはどのように勢力を拡大したのか考察してみたい。

一　正統〜成化年間の社会変容

1　人間の移動による社会変容

十五世紀以降のマンチュリアでは、女真は北から南へ、モンゴル人は西から東へ、漢人は南から北へと移動していた。なかでも、モンゴル人はマンチュリアへの侵攻を繰り返していた。一四二一年（永楽十九）にモンゴルのタタルが遼東に侵攻し、翌二二年（同二十）もその侵攻は続いた。モンゴルの侵攻から逃れるため、女真の有力首長のモンケテムルは一四二三年（永楽二十一）に会寧へ移動し、李満住も二四年（同二十二）に婆豬江へ移動した（河内良弘 一九九二、五九〜六一・一四三〜一四五頁）。女真が朝鮮に近い場所へ移動した結果、女真と朝鮮との間ではトラブルが増えた。

宣徳〜正統年間になると、マンチュリアの状況はより複雑化した。モンゴルではオイラトとタタルが争っていたが、タタルは永楽帝の親征を受けて弱体化し、オイラトとの抗争にも敗れた。このため一四三二年（宣徳七）にタタルは、オイラトから離れるため東方へ移動した。その結果、タタルはウリャーンハン三衛の居住地に踏み込んでしまい、ウリャーンハンとの対立が生じた。ウリャーンハンのなかにはタタルとのトラブルを避けるため、東方へ移動して、海西女真の居住地に踏み込むものもいた。また、タタルの一部も海西女真を攻撃したことから、海西女真はその難を避けて移動を始めた（和田清 一九三〇、引用は『東亜史研究（蒙古篇）』二七三〜三〇一頁）。ウリャーンハン、タタルの圧迫を受けた海西女真のなかには、朝鮮の近くまで移動し、朝鮮への略奪をおこなう者もいた（河内良弘 一九九二、二九一〜二九三頁）。女真による略奪に苦しんだ朝鮮の世宗は、女真を討伐するため、一四三三年（宣德八、世宗十五）と三七年（正統二、世宗十九）に軍事行動にでた〔王兆蘭　一九九〇／蔣秀松　一九九七〕。

つまり、タタルの移動がウリャーンハンの移動をうながし、その影響を受けた女真も移動していたのであった。朝鮮近隣にまで移動した女真は、朝鮮への略奪をおこなったので、朝鮮は軍事行動により女真を鎮圧するという対応をしていた。マンチュリアで生じた社会変容は中華王朝との関係からだけではなく、マンチュリアをめぐる状況が複合して生じていた点についても指摘したい。

正統年間においてもモンゴルの侵攻は止まず、ウリャーンハン、海西女真への侵攻を繰り返していた。そして一四四九年（正統十四）に「土木の変」が起こり、モンゴルの侵攻は頂点に達した〔荷見守義　一九九五・一九九九〕。このとき、マンチュリアへはトクトブハ（脱脱不花）が侵攻した〔園田一亀　一九四八、一八四～一九四頁／川越泰博　一九七二〕。

明朝はモンゴルによるマンチュリア侵攻に対して、モンゴルと女真が結びつき、両者が協同して明朝に反抗しないように配慮していた。また、一四四三年（正統八）ごろに山海関から開原に至る遼東辺牆を築いてモンゴルの侵攻を防ごうとした〔稲葉岩吉　一九一三／劉謙　一九八九〕（図1参照）。遼東辺牆はその後「成化三年の役（一四六七年）」を契機として、靉陽堡に至る東部辺牆がつくられた。洪武帝による遼東での衛所制の施行、永楽帝によるヌルガン地区での羈縻衛所制の実施、そして遼東辺牆の構築を経るなかで、その後に継承されるマンチュリアの範囲がおぼろげに現れたと考えている。(1)

女真はこれまでのように移動することで、モンゴルの脅威から逃れようとした。李満住は一四五一年（景泰二）に朝鮮に近い富爾江上流へ移動した。(2)移動の結果、李満住の集団と朝鮮との距離は近くなり、女真による朝鮮への略奪は頻発した。朝鮮の世祖は女真を懐柔することで、その略奪を防ごうと考えたが、明朝の反対を受けてしまい、女真懐柔の試みは挫折した〔河内良弘　一九七四〕。略奪は女真の経済生活の一部ともなっていたので、それを止めることは

図1　明代のマンチュリア

出典：著者作成。

難しかった〔欒凡　一九九九、三〇～三四・六四～六五頁〕。

女真は略奪を繰り返したことから、明朝や朝鮮は武力制圧をおこなうこともあった。一四三三年（宣徳八）から七九年（成化十五）の四六年間に、明朝、朝鮮は女真に対する大規模な武力制圧を五回おこなった。[3] 武力制圧により女真の勢力を削減することに朝鮮、明朝は成功したが、その結果、新たな状況が生まれた。明朝は女真の有力者を羈縻することで、女真を統治していた。ところが、武力制圧を受けた女真は衰退してしまい、明朝は女真のなかに有力な提携者を見つけることが難しくなった。このため、「女真有力者に依拠した統治」という、明朝による女真統治の根幹が揺らいでしまった。

2　朝貢、馬市の変化

正統年間以降、朝貢の条件や朝貢と馬市との関係性も変化した。永楽帝は女真を招撫したので、女真は次々に朝貢するようになった。永楽、宣徳年間は「無制限な自由朝貢」〔江嶋壽雄　一九五二、引用は『明代清初の女直史研究』一三六頁〕とも称される状況であり、女真は朝貢をあたかも有利な商行為とみなして盛んに朝貢した。かかる頻繁な女真の朝貢に対して、明朝はその負担に耐えることが難しくなった。正統年間から朝貢の制限をはじめ、各羈縻衛所が派遣できる人数、回数、時期を制限した。宣徳年間では年間三〇〇〇～四〇〇〇人の女真が朝貢したが、正統年間には年間一五〇〇人に制限された〔江嶋壽雄　一九五二、引用は『明代清初の女直史研究』一四一～一四二頁〕。一四六四年（天順八）、六六年（成化二）にも明朝は女真の朝貢に対する制限を設けた〔河内良弘　一九九二、四七八～四八〇頁〕。

こうした明朝による朝貢制限に女真は反発、抵抗した。女真は、①朝貢人数を増やす増貢の要求、②新衛設置により朝貢回数を増やす、③勅書の書き換え（上級勅書の内容に書き換えて朝貢条件を有利にする。名義を書き換えて再度朝貢する）などの抵抗を示した〔江嶋壽雄 一九五八、引用は『明代清初の女直史研究』一七〇〜一七七頁〕。

朝貢の制限は馬市の状況にも影響をおよぼした。馬市の起源は、永楽帝が馬不足を憂慮し、開原と広寧に馬市を開設して馬の購入に努めたことにあった。その結果、永楽末年には畜馬数は一〇〇万頭を超え、馬市開設の目的は達成された。しかし、女真やウリャーンハンとの馬市を終了することは、羈縻の観点から好ましくないと判断され、馬市は継続された〔江嶋壽雄 一九五四、引用は『明代清初の女直史研究』二四一〜二四二頁〕。ここに馬市は、馬の購入が目的ではなく、モンゴルや女真の羈縻が目的となった。他方、明朝は朝貢の制限に踏み切り、馬市の許可を朝貢制限の見返りとする政策をおこなった。

明朝は一四三九年（正統四）に朝貢の制限をおこなったが、制限だけでは女真は不満を持つと考え、同時に、女真がこれまで北京でしていた交易を開原で行わせることに変更し、開原馬市での私市を公認した(4)。ここに馬市は朝貢制限の対価として提供された公認の交易場となり、開原に二ヵ所（城東、南関）、広寧に一ヵ所の計三ヵ所となった〔江嶋壽雄 一九五七、引用は『明代清初の女直史研究』三二七〜三三九頁〕。

「土木の変」後、ウリャーンハンはモンゴルと協同したとの嫌疑から、懲罰として開原城東と広寧の馬市は閉鎖された。そのため、女真が交易する開原南関だけが存続した。明朝に従順でない者には、馬市の停止が懲罰手段として用いられた。つまり、馬市は政治的な意味を持って存在していたのである。

馬市の政治性は、一四六四年の撫順馬市の開設にも見てとれる。明朝は同年七月に撫順での交易を認めた。その三ヵ月後の十月に女真の朝貢制限をおこなった。朝貢の制限は女真の反発を招くので、開原馬市での先例にならい、馬市交易を認める代わりに朝貢を制限するというやり方をしたのである〔江嶋壽雄 一九五八、引用は『明代清初の女直史研究』一六七〜一七〇頁〕。ここに馬市は、海西女真が交易する開原南関と建州女真が交易する撫順の二ヵ所になった。

明朝は一四七八年（成化十四）にウリャーンハンへの馬市復開を認め、開原古城堡南（一五二四年〈嘉靖三〉に慶雲堡北に移動）と広寧に馬市を置いた。その理由は、馬市を認めないとウリャーンハンは海西女真と結託する恐れがあるので、ウリャーンハンの歓心を得るためという辺境安定をはかる政治的なものであった。(5) これにより馬市は開原南関、開原古城堡南（慶雲堡北）、撫順、広寧の合計四ヵ所となり、この状態が嘉靖末年まで約九〇年間継続した。一四七八年には馬市禁約を発布して、馬市の秩序化をはかった。(6)

遼東辺牆の北側に広がるヌルガン地区に住む女真に対して、明朝は朝貢制限や馬市の開設をおこない、両者の関係は洪武・永楽年間とは異なる状況になっていた。他方、遼東の状況も変化していた。

3　遼東での軍屯

遼東では衛所が設けられ、軍士が軍務を果たすとともに屯田をおこない、軍糧の自給をはかっていた。しかし、宣徳年間から逃亡する軍士が増え、屯田は崩壊していった。軍士の逃亡が増えたことを、兵部は一四二九年（宣徳四）には問題視していた。(7) 一四三四年（宣徳九）の報告では、衛所の上官が公務にかこつけて軍士を私役することが軍士逃亡の原因であり、軍士が定数に達していない状況が常態化しているので、改める必要があると述べている。(8) 上官の私役に苦しみ、逃亡する軍士が多い状況はその後も続き、屯田に従事する軍士の減少は屯田の崩壊を導いた。一四四五年（正統十）には屯田は有名無実化しているとの報告がなされていた。(9)

衛所の上官は軍士を私役しただけでなく、屯田のなかでも肥沃な土地を占拠していた。(10) 衛所が本来果たすべき役割であった軍糧の自給は、衛所の上官が腐敗したことにより不可能になった。それでも明朝は屯田の立て直しをはかるため、いくつかの対応策を講じていた。屯田を売却して、購入者に租糧を代納させる試みがおこなわれた。売却された屯田の租糧は、一般の屯田の規定より低く設定された〔衣保中 一九九三〕。この他に、招民をおこない軍士に代わって農業生産をおこなわせることも推進した。招民が耕作した民田の租糧も、一般の屯田の規定より低く設定された〔周遠廉 一九八〇b〕。また、軍士の姓名や耕作面積を記した簿籍の整備をおこない、屯田の回復をはかる案を上奏する官僚もいた。(11)

軍士の逃亡により荒廃した屯田の立て直しを明朝は模索したが、屯田の減少を食い止めることはできなかった。明朝は開中法により遼東への軍糧補給をはかるとともに、一四四四年(正統九)からは京運年例銀の運用を始めた。その後、京運年例銀の支給額は増加の一途をたどり、遼東の軍糧が銀で払われる範囲は拡大した〔諸星健児 一九九〇〕。明朝の対応は、銀を遼東へ供給して軍士を養う方向へと傾斜していったのである。

以上の考察から三点を指摘したい。第一に、十四世紀後半~十五世紀中ごろにかけてモンゴル系の諸集団が東方へ移動し、その結果として女真も移動し、女真は朝鮮や明朝との間でトラブルを起こしていた点である。第二に明朝は朝貢の負担に耐え切れず、その制限をするとともに馬市を開設して女真を羈縻していた点、第三に遼東防衛の根幹であった衛所では軍士の逃亡が続き、屯田での農業は振るわず、本来の役割を果たせなくなっていた点である。

二 弘治~嘉靖年間の社会変容

1 授官規定の変更

成化年間に明朝・朝鮮による武力侵攻を受けた建州三衛は、一五〇〇年代初めには衰弱していた。建州三衛の首長の影響力が低下したため、明朝は一四九三年(弘治六)に羈縻衛所の首長に与える授官規定を改変し、女真を統御できる能力を持つ人物を首長にすることにした。改正の発端は大通事の王英の上奏であった。王英は最近の首長は部下による辺患を統御できないので、今後は部下に辺患をした者がいない首長に限り、授官すべきだと主張した[12]。これに対して兵部が覆奏し、①部下に辺患をした人物がいないこと、②子孫もよく志を継承する者、③被虜者や略奪品の返還など明朝に功労した者、という首長に限り授官を認める新方針を打ち出した[13]。

明朝は部下の統率ができない首長は授官せず、辺患を生じさせない力量を持つ首長に授官する政策に転換した。以前は首長の家系に連なる人物が、羈縻衛所の長の地位を世襲していた。しかし、この方針転換により、明朝の期待に応じることのできる人物が、衛所長の地位を継承することになった。ここに家系ではなく、衛所長としての力量が問われることになり、都督の地位は不安定化した。

建州三衛が衰弱していたことは、以下の三点から明らかである。第一には、首長の系譜が不明瞭になった点が指摘できる。首長が交代（襲職）するさいには、明朝に申し出てその承認を得る必要があった。そのため『明実録』には首長襲職の記事が掲載されている。しかし嘉靖初期以降では、建州三衛の首長の系譜を『明実録』からたどることはできなくなる〔園田一亀　一九五三、二一五〜二二〇頁〕[14]。第二に、正徳年間末ごろから建州三衛の首長と家系上の関係が不明な人物が、都督を称して朝貢する事例が増えた点である〔河内良弘　一九九二、七一六頁〕。経歴不明な都督が誕生した理由は、既述した一四九三年の都督授官の方針変更に起因したと考えられる。家系上の理由からではなく、人物の力量が問われたことから、出自が卑賤な人物でも都督に昇任できたからだと考えられる。第三に、建州三衛の朝貢は振るわず、不定期になっていた。もはや定期的な朝貢が難しくなっていた点にも、その衰弱を見てとることができる〔園田一亀　一九五三、二一五〜二二五・三二二〜三一九頁〕。

明朝は羈縻衛所のトップとしての力量を持つ人物に授官することで女真を抑えようとしたが、その結果として衛所長のポストは流動化し、とくに都督の地位は低下した。もともと都督は規模の大きい羈縻衛所の長に与えられる、重い官職であった。しかし、弘治年間以降は小さな羈縻衛所の長も都督に任命される一方、嘉靖年間には一衛一都督という原則は崩れ、建州衛のような大きな羈縻衛所には複数の都督が任命されていた〔河内良弘 一九九二、七一六〜七一八頁〕。明朝は授官規定の基本方針は変更せず、一五三三年（嘉靖十二）にはさらなる詳細な明文化をおこなった(15)。

明朝の方針転換の結果、羈縻衛所の長は有力者が世襲的に交替してきた状況から、出自は卑賤であっても実力を持つ人物が任命される道が開かれた。その一方で、衛所長のポストをめぐる争いが生じ、女真社会は不安定になった。こうした状況に、後述する貂皮交易の伸張、朝貢の定額化が絡み合い、女真社会の不安定さをより深くしていた。

2 貂皮交易の伸張

十五世紀後半（明は成化年間、朝鮮は成宗年間）になると、女真と明朝・朝鮮の間での貂皮交易が盛んとなった。これ以前では、女真は有力な交易品を持つことができず、交易では受動的な立場にあった。しかし、明朝・朝鮮での旺盛な貂皮の需要を背景に、女真による貂皮交易は急成長した。貂皮交易の伸張は、女真社会に大きな影響をおよぼした〔河内良弘 一九七一／欒凡 二〇〇〇〕。

第一に、貂皮交易、商品交易への依存が高まり、明朝・朝鮮との経済関係が増大した。いかに貂皮を獲得して、明朝・朝鮮に販売するかが、女真にとって重要となった。第二に、女真は貂皮の販売後、農業に必要な鉄製農具や耕牛を購入した。このため女真による農業は改善され、農業生産は増加した。その結果女真の人口は増え、その居住地も拡大し、遼東や朝鮮の隣接地区に女真の生活領域がおよぶようになった。第三に、貂皮の主産地はアムール川以北のシベリアの森林地帯であった。そのため、シベリアからマンチュリアに至る交易ルートが成立した。この交易ルートを運営する商人が女真のなかから生まれ、蓄財し、富豪となる人も出た。第四に、女真は軍事力も増大させていた。一四七四年（成化十、成宗五）に、朝鮮人は女真の鏃が骨から鉄に変化していることを観察している。

貂皮交易の伸張により女真は富裕化し、その行動は活発化した。十六世紀前後には朝鮮と隣接した鴨緑江岸では、女真による狩猟の活発化や女真集落の拡大が見られ、朝鮮とのトラブルが頻発した（河内良弘 一九七六）。また、十六世紀前半には貂皮貿易により富裕化した女真が朝鮮国境付近に登場する一方で、朝鮮側の咸鏡道は国境警備の重い負担と自然災害のため疲弊していた。このため貧窮化した朝鮮人のなかには、課税や賦役から逃れて、富裕な女真のもとに流入するという、以前では考えられない状況が生じていた（河内良弘 一九七七）。

女真は貂皮という有力商品を得たことから、交易により富を増加させていた。貂皮交易により財を蓄えた女真のなかには、その出自は卑賤であっても、明朝からの勅書を所持して、羈縻衛所の長に任命されたと称していた人物もいた（例えば王杲）。他方、これまで有力であった建州三衛は衰退したため、嘉靖年間に女真社会の不安定さは深まっていた。

3　朝貢定額化による影響

一五四一年（嘉靖二十）前後に、明朝は新たな朝貢制限を設けた。海西女真は一〇〇〇名、建州女真は五〇〇名と、その朝貢人数を定め、定額に達したならば終了することにした（江嶋壽雄 一九六二、引用は『明代清初の女直史研究』一八六〜一八九頁）。これまで女真は朝貢制限に対して、衛所の新設を求めたり、他衛の名義を使ったり、勅書を借用するなど、朝貢の機会、回数を増やす方向で対応していた。そうした方向を遮断するため、明朝は朝貢の定額化をおこなった。言い換えるならば、正統年間以降の朝貢制限は各衛所の入貢者の人数制限であり、朝貢者の総数制限ではなかった。しかし、嘉靖年間の制限は朝貢者の総数を制限した。このため女真は従前のやり方では対応できなくなった。朝貢定額化後に生じていた女真の状況変化として二つ指摘したい。第一に、羈縻衛所間の勅書の争奪に勝利して朝貢の権利を勝ち取り、他の羈縻衛所には朝貢させず、自らの朝貢を増やす必要があった。このため女真同士の抗争は、以前に比べて激化した。弱小な羈縻衛所は淘汰され、勝ち残った羈縻衛所はその勢力を拡大して、政治集団としての凝集力を高めた。第二に、馬市から遠い女真は入貢しても、定額に達しているならば朝貢できない事態が発生した。それゆえ、馬市の近くに居を構える女真が出現した(16)。

こうした女真の変化により、次のような現象が生じていた。一つには、勅書を持つ意義は経済的な意味合いが強くなり、明朝から勅書を授与され、羈縻衛所の長として政治的権威を示す意義は低下した。勅書の争奪が激しくなったことから、勅書に記載された人名と所持者は一致しなくなった。勅書を所持することが重要となり、明朝の権威により羈縻衛所の長に任命された事実は軽くなった。二つ目として、女真はこれまで移動を繰り返してきたが、馬市の近くに住む必要性が高まったので、居城を構えて定住するようになった。

明朝がおこなった授官規定の変更、朝貢の定額化により、さらにはマンチュリアをめぐる貂皮交易の伸張により、女真社会は変化し、その流動化が進んでいたことを指摘したい。こうしたなか、十六世紀後半にヌルハチは台頭し、女真の統一をはかった。

三　ヌルハチ台頭前後の社会変容

1　女真の変容

十六世紀前半に海西女真は南へと移動し、清朝の史籍が「扈倫四部」と呼ぶ、イェヘ、ハダ、ウラ、ホイファの諸部を形成した〔叢佩遠 一九八四a・一九八四b〕。イェヘは塔魯木衛から発展し、その開祖はチュクンゲ（祝孔革、竹孔革）であった。チュクンゲは弘治末年〜正徳初年ごろに、開原北関外のイェヘ河付近に移動した。しかし、ハダのワンジュ（王忠）に殺され、その勅書は奪われた。ハダは塔山前衛左都督であったスヘテ（速黒忒）を開祖にしている。スヘテは『満洲実録』に出てくるケシネにあたると考証されている〔松浦茂 一九九五、三九頁〕。スヘテは抗争のなかで殺されたが、その子供のワンジュは難を逃れて、開原付近の清河（ハダ川）流域に落ち着き、ハダと称した。ワンジュは明朝の歓心を得ることに努め、一五五一年（嘉靖三十）には都督へ昇任した。(17) ワンジュは、イェヘのチュクンゲを殺してその勅書を奪うこともしたが、一五五三年（嘉靖三十二）ごろに内紛のなかで殺された〔江嶋壽雄 一九六二、引用は『明代清初の女直史研究』一九一〜一九三頁〕。

海西女真同士の抗争は激化していた。その原因は、嘉靖年間の朝貢定額化により勅書の争奪が激しくなったことと、貂皮交易と銀流通の拡大が抗争の激化をうながした点にあった。明朝下での銀流通は十五世紀以降拡大し、その影響はマンチュリアにもおよんだ。嘉靖年間には、女真の朝貢に対する回賜には折銀が認められ、銀が女真社会へ流入した〔江嶋壽雄 一九六二／蔣秀松 一九八四〕。遼東馬市での徴税は、嘉靖初年ぐらいには銀納化されたのではないかとの見解も出されている〔荷見守義 二〇〇二〕。貂皮という有力商品を手にした女真は、明朝との朝貢、交易において銀を獲得する確実な方法を見出した。それゆえ、女真の朝貢、交易に対する欲求は熾烈なものとなり、女真間の抗争を激しいものとしていた。

貂皮交易により銀を蓄財した女真集団が、征服可能な集団に狙いを定めて移動して、その征服、統合をおこない、新たな集団を形成することが、遼東辺牆の外側では起きていたと推測される。そのため、出自が不明瞭な、または承襲関係が不明な人物が突如として衛所長に任命されることもあった〔今西春秋 一九六七、一一九〜一二〇頁／後藤智子 一九九三、一〇二頁〕。十六世紀の前・中期は建州女真、海西女真ともに混乱した状況にあり、弱小な勢力が分立して抗争を繰り返していた。『満洲実録』はヌルハチが挙兵する直前の状況を、みな王を僭称して殺し合い、骨肉の間でも殺し合っていたと述べている。(18)

抗争のなかで台頭したのは王杲（一五二九〜七五年）であった。王杲は撫順関と建州三衛の間に勢力をはり、その連絡を遮断して交易の利益を吸い上げていたと思われる。王杲の台頭以後、建州三衛は衰亡し、明朝への朝貢も激減していた。また、一五六〇年代から八二年（万暦十）ごろまで、モンゴルのトメンジャサクトハーンが遼東への侵攻を繰り返し、混乱に拍車をかけていた〔園田一亀 一九五三、二五六〜二五九頁〕。

こうしたなかワンジュの甥であるワンハン（王台）が台頭し、ハダの勢力は拡大した。ワンハンは勅書の争奪戦を有利に進めるとともに、明朝へは従順さを示した。一五七五年（万暦三）には侵攻を繰り返す王杲を捕えて明朝に指し出し、明朝への恭順を表明した。明朝は従順なハダを擁護してイェへと建州女真を抑える、「夷を以て、夷を制する」方針で対応した。(19)ハダはワンハンのもとで強大化したが、一五八二年（万暦十）にワンハンが死去すると、後継者をめぐり混乱した。すると、イェへが勢力拡大を始めた。明朝はハダ擁護の方針は変更せず、イェへを攻撃してその弱体化をはかった〔園田一亀 一九五三、三三一〜三八〇頁〕。

建州三衛の衰退、海西女真の抗争激化という事態に対して、明朝はハダを擁護して、女真を羈縻する方針をとっていた。かかる状況下で、一五八三年（万暦十一）にヌルハチは女真の統一を目指して挙兵した。

2　遼東の状況

万暦帝（在位一五七三〜一六一九）は長い治世の後半は政務への熱意を失い、国内の弊害の是正に対応していなかった。欠員となった官僚ポストの補充をおこなわなかったので、統治機構は機能不全に陥っていた。『明史』方従哲の列伝には、「六部堂上官僅四五人、都御史数年空署、督撫監司亦屢缺不補（六部の長官は僅か四、五人しかおらず、都御史のポストは数年空いており、総督、巡撫、監司のポストもしばしば補っていない）」とあり、重要官僚の補充がおろそかにされていた状況が述べられている。[20]このため飢饉が起き、それへの対応を求める上疏が出されているにもかかわらず、放置されていた。重要な政務であった視朝は一五九〇年（万暦十八）以降おこなわれず、一六一五年（同四十三）に二五年ぶりに再開されるという状況であった（和田正広 一九七五）。

一五九二年（万暦二十）と九七年（同二十五）におこなわれた豊臣秀吉による「朝鮮出兵」の影響、九九年（同二十七）には高淮が派遣されて過酷な徴税をおこなったことから、遼東をめぐる状況は混迷していた。衛所から逃亡する軍士は止まず、軍士が逃亡するため屯田は荒廃し、軍糧を自給するという衛所制本来の機能はマヒしていた。

衛所の軍士は、上級武官からさまざまな名目（例えば武器の使用）で金銭を徴収されたり、上級武官の私田の耕作に使われたことなどから、多くが逃亡していた（周遠廉 一九八〇a）。一五五八年（嘉靖三十七）における開原城管轄下の一〇城堡の原額軍丁は五二一五名であったが、実在した軍丁は四二一八名にすぎなかった。逃亡した軍丁は一〇九七名であり、約二〇％が逃亡していた（楊暘 一九九一、二六三〜二六四頁）。軍士のなかには逃亡ではなく、官僚や上級武官への反乱を選択した人たちもいた。一五〇九年（正徳四）の反乱を皮切りとして、三五年（嘉靖十四）の反乱は大規模なものであった〔叢佩遠 一九八五b／岡野昌子 一九八九／諸星健児 一九九二〕。

軍士の逃亡により、遼東の軍事力は低下していた。このため衛所の軍士ではなく、有力者の家丁が軍事力の中心となった〔王廷元 一九八二〕。家丁とは、有力者が私的に養った兵士であった〔鈴木正 一九五二／馬楚堅 一九八五／肖許 一九八四／趙中男 一九九一〕。有力者は家丁を兵士とする一方、自己の私田を家丁に耕作させていた〔姜守鵬 一九八七〕。家丁を養って軍功を挙げ、権勢を拡大した代表的人物は李成梁であった〔和田正広 一九九五〕。

屯田での農業生産は振るわなかったが、民田は増加していた〔叢佩遠 一九八五a〕。一五八二年（万暦十）の報告では、民田は屯田の約三倍の面積になっていた。(21) 遼東での軍糧は屯田からだけでは賄いきれなくなり、食糧の不足や価格上昇が問題となった。遼東での食糧価格は十六世紀以降上昇を続けており、他地域から食糧を輸送する必要性があった〔全漢昇 一九七〇／欒凡 二〇一〇〕。しかし、大量の食糧を陸路で輸送することは経費的にも、時間的にも難しかった。また、山東から食糧を輸送するため海禁の緩和が主張されたが、明朝は伝統的な海禁政策を順守したこと、海運の活発化は軍士の逃亡を助長するなどの理由から、嘉靖年間では見送られていた〔陳暁珊 二〇一〇〕。

そこで明朝は京運年例銀などの銀を供給することで対応した。食糧を現物で確保する方法から、銀を送り、その銀を使って食糧を購入するか、銀を直接軍士に支給する方法へと変更した〔諸星健児 一九九〇／張士尊 一九九四〕。そのため大量の銀が遼東に流入した。しかし、銀を支給されても食糧がなければ、その購入はできなかった。十七世紀初頭では、銀があっても買う食糧がないので、兵士は銀を抱いて死ぬしかない状況だと報告されていた。(22)

一六〇二年（万暦三十）から〇三年（同三十一）に巡按遼東を務めた何爾健は、遼東の状況を次のように述べている〔何爾健 一九八二、六・三五～三六頁〕。「遼東の兵士の糧銀は一ヶ月四銭で薊州に比べて三分の一安い。そのうえ、三、四ヶ月も遅配したり、上官にピンハネされ、実際には一〜二銭であった。これでは生活できないので、十人中八〜九人は逃亡してしまう。そのため台堡はあるが兵士はいない。台堡の多くは損傷しており、軍馬は弱っていたり、武器も壊れたり、古くなっている。これでは軍備はないのと同然である。沿道で哀願する人がいるので、その言葉を聞いてみると、税が重く、富める者は貧しくなり、貧しい者は逃亡している」と記していた。

3　ヌルハチの台頭

女真諸部が互いに抗争を繰り返すなか、明朝はハダ擁護により情勢の安定化をはかっていた。こうした状況下でヌルハチは台頭した。ヌルハチの世系は建州左衛に連なると称されているが、その確証はない。ヌルハチの祖父であった覚昌安は、明朝の史料には「叫場」「教場」などと表記され〔河内良弘　一九九二、七三三〜七三六頁〕、撫順馬市で商業活動に従事していたことを檔案は記述している〔遼寧省檔案館　一九八五、八〇八〜八一五頁〕。ヌルハチの一族は、家系が貴顕であることによってではなく、商業活動を背景に銀を獲得することによって勢力を拡大したと考えられる。

女真社会への銀流入は、十六世紀後半に中国への銀流通が変化したことから、より大規模になった。一五七〇年代にスペインがマニラを建設して、アカプルコ〜マニラ間の貿易を始めたことにより、新大陸銀が中国へ流入するようになった。また、ポルトガルが長崎貿易を開始したことにより、日本銀も中国へ流入し、膨大な銀が中国に流れ込むようになった。流入した銀の多くは北辺に運ばれて軍事費として使われ、北辺では「辺疆の経済ブーム」が生じていた〔岩井茂樹　一九九六〕。多額の銀の流入は、女真の商業活動を活発化させた。女真は既存の馬市での交易だけでは満足せず、新たな交易場の設置を求めるようになった。明朝は女真を羈縻する観点から交易場の設置を認め、十六世紀後半には馬市以外に木市や互市が設けられた。これらの交易場では、朝貢とは無関係に交易が許可されたので、羈縻衛所制は変容してしまった〔江嶋壽雄 一九六三・一九六八／中島楽章 二〇一一〕。

ヌルハチも明朝との交易に力を注いでいた。一五八八年（万暦十六）にヌルハチは撫順、清河、寛奠、靉陽での交易は国を富ませるものであると述べている。(23) ヌルハチが対明断交までの期間に重視したことは、他の女真が持つ勅書を獲得してより多くの朝貢をおこなうとともに、対明交易により利益を得て国富を増やすことにあった。ヌルハチは珍重されていた人参を売却して、多額の銀を入手していた〔上田裕之 二〇〇二〕。対明断交に踏み切る以前のヌルハチは、明朝との関係性を最大限に活用し、羈縻衛所制を通じて自己の勢力拡大をしていたのであり、明朝の打倒などは念頭になかった。

ヌルハチは一五八七年（万暦十五）に、二道河子旧老城（フェアラ）に築城し、城居を始めた〔和田清 一九五二〕。女真は十五世紀では少数の戸数で散居して、首長の意に従って移動を繰り返す暮らしをしていた。(24) 十六世紀前半でも、城郭がない集落に住んでいた。(25) しかし、十六世紀後半になると城居を始めた。十六世紀後半には城居を可能とする、また必要とする状況が女真の間では生じていたと考えられる。城塞を建築、維持できる経済力を保持したこと、女真諸部との抗争に勝つためには指導者を中心に勢力結集が求められた点を指摘したい。

ヌルハチは周辺勢力の征服を進め、一五九九年（万暦二十七）にはハダを、一六〇七年（同三十五）にはホイファを、一三年（同四十一）にはウラを、一九年（同四十七）にはイェヘを滅ぼした。征服した異質な集団を取り込む制度として、ヌルハチは八旗制を創出した。ヌルハチは征服した諸集団を原住地から移動（徙民）させて八旗に編入し、新たな集団を作り上げていった（徙民政策）。ヌルハチの台頭により、ハダを擁護して女真を羈縻するという明朝の政策は破たんに追い込まれた。

一六一八年（万暦四十六）にヌルハチは対明断交を宣言し、明朝との戦争に突入した。明朝との関係を絶ったことにより、ヌルハチ政権は自給自足的な経済運営を強いられた。安定した農業生産を基盤にすることはできず、略奪に依存する部分も大きかった。ホンタイジの治世においても安定的な経済基盤を築くことはできず、依然として明朝からの略奪は重要であった〔谷井陽子　二〇〇六〕。ヌルハチ・ホンタイジは、明朝との朝貢、撫順での馬市交易に代わる銀の獲得手段を、創出できていなかったと指摘できよう。

一六二一年（天啓元）にヌルハチは遼東を占領し、明朝の勢力を遼河以西に駆逐した。ここに遼東で明朝がおこなった衛所制は消滅した。もはや明朝へ朝貢する女真はいなくなり、馬市も消滅した。女真の朝貢は、一六一八年のイェへによる朝貢が最後であった〔江嶋壽雄　一九六二、引用は『明代清初の女直史研究』一八八頁〕。永楽帝以来、明朝が女真を羈縻するために用いてきた羈縻衛所制は消滅した。明朝が授与した勅書も無意味なものとなり、ホンタイジは一六三九年（崇徳四）に勅書の処分を命令した(26)。

おわりに

明朝はマンチュリアの統治にあたって、遼東では衛所制を、ヌルガン地区では羈縻衛所制を実施して、両者の境には遼東辺牆をつくり区分するという統治方式をとっていた。明朝は遼東では領域的な統治をしていたが、遼東辺牆の外側にあるヌルガン地区では有力者を羈縻する統治であり、領域的なものではなかった。それゆえ、ヌルガン地区を明朝の「領土」であったと主張することには配慮が必要だと指摘したい。中華王朝の版図は近代主権国家の「領土」とは異なるので、歴史的状況を無視して版図を「領土」であったと主張することはできない。

女真社会は、明朝による衛所長の授官規定の変更、朝貢定額化による勅書の争奪激化、朝貢に有利な馬市の近くへの定住化、貂皮交易による富の増大から、大きな社会変容を遂げていた。また遼東の衛所制も軍士の逃亡、屯田の崩壊から、うまく機能しなくなった。洪武帝、永楽帝が構築した統治方式は、十六世紀以降大きく変容していた。

そうしたなかでヌルハチは羈縻衛所制を活用して、明朝が北辺に投じた銀の獲得に努めるとともに、征服した人間集団を八旗制によりまとめあげていった。一六三五年（天聡九）にホンタイジは満洲という称号を採用し、ヌルハチ以来拡大してきた集団の名称とした。[27] したがって満洲とは、純血的な人間集団ではなく、多様な人々が中に入った「容器」の新たな名称とも理解できる。

十六世紀末、ヌルハチは女真諸部を統一する過程で徙民政策をおこなったため、ヌルガン地区の住民状況は大きく変わった。遼東ではヌルハチが対明戦争を始めた後では、戦禍により住民は移動を余儀なくされた。そして、一六四四年（順治元）に清朝が入関すると、多数の人々が関内へと移動した。この一連の過程でマンチュリアの住民構成は一変したと考えられるが、詳細を示す史料はなく、その具体的な変化については明らかにできない。

入関後、清朝はマンチュリア統治にあたって八旗制を基軸にした統治をおこなった。マンチュリアに残った人々を旗人と民人とに区別し、別々に統治する旗民制を実施した。清朝は明朝とはまったく異なる統治政策により、マンチュリアを統治したのであった。その一方で、入関した一六四四年にはロシア人がアムール川流域に現れた。清朝がロシアへの対抗に配慮をしながら、旗民制による統治政策を推進した過程については次章で述べたい。

註

（1）『朝鮮英宗実録』巻一六二 正統十三年正月乙巳（『明代満蒙史料　満洲篇』二、二三〇頁。以下『史料満洲』と略す）。

（2）『朝鮮文宗実録』巻九 文宗元年八月辛未（『明代満蒙史料　李朝実録抄』五、一九一～一九三頁。以下『史料李朝』と略す）。

（3）①一四三三年（宣徳八、世宗十五）朝鮮が建州女真を攻撃。②一四三七年（正統二、世宗十九）朝鮮が建州女真を攻撃。③一四六〇年（天順四、世祖六）朝鮮が女真を攻撃。④一四六七年（成化三、世祖十三）明朝・朝鮮が建州女真を攻撃。⑤一四七九年（成化十五、成宗十）明朝・朝鮮が建州女真を攻撃。
（4）『英宗実録』巻五八　正統四年八月乙未（『史料満洲』二、六三〜六四頁）。
（5）『憲宗実録』巻一七六　成化十四年三月丙戌（『史料満洲』二、五七四〜五七五頁）。
（6）『全遼志』巻一　山川・関梁。
（7）『宣宗実録』巻五九　宣徳四年十一月乙卯。
（8）『宣宗実録』巻一〇七　宣徳八年十二月庚午（『史料満洲』一、五〇四〜五〇五頁）。
（9）『英宗実録』巻一二七　正統十年三月甲申（『史料満洲』二、一七四頁）。
（10）『憲宗実録』巻一六一　成化十三年正月丁未（『史料満洲』二、五五四〜五五五頁）。
（11）『憲宗実録』巻二四四　成化十九年九月戊申（『史料満洲』二、六五一〜六五四頁）。
（12）河内良弘は建州女真と朝鮮との関係を考察するなかで、一四九〇年代（弘治初年）には建州衛の首長は朝鮮への部下の侵攻を制御できなかったので、その統制力は弱体化したと推測している〔河内良弘　一九九二、五二九〜五三五頁〕。
（13）『孝宗実録』巻七五　弘治六年五月乙亥（『史料満洲』三、三五〜三六頁）。
（14）『李朝実録』では、一四九七年（弘治十）以後、建州衛の記述は少なくなる。
（15）『世宗実録』巻一四八　嘉靖十二年三月壬子（『史料満洲』三、三六四〜三六五頁）。
（16）『世宗実録』巻二七三　嘉靖二十二年四月癸未（『史料満洲』三、四一二頁）。
（17）『世宗実録』巻三七五　嘉靖三十年七月辛卯（『史料満洲』三、四五四頁）。
（18）『満洲実録』巻一。
（19）『神宗実録』巻一九〇　万暦十五年九月癸丑（『史料満洲』四、一〇四〜一〇六頁）。
（20）『明史』巻二一八　方従哲。
（21）『神宗実録』巻一二一　万暦十年三月甲子（『史料満洲』四、四七頁）。
（22）『光宗実録』巻七　泰昌元年八月庚午。

(23)『太祖実録』巻二 戊子。
(24)『朝鮮世宗実録』巻九四 世宗二十三年十二月己未(『史料李朝』四、二七九頁)。
(25)『朝鮮中宗実録』巻六一 中宗二十三年四月壬戌(『史料李朝』一二、一三頁)。
(26)『太宗実録』巻四七 崇徳四年六月辛亥。
(27)『太宗実録』巻二五 天聡九年十月庚寅。

第三章　旗民制による清朝のマンチュリア統治

はじめに

戦前以来、「満洲は清朝発祥の地のため、清朝は祖先の生まれ育った土地が荒らされないよう封禁政策をおこなったが、中国人の流入は止まず、満洲は中国人の土地になった」という見解が存在する。(1) しかしながら、こうした見解は通俗的なレベルにとどまるものであり、歴史研究の分野ではまったく別の見解が主張されていた。中国でのマンチュリア史研究の先駆者であった金毓黻〔一九四一〕は、清朝によるマンチュリア統治の特徴は旗人と民人との区別を重視した「旗民分治」であったとし、その統治機構は「旗系」と「民系」の二重体系であったが、一九〇七年（光緒三十三）の東三省の設置により改変されたと主張した。日本では天海謙三郎〔一九四三、七五一頁〕が、清朝はマンチュリアの人々を旗籍、民籍に分けた「二元的属人主義」をおこない、それに基づいて軍・民両系統の官庁を設けていたと主張した。

戦後の日本では、「旗民分治」を主張する見解は唱えられていない。しかし中国では、この観点から清朝によるマンチュリア統治の特徴を解釈しようとする研究が出されている。張博泉〔一九八五、四一八～四二〇頁〕は、金朝の猛安謀克に起源を持つ、征服者と被征服者を分けて統治する「旗民二重体系」を清朝はマンチュリア統治に採用したとしている。田志和〔一九八七〕は、清初につくられた制度を「旗民二重行政体制」とみなし、これが十九世紀後半の帝国主義勢力の侵入と漢人の増加により変容し、一九〇七年の東三省の設置に至ったと主張した。以後も、表現は論者によりやや違うが、旗人と民人とに分けて統治していた点を、清朝によるマンチュリア統治の特徴だとする見解が出されている。華立〔一九八八〕は「旗民分治政策」であったとし、刁書仁〔一九九四a〕は「旗民二重行政体制」の変容を吉林を事例に検証している。康沛竹〔一九八九〕は、清代マンチュリア史を「旗民並治的行政体制」の変容過程として、暴景昇〔二〇〇九〕は「旗民分治体制」の形成、変容として理解している。

任玉雪〔二〇一〇〕は清朝によるマンチュリア統治を詳細に考察し、新たな論点を主張した。任玉雪は盛京では「旗民分治体制」であり、吉林では雍正、乾隆年間に「旗民分治体制」の萌芽が出現したが「軍府体制」が基調であり、黒龍江では一貫して「軍府体制」であったと、マンチュリアのなかでも盛京、吉林、黒龍江により旗人と民人の関係性は相違した点を指摘した。

日本での研究は、清代マンチュリア史を満洲人と漢人との対立から解釈しようとする傾向が強く、旗人、民人の区別に着目した研究は少ない。清朝が重視したのは旗人と民人の区別であり、今日的な区分ともみなせる満洲人、漢人という民族の相違ではなかった。(2) そもそも清朝が重視した旗人は満洲人、モンゴル人、漢人から構成されていたので、民族とみなすことはできない人間集団であった。

本章では旗民制の成立から、その変容過程、消滅の経緯について考察する。さらにマンチュリア周辺のロシア、朝鮮との関係についても検討を加え、内外の状況がマンチュリアの社会変容と清朝によるマンチュリア統治に与えた影響について明らかにしてみたい。

一　盛京での旗民制の形成

清朝は入関した一六四四年（順治元）に、盛京には旗人を管轄する機関のトップとして盛京将軍を置いた[3]。盛京将軍の下には副都統が置かれ[5]、副都統の下には城守尉、協領などが置かれた[4]。城守尉の設置年代、場所については史料により異同があり、その確定は難しい[6]。城守尉は順治から康熙年間にかけて、開原、遼陽、興京、牛荘、蓋平、金州、復州、岫巌、鳳凰城などに設置され、その場所の旗人の統轄、旗租の徴収、旗人の犯罪案件の処理などをおこなった[7]。旗人に直接関わる案件にたずさわったので、城守尉は「旗人の父母官」とも称された〔張其卓 二〇〇五〕。

入関により大多数の旗人は関内に移動したため、清朝は盛京の旗人を増やす施策をおこなった。第一に、移住してきた民人を旗籍に編入した。張士尊〔二〇〇三、一四七～一五〇頁〕は族譜の考察を通じて、順治～乾隆年間に移住してきた民人のなかには、旗籍に編入された民人がいたことを明らかにしている。しかし、順治以降に旗籍へ入った民人の多くは軍事力ではなく、内務府官荘や陵寝の壮丁となっていた。定宜庄〔二〇〇四、一九八～二〇五頁〕は、こうした旗人は「随旗人」とも称され、正身旗人ではないが民人とも違うという中間的な存在として、盛京では独特の位置を占めたと指摘している。第二に、康熙年間には入関時とは逆に、北京の旗人を盛京に移動させていた。遼寧大学の研究班〔李林 一九九二、六四頁〕は、収集した満洲人の族譜のなかで、四六の宗族が康熙年間に関内から盛京に移動して来ており、そのうち一七宗族が一六八七年（康熙二十六）に集中していることを指摘している。康熙年間には岫巌、鳳凰城に移駐した京師八旗もおり、移駐した旗人を統轄するため岫巌城守尉、鳳凰城城守尉が一六八七年に設けられていた〔張其卓 二〇〇五・二〇〇六〕[8]。

清朝は盛京各地や駐防拠点に官荘や旗地を設けて、農業生産の増加をはかっていた。盛京内務府の糧荘は、一六六五年（康熙四）では二七ヵ所であったが、一七〇〇年（同三十九）には九一ヵ所に増えていた〔関嘉録 一九八四、九三頁〕。とくに、三藩の乱平定以降にその増設は進められ、農業労働者として広東や福建の人も送り込まれていた〔佟永功 一九九五、九〇頁〕。

盛京での旗人を管轄する機関は、一七二七年（雍正五）に錦州と熊岳城に副都統が設けられて以後、しばらく設置されなかった。(9) 次に旗人を管轄する機関が設けられたのは、アヘン戦争後に海防を重視する意見が強まり、一八四三年（道光二十三）に金州副都統が設置されたときであった。

清朝は入関後すぐに盛京将軍などの旗人の管轄機関は設けたが、民人は少なかったので、民人の管轄機関は設けていなかった。明末の戦乱で荒廃した盛京の農業を立て直すため、清朝は一六五三年（順治十）に遼東招民開墾例を出し、遼東での開墾を積極的に進めることにした。そして同年に、民人を管轄する州県衙門を遼陽府、遼陽県、海城県に設けた。遼東招民開墾例を出すとともに、初めて州県衙門を設置したことに関係性があったのか、なかったのか、直接的に述べる史料は現在のところない。しかし、両者には因果関係があったと推測したい。

遼東招民開墾例は二つの内容からなっていた。一つは農民を連れてきた人には、その人数により、文官を希望するならば知県などの官職を、武官を希望するならば守備などの役職を授けることであり、もう一つは盛京までやってきた農民に特典として食糧や種子を与える内容であった。(10) 清朝はこれらの特典を与えて盛京の農業生産回復をしようとしたが、一四年後の一六六七年（康熙六）に廃止した。(11) 遼東招民開墾例の廃止をめぐっては、開墾が進展したのか、進展しなかったのかという観点から考察されてきたが、『聖祖実録』の記事は開墾については触れていない。この記事の内容は、特典であった官職授与が官僚の序列を乱しているので廃止したと理解できる。

官職授与が官職の序列を乱している問題の是正を遼東招民開墾例廃止の理由だと考え、他の史料でこの点を補強する見解が出されている。刁書仁〔一九九四a〕は、『郎潜紀聞』初集の記事に着目して、遼東招民開墾例により知県に任じられた人は「招民知県」と呼ばれ、問題となっていたことを指摘した。[12] また張杰〔二〇〇五、三八頁〕は『碑伝集』の「王熙伝」に着目し、やはり遼東招民開墾例により知県になった人が問題になっていたことを指摘した。[13]

以上から、遼東招民開墾例廃止の理由は、官職授与が官職の序列を乱している問題を回避しようとした点にあったと理解したい。つまり、遼東招民開墾例の廃止は、開墾が進んだかどうかとは無関係であり、移民の禁止を念頭に置いたものではなかった。[14] その後も、手続きをおこなえば山海関を出ることは可能であった。[15]

入関前では、旗人に旗地を支給し、その旗人から税糧を徴収しており、課税は人を基礎にしていた。土地ではなく人を課税対象としたやり方は、入関後もすぐには変化しなかったと思われる。だが、開墾により耕作地が増えると、人を対象とした課税は難しくなった。支給地（圏地）以外の耕地が増えたことから、民地では一六五八年（順治十五）から、旗地では一六九三年（康熙三十二）から課税がおこなわれた〔周藤吉之 一九四四、一四九・一九八頁〕。ここに人ではなく、土地を課税対象にすることが始まった。

州県衙門の拡充もおこなわれ、一六六四年（康熙三）には開原県、鉄嶺県、蓋平県、承徳県などが設けられた。[16] 一六五三年から六五年の十数年間は「第一次州県設置ブーム」とも譬えられる時期であった（表2参照）。一六五七年（順治十四）には、盛京の各州県を統轄する奉天府府尹が設けられた。[17] これにより盛京には、旗人の統轄は盛京将軍をトップとし、民人の統轄には奉天府府尹をトップとする機構がつくられた。

その後も州県衙門の設置は続けられ、一七三三年（雍正十一）には復州、義州、寧海県が設置された。しかしながら、これ以後盛京では州県衙門の設置はおこなわれず、民人を管轄する機構の拡大は停止した。次に新たな州県衙門

表2　府州県の設置状況（順治～同治年間）

年　　次	盛　　京	吉　　林	黒　龍　江
順治(1644～61)			
1653年(順治10)	遼陽府，遼陽県，海城県		
1657年(　　14)	奉天府(遼陽府廃止)		
康熙(1662～1722)			
1662年(康熙元)	錦県		
1664年(　　3)	広寧府，遼陽県→遼陽州，寧遠州，開原県，鉄嶺県，蓋平県，承徳県，広寧県		
1665年(　　4)	錦州府設置(錦県は存続)，広寧府廃止(広寧県は存続)		
雍正(1723～35)			
1726年(雍正4)		永吉州，泰寧県，長寧県	
1729年(　　7)		(泰寧県廃止)	
1733年(　　11)	復州，義州，寧海県		
乾隆(1736～95)			
1736年(乾隆元)		(長寧県廃止)	
1747年(　　12)		吉林理事庁(永吉州廃止)	
1772年(　　37)	岫巌理事庁(理事通判)		
嘉慶(1796～1820)			
1800年(嘉慶5)		長春理事庁(理事通判)	
1806年(　　11)	昌図理事庁(理事通判)		
1810年(　　15)		伯都納理事庁(理事同知)	
1813年(　　18)	新民撫民庁(撫民同知)		
道光(1821～50)			
1843年(道光23)	金州理事庁(海防同知)(寧海県廃止)		
咸豊(1851～61)　ナシ			
同治(1862～74)			
1862年(同治元)			呼蘭理事庁(理事通判)
1864年(　　3)	昌図理事庁→昌図撫民庁(撫民同知)		

註：西暦ではなく，史料上の陰暦をそのまま使用している。
出典：『清代政区沿革総表』(中国地図出版社，1990年)，『清史稿』巻55～57などより作成。

が設けられるのは、約一三〇年後の一八七六年（光緒二）に岫巌州、安東県が設置されたときであった。

盛京は清朝の陪都であったことから、盛京将軍、奉天府府尹以外に、清朝中央に直属した機関も設けられた。一六五八年に盛京戸部、盛京礼部、盛京工部が設置され、次いで六二年（康熙元）に盛京刑部が、九一年（同三十）に盛京兵部が設けられ、[18]これらは盛京五部と呼ばれた。吏部は設けられなかった。その理由を『嘯亭雑録』は、盛京出身の官吏は少ないので、北京で選出すれば用は足りるので設けなかったと述べている。[19]盛京五部は陪都盛京の運営を担当する中央直轄機関であり、盛京将軍や奉天府尹との間に上下関係はなかった。

清朝は盛京では開墾を奨励したが、無制限、無原則な開墾は認めなかった。清朝が盛京統治にあたって固執した原則は、旗人は旗界を、民人は民界を耕作するという「旗民分治」であった。一六七九年（康熙十八）に清朝は丈量をおこない、旗地と民地の区分けを設定した。ついで一六八九年（康熙二十八）には旗人が民界を、民人が旗界を開墾することを禁止した〔刁書仁　一九九二〕。康熙帝は一七一五年（康熙五十四）にも、旗界と民界の区別を命じており、旗人と民人が雑居することを問題視していた。[20]

また、清朝は柳条辺牆をつくり、マンチュリアの区分をおこなった。柳条辺牆には山海関〜開原〜鳳凰城を結ぶ「老辺」と、開原〜舒蘭を結ぶ新辺の二つがあった。老辺は一六五四〜七八年（順治十一〜康熙十七）の間に、新辺は八二年（同二十一）前後につくられたと考証されている〔吉田金一　一九七七／川久保悌郎　一九九〇〕。柳条辺牆はマンチュリアを、①辺牆内側の旗民が分居する農耕地区、②新辺東側の旗人、辺民が暮らす狩猟地区、③新辺西側のモンゴル人の遊牧地区の三地区に分けていた（図2参照）。

開墾地の増加は、人を対象とした課税から、土地を把握して税糧を得る方向への転換をうながした。一七二六〜二七年（雍正四〜五）に盛京では土地の丈量がおこなわれ、紅冊（旗地の旗租、民地の税糧を徴収するさいの基礎となる台帳）

が作成された。紅冊に記載された旗地は旗紅冊地、民地は民紅冊地と呼ばれ、以後の土地政策の基礎になったため「原額地」とも呼ばれた。ここに清朝は、盛京では土地を課税対象にすることを明確化した〔周藤吉之 一九四四、一五三〜一七五頁〕。

　民人を管轄した州県衙門の機能は、清朝が関内に設けた州県衙門と同じであった。これに対して旗人を管轄した城守尉などの機能は、盛京だけの独特なものであった。盛京将軍をトップとした旗人の統治機構は、旗人の軍事鍛錬だけでなく、旗人の訴訟、旗地からの徴税などもおこなっていた。それゆえ純然たる軍政機関ではなく、民政的な事柄も管轄した(21)。盛京各地に置かれた城守尉は、駐防拠点を防衛する役割も担ったが、駐防拠点の周囲に設けられた旗界の管理もおこなうという独特な職務を果たしていた〔任玉雪 二〇〇七〕。

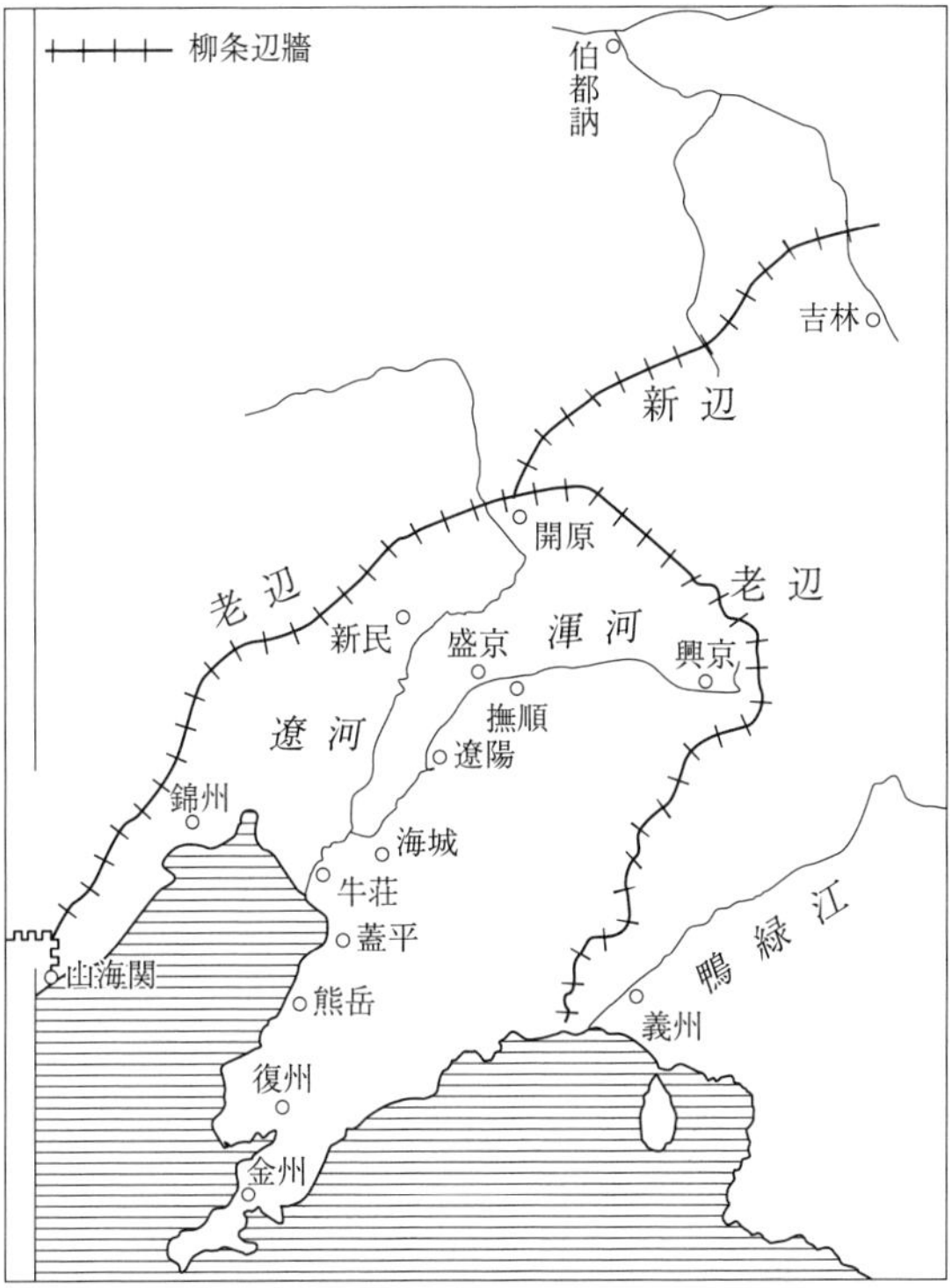

図2　清代のマンチュリア

出典：川久保悌郎「柳條辺牆管見」(『東洋学報』71—3・4，1990年) 付図より作成。

　十八世紀前半になると盛京では二つの変化が生じていた。第一には、民人の流入が増え、民人は旗地を私墾したため、旗界が脅かされた。第二には、民人に租佃される旗地が増え、旗人の中には旗地を喪失して没落する人が出ていた。

乾隆帝は基本理念である「旗民分治」が崩れることを懸念して、民人の流入に制限を加えることにした。一七四〇年（乾隆五）に乾隆帝は兵部左侍郎の舒赫徳に「盛京は満洲（人）の根本の場所であるが、最近民人の流入が多く、多くの土地を耕している。奉天地方は糧米も已に充足したから、民人に耕作させるよりも、旗人に耕作させ、旗人が耕作しなければ、土地は空けておき、旗人の訓練に備えよ」という上諭を出した。舒赫徳はこれを受けて、「奉天は満洲（人）の根本の場所であるから、民人との雑居は認めず、旗人の利益を第一に考える必要がある」。「しかし、今いる民人を追い返すのは問題なので方法を考える」とし、舒赫徳は八ヵ条の提案を上奏した。①単身で山海関を出て商売や傭工に従事する者を除き、その出関は禁止する。とくに家族を伴っての移住は厳禁する。②船で盛京にやってくる民人の流入を禁止する。③民人は保甲に編入し、編入を拒む民人は原籍地に帰らせる。④未耕地は旗人が耕作し、民人による開墾は禁止する。⑤盛京で勝手に鉱山を採掘することは禁止する。⑥人参を勝手にとる者は処罰する。⑦皇族関係者は民人と訴訟になるようなことはしない。⑧盛京を離れる旗人は届出を出すこと。以上の内容を持つ舒赫徳の上奏に、乾隆帝は従うよう指示を出した(22)。

乾隆帝は民人が多くの土地を耕していることを問題とし、旗人に耕作させ、旗人が耕作しないならば空き地とし、旗人が鍛錬する場所にしろと述べている点に注意したい。舒赫徳の提案のうち、①、②が移民の流入禁止に関するもので、「封禁政策」の根拠となっている。しかし、①は家族を伴っての移住は禁止しているが、旗人の生活に必要な商人や工匠が単身で流入することは認めている。つまり絶対的な移民禁止ではなく、条件付きの禁止であった点は指摘したい。次に④が未耕地の耕作は旗人だけに限り、民人の開墾を禁止していた点から、旗人の生計維持が目的の一つになっていたと解釈できる。

この記事の内容をもとに歴史研究者は「封禁政策」という用語を案出し、清朝によるマンチュリア統治の特徴として使っている。[23] 乾隆帝は「封禁政策」という語句は使っていない。[24] 乾隆帝の上諭は、盛京統治の方針を明確化したものであり、旗人が民人の影響を受けて、経済的に没落、精神的に漢化されていくことを押し止める目的、つまりは旗人と民人との関係調整にあったと理解したい。「封禁政策」という表現は、マンチュリアを外部から閉ざした空間のままにしておくという意味合いが強く、その実態の理解に誤解が生じる可能性がある。[25]

民人の流入増加だけでなく、民人が旗地の実質的な所有権を手に入れ、旗人から旗地が失われていくことも問題となっていた。清朝は民人への旗地の売却は、「旗民不交産」の規定により禁止していた。しかしながら、民人は押、典などの租佃慣行を利用して、旗地の実質的な所有権を得ていた。このため旗地を失った旗人は多く、刁書仁〔一九九四b、五五頁〕は一七四七年（乾隆十二）十二月の盛京将軍富俊による上奏に依拠して、盛京で旗地を持たない官吏は三六〇人、兵丁は一万五三三一人であり、持っている官吏は一四三人、兵丁は二一四〇人にすぎなかったと述べている。清朝はこうした状況の進展を食い止めるため、乾隆年間にはマンチュリアの農業生産を増加させる意図は捨てて、民人の流入を制限して旗人の生計保護を優先する方針を明確化した。[26]

以上の検討から、清朝は盛京では、旗人は盛京将軍をトップとした、民人は奉天府府尹をトップとした統治機構により管轄する「旗民分治」をおこなっていたこと、旗人と民人の雑居を禁止し、さらには「旗民不交産」により民人が旗地の所有権を入手することは禁止して、旗人の生計に変化が生じないよう配慮していたとまとめられる。

二　吉林、黒龍江での旗人統治機構の形成

順治年間において、盛京では盛京将軍をトップとする旗人の管轄機構が形成されたが、吉林、黒龍江には少数の駐防八旗が寧古塔などに駐屯するだけであった。吉林、黒龍江方面への清朝勢力の拡大は、ヌルハチ・ホンタイジ期にも進められたが、人間を移住させて開発することや、領域支配をおこなうことはなかった。ヌルハチ、ホンタイジは服属した人々を盛京周辺に移住させ（徙民）、八旗に編入して軍事力の強化にあてた。清朝の目的は兵士の確保であり、土地ではなかった。しかし服属した住民のすべてが移動したわけではなく、アムール川中流域では原住地に残った人もいた。ホンタイジは残留した人々には貂皮の貢納を義務づけ、その見返りに衣服、帽子などを支給した。これが辺民制の原型であった〔松浦茂 二〇〇六、第7章〕。

入関により旗人のほとんどは関内に移動したため、マンチュリアの人口は激減した。ヌルハチの台頭以来、戦火の絶えなかったマンチュリアは人口稀薄な、平穏な場所になったかに思えた。ところが、入関したまさにその年の一六四四年（順治元）に、ロシア人がアムール川流域に現れ、清朝は対応を迫られた。ポヤルコフがアムール川流域に現れた一六四四年から、ネルチンスク条約が締結される八九年（康熙二十八）まで、アムール川流域は清朝とロシアとの衝突する場所となった。

清朝はアムール川流域の住民をロシア人の略奪から守るため、他所に住民を強制的に移住させた[27]〔松浦茂 二〇〇六、二八三～二八四頁〕。また、寧古塔を拠点に軍事力の増強をおこない、一六五三年（順治十）に吉林将軍を寧古塔に置いた。しかし兵力不足は否めず、朝鮮に援軍を要請して、順治末年にはロシア人の撃退に成功した。

ロシア人の侵攻は小康状態となったが、一六七三年（康熙十二）に三藩の乱が勃発し、マンチュリアの八旗兵の多くは関内に移動した。寧古塔で流刑者として暮らしていた呉振臣は、三藩の乱後に寧古塔の兵士は移動したため、城内には空き地が増え、城内にも漢人が住むようになったと述べている。[28]朝鮮の『李朝実録』も寧古塔の状況を記述して、一六七五年（康熙十四）に合計一五〇〇名の兵士が寧古塔から移動し、残留して寧古塔警備にあたっている兵士は「老弱僅三百余人」だと述べている。[29]

寧古塔方面の八旗兵が北京や盛京に移動したことから、マンチュリアでは兵力不足が問題となった。そこで、清朝はマンチュリアの先住民を八旗に編成し、兵力として動員することにした。[30]一六七四年（康熙十三）に清朝はアムール川中流の住民を中心に新満洲四十佐領を組織し、寧古塔、吉林、盛京に移駐させた。さらに、一六七五年にチャハルでブルニの乱が起こり、清朝は兵力の増員を必要とする状況に追い込まれた（森川哲雄 一九八三）。そのため先住民の八旗への編入は継続しておこなわれ、一六七六年（康熙十五）、七七年（同十六）、七八年（同十七）にも実施された（松浦茂 二〇〇六、第8章）。

ブルニの乱は短期間で終息し、三藩の乱も一六八一年（康熙二十）には平定したことから、康熙帝はマンチュリアの兵力を増強して、ロシア人との抗争に決着をつけることにした。一六八三年（康熙二十二）に黒龍江将軍[31]をアイグンに設け、これまでは兵力を置いていなかったアムール川上流の軍事力の増強を始めた。黒龍江でも先住民を八旗に編入し、兵士として動員する方法がとられた。シボ、ダグール、バルガなどの先住民が八旗に編入され、駐防八旗として各地に移駐した。[32]シボ、バルガなどの先住民は、元来は狩猟、漁労、遊牧に依存して生活していた。ところが、八旗編入後は旗地が支給され、農耕に依存した生活へと変わった。八旗に編入された先住民は生活の「旗人化」を余儀なくされ、以前の生活とは異なる暮らしをするようになった。

表3　吉林，黒龍江での副都統の設置

年　　次	吉　林	黒　龍　江
1653年(順治10)	寧古塔	
1671年(康熙10)	吉林	
1685年(　　24)		黒龍江城(瑷琿)
1694年(　　33)	伯都訥	
1699年(　　38)		斉斉哈爾
1710年(　　49)		墨爾根
1731年(雍正9)	三姓	
1756年(乾隆21)	阿勒楚喀	

出典：『清代政区沿革綜表』より作成。

ネルチンスク条約の締結によりロシアとの抗争はひとまず終息したが、ガルダンによるハルハ侵攻、ジュンガル討伐などマンチュリア近隣での軍事行動は止まなかった。こうした軍事情勢に対応するために、清朝は防衛線として黒龍江方面を重視して、卡倫の建設、国境付近の巡察などの防衛体制を構築した〔栗振復 一九八三〕。雍正帝はジュンガルとの抗争を継続したので、フルンブイルにも駐防八旗を移駐させて、ジュンガルへの備えとしていた。

吉林、黒龍江の旗人を管轄する機構は、康熙、雍正年間には拡大を続けた。将軍のもとで旗人を統轄した副都統は、吉林では五ヵ所、黒龍江では三ヵ所が設けられた（表3参照）。だが、乾隆年間にジュンガルは滅亡したため、その拡大は停止した。一七五六年（乾隆二十一）に阿勒楚喀副都統が置かれたことを最後に、しばらく旗人の管轄機構は設けられなかった。

清朝には吉林、黒龍江を均質的に統治しようとする志向はなかった。要所には卡倫が設置されたが、ロシアとの境界は巡察をおこなうに止まり、軍隊を常駐させてはいなかった〔宝音朝克図 二〇〇三〕。吉林では人口希薄な場所の警備は、年二回（一八四九年以後は年四回）の巡察で対応していたにすぎなかった[33]。清朝は領域を確保するのではなく、人間を把握する選択をしていた。高い組織化で把握されたのは八旗制に組織、編入された人々であり、貢納の義務だけの辺民は低い組織化だとみなせる。十九世紀前半までの吉林、黒龍江は、いくつかの軍事拠点以外は人跡のまれな場所であり、清朝の統治力は軍事拠点を中心として放射状に拡散していく特徴を持っていた。こうした状況は、十九世紀後半以降、民人の増加、ロシアの勢力拡大、朝鮮人の流入、治安の悪化などにより変化を迫られた。

清朝は駐防拠点の周囲に官荘を設けて、食糧の確保をおこなっていた。清初において黒龍江方面では農業はほとんどおこなわれていなかったので、食糧は盛京方面からの輸送に依存していた。しかし、康熙末年になると官荘を中心として、黒龍江、吉林での農業生産は増えた。そのため盛京方面からの輸送は不要になり、運糧船は打ち捨てられていた〔周藤吉之 一九四〇〕。清朝による黒龍江、吉林の「開発」は、清朝が抱くマンチュリア統治の理念から推進されたわけではなく、対ロシア政策の一環として実施された点を指摘したい。

乾隆年間になると吉林に流入する民人が増えていた。一七七六年（乾隆四十一）に出された乾隆帝の上諭には、「盛京は山東、直隷と接しているため流民が流入している。これをもし駆逐するならば、その生計が立たなくなるので州県を設立して管理する。しかし吉林は漢地と接しておらず、流民が居住するには都合が悪い。いま流民が多くなったと聞くが、今後はその流入を禁止する」とあり、吉林への民人の流入を禁止している[34]。吉林への民人流入を禁止した理由として、清朝は没落した北京在住の旗人を吉林に入植させ、その生計を立ち直らせようとしていた点も指摘したい〔魏影 二〇一〇〕。北京の旗人が入植する土地を確保しておくためにも、民人の開墾は禁止する必要があり、民人流入の禁止令が出されたと考えたい。

嘉慶年間以降も繰り返し吉林への民人流入を禁止しており、一八〇六年（嘉慶十一）には現在居住する民人以外の流入は禁止し、以後は一戸たりとも増加は認めないという上諭を出していた[35]。同様の内容の上諭は一八〇八年（嘉慶十三）、一〇年（同十五）、二四年（道光四）にも出されており、清朝は再三にわたり吉林への民人の流入禁止を表明していた[36]。しかしながら、流入した民人を追い返すことはせず、戸籍に編入して課税することでその居住を認めていた[37]。こうした清朝統治者の対応が、いかなる論理から導き出されたものであったのかは、今後の研究を待ちたい。

他方、旗人の状況も変化していた。十九世紀初めには、戦乱がなくなったことから武芸の鍛錬に励まない旗人が増え、軍事力の低下が心配されていた[38]。

順治～乾隆年間の黒龍江、吉林では、先住民の八旗への編入、駐防拠点周辺での農業生産の増加など、大きな社会変容が生じていた。清朝は軍事力の増強を第一にして、駐防拠点の増設、旗人の管轄機構の拡充をおこなった。そして、盛京のような「旗民分治」ではなく、吉林、黒龍江への民人流入を禁止することで、旗人の生計に影響がおよばないようにしていたとまとめられる。

三　旗民関係の調整

マンチュリアに置かれた統治機関は以下のようにまとめられる。盛京では、盛京将軍（旗人を管轄）、奉天府尹（民人を管轄）、盛京五部（旗人、民人という基準ではなく陪都盛京の運営）の三機関が設置され、それぞれ独立、併存して職務を担当した。吉林では吉林将軍が、黒龍江では黒龍江将軍が旗人を管轄した。

吉林にも一七二六年（雍正四）に民人を管轄する州県衙門として、永吉州、泰寧県、長寧県が設けられた。しかし、吉林将軍の管轄下ではなく奉天府尹が管轄した[39]。設置後ほどなく、民人は少数であることを理由として、泰寧県は一七二九年（雍正七）に、長寧県は三六年（乾隆元）に廃止された[40]。永吉州は一七四七年（乾隆十二）に廃止され、理事同知が設けられ吉林将軍の管轄下に置かれた[41]。つまり吉林には、吉林将軍が管轄する州県衙門は存在しなかったのである。

以上からマンチュリアでの旗民制とは、盛京では旗人の管轄機関と民人の管轄機関が併存し、吉林と黒龍江は旗人の管轄機関だけが設けられ、盛京では「旗民分治」により、吉林、黒龍江では民人の流入禁止により、清朝統治の根幹を担った旗人の生計を保護する制度であったとまとめたい〔任玉雪 二〇一〇〕。

清朝は無原則な民人の流入を禁止していたため、マンチュリアでの農業や商業は振るわなかった。それゆえ税収は限られており、経費の大半は他省からの協餉に依存していた。盛京、吉林、黒龍江の収支は赤字であったが、清朝はこうした状況を改善しようとはしなかった。農業生産を振興して税糧を増やすことや、商品に課税して税収を増やす方向を、十九世紀まで清朝はとっていない。例えば、一七二四年（雍正二）に税収を増やすため、マンチュリアに流通する貨物への徴税を建議した上奏に対して、雍正帝はその必要はないと却下している。[42]この点から、清朝はマンチュリアの状況が変化し、旗人の生計に影響や変化がおよぶことの回避を第一にしていたと指摘したい。

乾隆年間以降、無原則な民人の流入を禁止したとはいえ、民人の流入は止まなかった。そのため、旗人と民人との間でのトラブルが増えるとともに、民人により旗人が圧迫される状況が生じた。乾隆年間以降、清朝は旗人の生計の立て直しや旗民間の調整をおこない、マンチュリアの社会的動揺を防ぐための改善策をいくつかおこなった。

清朝は官吏の人選を改めることで旗民間の調整をおこなった。盛京の州県衙門の官吏には、民人に通じた官吏の人選をおこなう必要性が一七七六年（乾隆四十一）には指摘された。[43]民人を管轄する州県衙門の官吏には漢人を任用する必要性が認識され、一八〇五年（嘉慶十）に遼陽、寧遠、復州、海城、蓋平、寧海の知県には漢人を任用する上諭が出された。[44]

また、明代には存在しなかった官職である理事同知・理事通判を設けることで旗民間の調整をおこなった〔定宜庄 一九九三〕。理事同知、理事通判は旗民間の係争処理を職務とし、一七三三年（雍正十一）に理事通判が奉天府に置かれた。[45]翌一七三四年（雍正十二）には増員され、一人は蓋平県に駐在して海城、蓋平、復州、金州を統轄し、一人は錦県に駐在して錦県、寧遠、広寧、義州を統轄した。[46]乾隆年間になると、一七四七年に吉林に理事同知が置かれた。[47]

興京近隣では民人が増え、民人に関わる案件が増えたので、一七六四年（乾隆二十九）に錦州から理事通判が移駐して対応した。[48] 岫巌でも民人の案件は城守尉が処理していたが、対応が難しくなり、一七七二年（乾隆三十七）に熊岳の理事通判が岫巌に移駐することになった。[49] 嘉慶年間の一八〇〇年（嘉慶五）には長春〈郭爾羅斯〉に理事通判が、一〇年（同十五）には伯都納に理事同知が置かれた[50]（前掲表2参照）。つまり、清朝は民人が増え、旗民間の係争が多発した場所には、州県制ではなく理事同知（理事通判）の設置により対応する政策をおこなっていたのである。[51]

清朝は旗人の生計を立て直し、旗人を没落から救済するため、新たな政策を打ち出した。旗人の没落は軍事力の低下を意味するので、旗人の生計を改善する必要性は雍正年間から主張されていた〔姜念思 一九九九〕。乾隆年間になると旗人の生計を支えた旗地制度は崩れ、もはや旗人の生計を維持するだけの水準に立て直すことは難しくなった。そこで清朝は、紅冊地（原額地）以外の土地を丈量し、丈量した土地はすべて官地に入れて租銀を徴収し、その租銀を旗人に与え、旗人の生計を支える政策を一七六六年（乾隆三十一）から始めた〔周藤吉之 一九四四、二五三〜二五四頁〕。また、民人へ典売された旗地は買い戻して再び旗人に戻すことや、随缺地（乾隆年間設置）、伍田（嘉慶年間設置）を旗人に支給して、生計の維持にあてさせることもおこなった〔周藤吉之 一九四四、二六三〜二七七頁〕。

清朝は官吏の人選の見直し、理事同知・理事通判の設置により旗民間の調整をおこなうとともに、旗人の生計保護をおこない、旗人の状況に変化が生じることを回避しようとしていたとまとめられる。

盛京では旗民間の調整の他に、盛京将軍、奉天府尹、盛京五部の三機関の調整が懸案となっていた。これら三機関はそれぞれ独立、併存して職務を担当したとはいえ、三機関のセクショナリズムから支障が生じることもあった。「旗民分治」がきちんとおこなわれ、三機関が協議する案件が発生しなければ、三機関併存による混乱も生じなかった。しかし盛京では流入して来る民人が増え、旗人と民人との間での係争が多くなった。清朝は、一七六二年（乾隆二十七）に盛京将軍が奉天府府尹の職務を兼轄することで問題の解決を試みた[52]。しかし、これはすぐに変更され、一七六五年（乾隆三十）に盛京五部の侍郎（代表格は戸部侍郎）が、盛京将軍に代わって奉天府府尹を兼轄することに改められた[53]。つまり盛京五部の権限が強化され、盛京将軍の権限は弱化したのであった。この状況が光緒初年の崇実による改革まで一〇〇年あまり続いた。

嘉慶～同治年間（一七九六～一八七四年）において、州県は一つも新設されておらず、乾隆年間までに設置された州県衙門で対応していた（前掲表2参照）。州県以外に庁も設置されたが、庁は州の下部単位である民人の管轄機関とみなせるかは不明確であり、今後の研究が待たれている[54]。また旗人を統轄する機関としては、金州副都統が一八四三年（道光二十三）に設置された点が唯一の変化であった。金州副都統の設置はアヘン戦争後に海防体制の強化が叫ばれたため、熊岳城副都統は撤廃して金州に副都統を置いて対応するという、マンチュリア外部の状況変化から設置された[55]。

清朝はマンチュリアの統治機構を大きく変えない方向で対応していたが、マンチュリアの状況は内外ともに変化していた。民人の流入により盛京の人口は増え、乾隆年間にはその収容力は飽和状態に達し、人口収容地から送出地に変わりつつあった（張士尊 二〇一〇）。そして乾隆末年（十八世紀末）になると、民人の流入は吉林にもおよぶようになった（川久保悌郎 一九三五）。柳条辺牆の東側にある東辺では、乾隆末年から木匪の跳梁が問題となっていた[56]。民人のなかには「不逞の徒」もおり、治安の悪化が憂慮された。

清朝は民人をどのように管轄するのか、「旗民分治」をいかに維持するのか、新たな対応が求められる状況となった。こうしたなかで十九世紀後半以降、ロシアが再びマンチュリアへの勢力拡大をはかったことから、マンチュリアは大きな社会変容を遂げることになった。以下では、ロシアの動向について考察し、マンチュリアの外側で生じていた変化について見てみたい。

四　ロシアの動向

ネルチンスク条約により、ロシアはアムール川以南に向かうことはできなくなり、カムチャツカ、アラスカ方面へとその勢力伸張をはかった。アタラーソフは一六九七～九八年にカムチャツカへ遠征し、カムチャツカ半島までをロシアの勢力下におさめた。ロシア人はシベリアではクロテンの毛皮を追い求めていたが、カムチャツカでラッコと遭遇した〔渡部裕 二〇〇三〕。ラッコの毛皮はクロテンより品質的に優れていたが、この時点ではラッコの生態や生息地については不明点が多く、捕獲方法も確立していなかった。ラッコがアリューシャン、アラスカ方面に多数生息していることは、一七四一年にベーリングがアラスカに到達したときに判明した。ベーリング隊（ベーリングは帰還することなくアリューシャン列島で一七四一年に死去した）はラッコの毛皮を持ち帰り、キャフタ経由で清朝に販売された(57)。

十八世紀中ごろになると、シベリアのクロテンは捕獲により減少していたので、ラッコはクロテンに代わる毛皮商品としてロシア人の関心を集めた〔森永貴子 二〇〇八、七八～七九頁〕。ロシア商人はラッコを求めて、アリューシャン列島、アラスカへと、その活動範囲を拡大した。しかし、ラッコは海洋生物なので、シベリアの原生林に生息するクロテンの捕獲とは違った手段を必要とした。船舶、乗員の手配に多額の資本が必要であり、さらにはこうしたリスクを負いながら出港しても、毛皮を入手して帰還できる確実な保証はなかった。北太平洋での毛皮交易は、個人商人には無理であることが明らかになり、ロシア政府の支援の必要性が叫ばれるようになった。ロシア政府に強く支援を要望したのは、グリゴリー・シェリホフであった。シェリホフは現地に定住地を設けて安定的に毛皮を入手し、値崩れが起きないように販売する流通過程の構築を目指して、ロシア政府への請願を繰り返した。この請願はシェリホフの存命中（一七九五年死去）には実現しなかったが、一七九九年に露米会社が設立されて実現した〔岡野恵美子 一九九四・一九九七・一九九九〕。

北太平洋のアリューシャン列島、アラスカに生息したラッコに着目したのはロシア人だけではなかった。イギリス商人は一七八〇年代に北太平洋で活動を始めた。しかし、イギリス人が北太平洋で毛皮交易をするさいには特許会社である南海会社に、広東で毛皮を売却するさいには東インド会社に高額のコミッションを払う必要があった。このため、アメリカ人を前面に立てた取引や密貿易により毛皮を獲得、販売した〔木村和男 二〇〇四、一一六〜一二〇頁／同二〇〇七、八三〜九五頁〕。また、イギリス商人はメキシコを拠点に北米北西岸を北上するスペインとの抗争にも悩まされた。スペインとの対立は一七八九年にヌートカ湾事件を引き起こし、これを機会にイギリスはアメリカ北西岸に対するスペインの領有権を否定することに成功した〔木村和男 二〇〇七、一五七〜一八一頁〕。イギリスは外交的には勝利をおさめたが、イギリス船による毛皮交易は振るわなかった。イギリス船による北太平洋沿岸での毛皮交易のピークは一七九二年であり、一八〇〇年には数隻にまで減少した〔森永貴子 二〇〇八、一四四〜一四五頁〕。東インド会社の中国貿易独占権は一八三四年に廃止されたが、このときすでにラッコは激減し、かつてのような高利潤が得られる商品ではなくなっていた。

アメリカ商人もラッコの毛皮交易に参入した。アメリカ商人は、ボストンを出発→北太平洋岸で毛皮入手→広東で毛皮を売却して茶を購入→インド洋、喜望峰を経てボストンに帰還して茶を売却するという、世界一周の交易ルートを作り出した。この交易は高利潤を生むがゆえに「ゴールデン・ラウンド」とも呼ばれた。しかし、一八一〇年代にラッコが激減し、中国向けの毛皮を一シーズンでは確保できなくなった。また、アメリカ工業の発展により綿製品などの工業製品の輸出が増えたため、十九世紀前半には「ゴールデン・ラウンド」は消滅した。「ゴールデン・ラウンド」は約四〇年間（一七九〇〜一八三〇年）続いた、当時の世界史的状況が生じさせていた特異な交易ルートであった〔木村和男 二〇〇四、一二一〜一四九頁〕。「ゴールデン・ラウンド」の衰退と入れ替わり、アメリカ船は北太平洋では捕鯨をおこないはじめた。

一八〇〇年前後の北太平洋では、ラッコをめぐりロシア、イギリス、アメリカが競合を繰り広げていたが、イギリスとアメリカはやがてラッコ交易から離脱した。ラッコの毛皮交易を続けたロシアの問題点は、清朝との交易がキャフタでしか認められていなかった点であった。この点を是正するため、一八〇三年二月に商務大臣ニコライ・ペトロヴィッチ・ルミャンツェフは皇帝アレクサンドル一世に文書を提出して、広東ルートの開拓を主張した〔森永貴子 二〇〇八、一五六頁〕。一八〇五年にロシア船は初めて広東に入り、清朝官吏の許可を得て毛皮交易をおこなった。しかしロシアとの交易はキャフタ以外では認められていなかったので、このときの交易はその後に問題となり、関係した清朝官吏は処罰された(58)。以後、ロシア船は一八五八年に天津条約が締結されるまで、広東での交易はしなかった〔森永貴子 二〇〇八、一五八〜一六〇頁〕。

ロシアが清朝との毛皮交易を拡大できないでいるなか、一八二〇年代以降ラッコの枯渇が目立ちはじめた。ロシアの関心はラッコの捕獲や毛皮交易の拡大から、極東での政治外交面でのプレゼンスの確保へと移行していった。それゆえアムール川方面への関心が高まり、とくにニコライ一世（在位一八二五〜五五）は極東問題に積極的な関心を示していた。しかし、ネルチンスク条約によりアムール川流域は清朝の領域だと決められており、またアムール川河口の調査は一八〇五年にクルーゼンシュタインが、四六年にはガブリーロフがおこなったが、両者ともに船舶の出入りはできないと報告していた〔真鍋重忠 一九七八、一七四〜一七九頁〕。そのうえ、外相のネッセルローデ（外相在職一八一六〜五六）は清朝との関係悪化、それに伴うキャフタ貿易の中断を最も懸念しており、アムール川河口へのロシア船の接近を禁止していた〔秋月俊幸 一九九四、六四～六五頁〕。アムール川方面への対応についてロシア政府内部では足並みがそろわないなか、一八四七年にムラヴィヨフが東シベリア総督に就任した。

ムラヴィヨフはロシアが安定的な極東統治をおこなうには、①アムール川河口を制してザバイカル以東の安定化をはかること、②アムール川左岸を領有してカムチャツカとの連絡路を確保することが必要だと考えていた〔佟冬主編 一九八五、一一四～一一五頁〕。ムラヴィヨフはイギリスなどがアムール川河口を占拠し、極東への影響力を増大させることを懸念していた〔山本俊朗 一九八九、六七～六八頁／アニシモフ 一九九三、一八五頁〕。もはやムラヴィヨフの関心のなかには毛皮交易の拡大はなく、十九世紀後半の極東国際情勢のなかでのロシアの影響力の確保を第一にしていた。こうしたムラヴィヨフの意向を受けて、一八四九年にネヴェリスコイはアムール川河口が航行可能であることを確認した。そして翌一八五〇年にはアムール川河口付近にニコラエフスク哨所を設置した。

ロシアが容易にアムール川下流に勢力を扶植できた要因として、清朝の影響力が低下していた点を指摘したい。一八五〇年代以降にロシア人がアムール川流域に現れたとき、辺民の貢納は減少し、清朝が設けた貢納場所もアムール川上流へと後退していた。清朝の影響力はアムール川中流域に止まり、河口付近にはおよんでいなかった。こうした辺民の貢納減少、それに伴うアムール川下流での清朝の影響力の低下には、江戸幕府の動向が関係していた。

一七九二年のラスクマンの根室来航に代表されるように、ロシアは十八世紀末には千島列島、北海道方面にその勢力を拡大していた。江戸幕府はロシアに対抗するため、一七九九年に千島列島を含む東蝦夷地を直轄地とし、一八〇七年には松前藩を他へ移封して蝦夷地のすべてを直轄地とした。これにより、江戸幕府の影響力はサハリン南部にまでおよび、幕府はサハリン・アイヌへの実効支配を進めた。一八〇八年には間宮林蔵と松田伝十郎を調査に派遣し、サハリン北部やアムール川下流の状況を幕府は認識した。江戸幕府は以前におこなわれていたサハリン・アイヌとサンタン人との交易を禁止し、シラヌシ（サハリン南端）の会所で幕府が直接おこなうことにした〔秋月俊幸 一九九四、四九頁〕。こうした江戸幕府の政策を榎森進〔二〇〇七、三四六～三四七頁〕は、サハリン・アイヌを清朝の辺民制から離脱させ、幕藩体制に組み込む試みであったと指摘している。[59]

サハリンへの江戸幕府の影響力拡大により、サハリン・アイヌのなかにはアムール川に設けられた清朝の貢納地点に行くことを止める人が出ていた。一八一八年（嘉慶二十三）の日付があるカラフトナヨロ文書には、「西散大国」（日本）と関係が生じたことにより、貢納にこなくなったトー族に対して、清朝が貢納をうながす内容が書かれている〔池上二良 一九六八／松浦茂 二〇〇六、二〇〇八～二〇〇九・三六五頁〕。

一八五三年にヨーロッパでクリミア戦争が始まると、その影響は北太平洋にもおよんだ。翌一八五四年三月にはイギリス、フランスもロシアへ宣戦布告したため、ロシアは北太平洋方面の防衛強化、とくにペトロパブロフスクの防衛をする必要性が生じた。ペトロパブロフスクへの補給ルートとして、ムラヴィヨフはアムール川を利用する以外に方法はないと考えた。ムラヴィヨフは一八五四年五月にロシア船団を率いて、清朝の許可を得ることなく、アムール川を上流から河口に向けて航行した。

イギリス海軍は中国近海の海上ルートの保全、および北太平洋方面を航行するイギリス商船の安全確保を目的に活動した〔奥平武彦 一九三六／John J. Stephan 1969〕。そのため一八五四年九月に英仏連合軍はペトロパブロフスクを攻撃し、ロシア軍と交戦した。このときロシアはかろうじて、ペトロパブロフスクの防衛に成功した〔John D. Grainger 2008〕。その後、カムチャツカ方面の防衛をどうするのか、ロシア政府内では問題となった。一八五四年十二月に海軍大臣コンスタンチン大公はムラヴィヨフに対して、海軍が防衛できるのはカムチャツカ方面ではなくアムール方面なので、ロシア艦隊はアムール方面に移動するのが上策だと述べた〔オークニ 一九四三、二〇七頁〕。これを

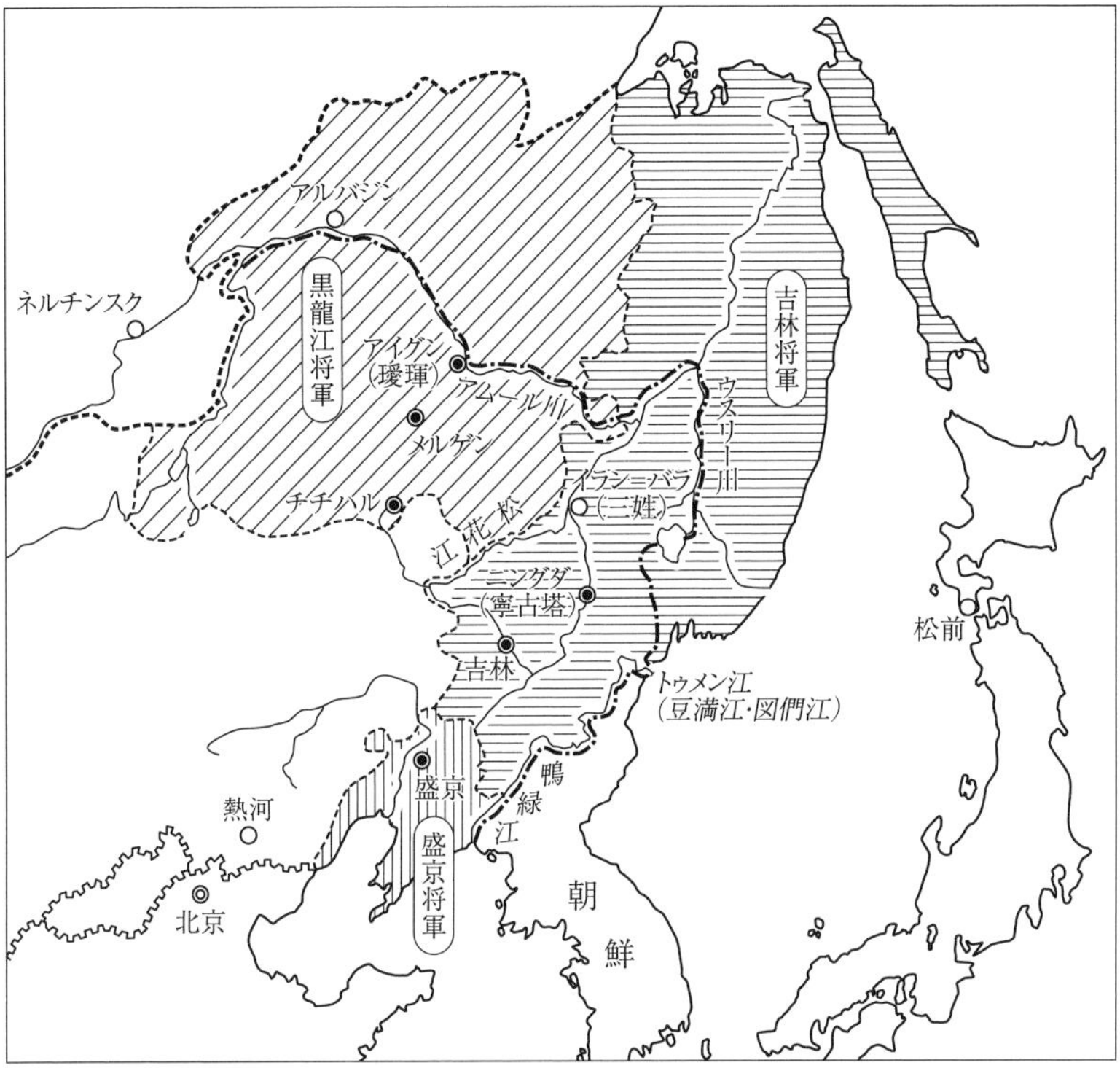

ネルチンスク条約（1689年）の清露国境（未画定部分を含む）
北京条約（1860年）の清露国境　◉駐防将軍の駐劄地（沿革は本文参照）

図3　ロシアとの国境の策定

出典：杉山清彦「大清帝国のマンチュリア統治と帝国統合の構造」（左近幸村編著『近代東アジアの誕生』北海道大学出版会，2008年）238頁より作成。

受けてムラヴィヨフは、翌一八五五年三月にロシア艦隊をペトロパブロフスクからニコラエフスクに撤退させ、英仏連合軍との再度の交戦を避けることにした。

一八五六年にクリミア戦争は終結し、さらにはアムール川方面への勢力拡大に慎重な姿勢を示していたネッセルローデは外相を辞任した。ロシア政府、ムラヴィヨフは積極策に出て、一八五八年にアイグン条約を、六〇年にペキン条約を清朝と締結し、アムール川以北、ウスリー川以東の領域を獲得した（図3参照）。しかしながら、アムール川を経由するロシアと中国との貿易は大きくはおこなわれなかった。その理由は、第一には一八五八年に天津条約が締結され、ロシアは開港場を経由する海上貿易に参入できることになったこと、第二には毛皮資源の枯渇と流行の変化による毛皮需要の減退により、毛皮交易が縮小した点にあった〔James R. Gibson 1968〕。そしてロシアは一八六七年にアラスカをアメリカに売却し、七一年には極東での主港をニコラエフスクからウラジオストクへ移動して、北太平洋での交易から撤退した。

五　十九世紀中ごろ以降の社会変容

太平天国の乱はマンチュリアの動向にも影響をおよぼした。第一に、八旗兵の多くが関内に派遣され、マンチュリアの軍事力が低下した。一八五七年（咸豊七）に出された上諭には、太平天国の乱が始まって以来、吉林、黒龍江からは約一万三〇〇〇人が遠征し、今でも吉林兵は約六〇〇〇、黒龍江兵は約二〇〇〇が出兵しているとある。(60)『吉林通志』は「咸豊二年（一八五二年）以来、兵隊の派遣が頻繁におこなわれ、兵士十人のうち七、八名は命を落とし、故郷に生還する兵士は二、三人にすぎない」と、生きて帰還した八旗兵は少なかったことを記述している。(61)第二に、軍事力が低下したことから治安が悪化し、「馬賊」の跳梁が激しくなった〔川久保悌郎 一九六八〕。吉林には軍隊約一万人が駐屯したが、太平天国の乱に出兵した後では四〇〇〇名ほどになってしまい、治安の悪化を招いていた。(62)第三に、関内からマンチュリアに送られていた協餉が滞り、黒龍江、吉林の財政は逼迫した。関内の各省は太平天国の乱鎮圧のために多大な支出を余儀なくされ、黒龍江などに送る協餉の捻出が難しくなっていた。(63)

清朝はロシアの勢力拡大に対応して、マンチュリアの軍事力増強を志向したが、財政状況がその実現を難しくしていた。関内各省からの協餉には期待はできないので、マンチュリアで独自に財源を確保し、それを使って軍隊の増強をはかることが求められた。以下では、黒龍江将軍の特普欽、盛京将軍の崇実・崇厚、吉林将軍の銘安らの試みを取り上げ、どのように対応したのか検討してみたい。

黒龍江や吉林に在職した官僚のなかには、土地の開放をおこない、財源を補塡することを主張する人がいた。黒龍江将軍特普欽は呼蘭近隣の土地を開放する必要性がある理由として、以下の四点をあげた。①開墾地から徴租をおこない不足している経費に充当する、②増加した移民を安住させる、③ロシアの脅威に備えるため辺疆を充実させる、④少なくなった人参などの採取のために封禁しておくよりも、土地を開放したほうが民生に利益がある。この主張は皇帝に認められ、一八六二年（同治元）十二月に裁可された〔有高巌 一九二六／柴三九男 一九三四・一九三七／張志強 一九八八／張風鳴 一九八九〕。また、吉林でも一八六一年（咸豊十一）十二月に舒蘭近隣の招民開墾が許可され、そこからの租税は吉林の兵士の俸餉にあてることになった。[64] ここに土地の払い下げと、民人を誘致して開墾をおこなわせて税収を得る試みが具体化した。

しかし、土地の払い下げ、民人の誘致は、旗人の生計を動揺させるとの意見も強く、全面的に推進されたわけではなかった。呼蘭での土地開放は、特普欽の次に黒龍江将軍に就任した徳英が、①土地の受領者が減った、②吉林からの逃亡者が隠れる、③農耕地の増加により旗人が修練する場が減り、旗人の軍事力が弱体する、の三点を問題点として主張し、土地の開放は停止された〔張風鳴 一九八九、一四五頁〕。その後、黒龍江では土地の開放はほとんどおこなわれず、盛京や吉林と同様に州県制が導入されるのは二十世紀になってからであった。

十九世紀後半、盛京では民人の増加、「馬賊」の横行による治安の悪化が生じ、これまでの行政では対応が難しくなっていた。にもかかわらず、盛京行政は盛京将軍、盛京五部侍郎、奉天府府尹の三者が協調しておこなう「一職掌に対する複数権限の介入状況」が続いており、行政の滞りは深刻化していた。また人選面での問題も抱えていた。盛京将軍は官制上では軍事面のトップであったとはいえ、実際には行政ポストを歴任した軍事とは無関係な人物が就任していた。他方、盛京五部には京官ポストを歴任した官僚層が多かったため、盛京行政に強い権限を行使して、しばしば盛京将軍の職務を規制した〔古市大輔　一九九六a〕。

行政面だけでなく、財政面でも問題を抱えていた。盛京の財源は限られており、他省から送られてくる協餉に依存していた。十九世紀後半には税収増加の試みとして港湾税、船税、塩税、商業税などが導入されたが、財政状況を好転させるまでには至らなかった。そうしたなか、他省の財政も苦しくなり、協餉は滞るようになった。また、盛京将軍の養廉銀は二〇〇〇両であり、両江総督は一万八〇〇〇両、他の総督は一万五〇〇〇〜二万両の養廉銀を支給されていたのと比べると非常に少なく、盛京将軍は費用のかかる改革はできない状況下にあった〔古市大輔　一九九七〕。

一八七五年（光緒元）から翌七六年（同二）にかけて盛京将軍に在任した崇実は、命令系統の不統一が盛京行政の混乱原因だと認識し、盛京将軍の権限強化と盛京五部の権限縮小をおこなった〔古市大輔　一九九六b〕。崇実がこうした方向性で盛京行政の改革をした背景には、一八六〇年（咸豊十）から七一年（同治十）にかけて成都将軍、四川総督として、四川での「馬賊」鎮圧などの処理にたずさわったときの経験があった。四川での職務のなかで崇実は、トップの指揮によりすべての文官、武官が動き、トップの意向に沿って案件を処理する指揮、命令系統をつくることが重要だと認識した。それゆえ崇実は盛京将軍就任後、四川での経験を生かし、盛京将軍が一元的に指揮、命令できる機構づくりに尽力したと古市大輔は指摘している〔古市大輔　二〇〇四〕。

崇実は一八七六年十月に死去するが、弟の崇厚が盛京将軍に就任して改革を継続した。崇実・崇厚は民人が増えたにもかかわらず、雍正年間以来州県衙門の増設がおこなわれていないことを問題視していた。十九世紀後半以降、鴨

表4　光緒年間以降の府州県設置状況

年　　次	盛　　京	吉　　林	黒　龍　江
1876年(光緒 2)	岫巌理事庁→岫巌州，安東県，鳳凰直隷庁		
1877年(　3)	奉化県，懐徳県，寛甸県，通化県，懐仁県，昌図撫民庁→昌図府		
1879年(　5)	海龍撫民庁(撫民通判)		
1880年(　6)	康平県		
1881年(　7)		敦化県，伊通州，賓州撫民庁(撫民同知)，五常撫民庁(撫民同知)，双城撫民庁(撫民通判)，吉林理事庁→吉林府，長春理事庁→長春撫民庁(撫民通判)，伯都納理事庁→伯都納撫民庁(撫民同知)	綏化理事庁？
1885年(　11)		農安県，長春撫民庁→長春府	
1888年(　14)	遼源州，柳河県，臨江県，輯安県，鎮安県，綏中県，西豊県，西安県，東平県，彰武県，興仁県(1908年撫順県)，海龍撫民庁→海龍府，新民撫民庁→新民府		

出典：表2に同じ。

緑江右岸や昌図近隣に移住する民人が増えていた。崇実・崇厚は一八七六年に岫巌州、安東県、鳳凰直隷庁を設け、翌一八七七年（光緒三）には寛甸県、通化県、懐仁県を設けて、鴨緑江右岸から柳条辺牆の東側におよぶ場所に州県衙門を置いた(65)。また、同じ一八七七年には昌図府、奉化県、懐徳県を設けた(66)（表4参照）。盛京では崇実・崇厚のときに、民人の移住増加には州県制の導入で対応する方向性を明確にしたと指摘できる。

吉林では銘安が改革に尽力した。吉林では以下の三点が問題となっていた。第一に、「馬賊」や金匪（金鉱を採掘する匪賊）の跳梁による治安の悪化であった(67)。第二に、民人が増え、以前の旗人を主にした状況ではなくなったにもかかわらず、州県衙門の新設が行われていない点であった。銘安は一八八二年（光緒八）に「昔の吉林は旗人だけで民戸はなかったので、その統治は易しかった。咸豊年間に太平天国の乱が起きて以後、旗戸が凋落するようになった。道光年間に招墾がはじまって以後、民戸が増えるようになった」と、吉林での民人の増加について述べている。(68) 第三に、ロシアや朝鮮との交渉案件が増えたため、対外交渉や国境防衛への対応が求められた点であった。こうした問題の山積した吉林の状況を改めるため、銘安は一八七六年に「剿馬賊、禁賭博、設民官、稽荒地」が必要だとする意見を述べた。(69) これが皇帝に認められ、一八七七年に署吉林将軍に任命された。銘安は吉林での改革にあたって、盛京での崇実の改革に倣う必要があるという認識に立っていた。(70)

銘安は、まず「馬賊」の討伐を進め、討伐に尽力しない官吏は辞めさせる措置もとった。(71) また、匪賊が隠れることのできないよう、土地の開放をおこない開墾を進めた。(72) 銘安は招墾を目的とした土地開放をおこなったとはいえ、移民実辺的（辺疆に移民を送り、人口を充実させる政策）な土地開放は限定的であった。三姓近隣の土地開放を、銘安は願い出て許可を得ていたが、その目的は駐屯軍隊の軍餉確保にあった。(73)

銘安は州県衙門が増設されないことから、民人の管理がうまくいっていないと考えていた。一八七八年（光緒四）の上奏文では、もともと寧古塔などの各城は旗人が暮らす場所であったが、道光初年より開放が始まり、民人が増えた。だが、殺人窃盗、戸籍婚姻などの案件は協佐（旗人）がおこなっている。協佐らは、騎射を練習するだけで吏治にうとく、多くは漢文に通じていない。今後は徴税や訴訟は州県衙門がおこない、協佐らは旗務だけをする必要があると述べている。(74) 州県衙門が増設されないのは問題だと銘安は考え、一八八一年（光緒七）に敦化県、賓州直隷庁、五常直隷庁、(75) 吉林府、伊通州、双城直隷庁を設けた(76)（表4参照）。また、州県衙門に配置する官吏にも注意をはらい、武芸に長じた旗人ではなく、民政に適した人材の登用を訴えていた。(77)

銘安とともに吉林の積弊改善に取り組んだ人物として、呉大澂があげられる〔賀飛　二〇〇九〕。呉大澂は金匪韓效忠の招撫をおこない、治安の回復に尽力した[78]。また軍隊を増強して、治安の回復と対ロシア防衛の強化をおこなった。具体的には、辺疆防衛を専門におこなう靖辺軍を新たに編成したり[79]、琿春や寧古塔の要所に小砲台をつくっていた[80]。さらに、砲弾や弾丸を吉林で製造することの重要性を唱え、吉林機器局を設立した。

治安の回復、軍隊の増強に続いて呉大澂は、三姓、寧古塔、琿春での招墾を推進した[81]。呉大澂のもとで招墾に尽力したのは李金鏞であった。李金鏞は一八八二年に招墾局を琿春などに設立し、移民を増やしてロシアの勢力拡大に対抗しようとした〔王革生 一九九三〕。呉大澂は移民を誘致するため、山東で農民の招致をおこなったりしたが、実辺政策に清朝中央は必ずしも賛成していなかった。呉大澂の上奏文への硃批には、「吉林は武芸鍛錬の場所なので、まずは狩猟、次に放牧であり、農耕は末である。開墾の弊害は二つある。一つは遊民が集まり、罪を逃れる者は奥地に隠れる。もう一つは農業にばかり力を尽くし、武芸に励む旧習が失われる」とあり、吉林の開墾が進むことに懸念を述べていた[82]。

銘安は吉林に山積した諸問題の解決、調整に取り組んだが、改革を断行したため他の官吏から恨まれたのか、汚職をしているとの告発を一八八二年に受けてしまった[83]。そして、翌一八八三年（光緒九）に病気を理由に吉林将軍を辞した[84]。銘安の打ち出した政策も継続されなかった。次に吉林将軍に就任した希元は、①移民は多くない、②州県衙門を維持する財源がない、③ロシアに備えるための軍官が案件を処理している現状を変える必要はないとし、州県衙門の設置は不要だと一八八五年（光緒十一）に上奏した[85]。

特普欽、崇実・崇厚、銘安は十九世紀後半の新たな状況に対応し、土地を開放して財源にすること、州県制を導入して民人の管理をおこなう方向性を推進した。しかし、こうした政策は必ずしも継続せず、部分的に止まった。とはいえ、土地の開放、州県制の導入はこれまで曖昧であった土地の境界への意識を高めていた。盛京と吉林の境界につ

表5　19世紀における副都統の設置状況

年　次	盛　京	吉　林	黒　龍　江
1843年(道光23)	金州副都統		
1875年(光緒元)	興京副都統		
1878年(　4)			呼蘭副都統
1881年(　7)		琿春副都統	呼倫貝爾副都統
1894年(　20)			布特哈副都統
1899年(　25)			通肯副都統

出典：章伯鋒編『清代各地将軍都統大臣等年表』(中華書局，1965年)94〜104頁より作成。

いては、一八七八年（光緒四）以降境界の画定がおこなわれ、八一年に一応の了解に達した。柳条辺牆による区分とは異なる境界が必要とされ、近代的な行政区画につながる境界の萌芽が見て取れる（鞠殿義　一九八六）。また、民人の開墾地に対する民人の権利も変化していた。清朝は丈量した私墾地は民地とはせず、官地として税糧を徴収して、その税糧を旗人に与えていた。しかし東辺外の開墾地については、一八七八年に民人による売買を認めた。開墾地の売買を認めたということは、その所有権を認めたと解釈できる（満鉄総務部事務局調査課　一九一五、一三一〜一三二頁）。

州県制の導入がおこなわれる一方で、治安維持や防衛力を強化する目的から、旗人を管轄する副都統も十九世紀後半には増設された（表5参照）。アヘン戦争後に盛京沿岸の防備を強化する目的から、一八四三年（道光二十三）に金州副都統が設けられた(86)。興京近隣は清朝の墳墓に近い重要地でありながら、「馬賊」の出没があいついで治安が混乱していた。そこで治安維持の目的から副都統の設置が求められ、一八七五年に興京副都統が設置された(87)。対ロシア防衛を強化するため、呼蘭副都統（一八七八年）、琿春副都統（一八八一年）、呼倫貝副都統（一八八一年）が設けられた(88)。また旗人の管理を強める目的から、一八九四年（光緒二十）には布特哈副都統が、九九年（同二十五）には通肯副都統が設けられた(89)。

軍隊の再建も進められた。盛京では同治年間に西洋式の編成、装備を持つ練軍が編成された。練軍には旧来の八旗兵により編成されたものと、新たに編成されたものとがあった。また、光緒年間以降、関内の軍隊が「客軍」として盛京に移動して配置され、盛京の軍隊は以前に比べて不統一なものとなった。こうした不統一を是正するため、一八八五年に穆図善が弁理東三省練兵事宜に着任した[90]。弁理東三省練兵事宜は盛京、吉林、黒龍江の重要駐防拠点に駐在した副都統を管轄下に置き、各将軍の軍隊への権限は後退した。弁理東三省練兵事宜が持っていた権限で画期的であったのは、盛京、吉林、黒龍江の軍隊を統一的に動かす権限である。清朝がマンチュリア全体を考えて軍事行動をおこなう必要性を認識したので、弁理東三省練兵事宜は設置されたと古市大輔〔二〇〇八〕は指摘している。

軍隊の指揮系統として、李鴻章の権限がおよぶようになった点も新たな動向として指摘したい。一八八〇年（光緒六）に、李鴻章には盛京沿岸部の防衛も担当するようにとの上諭が出された[91]。これを受けて李鴻章は、一例としては一八八五年に鳳凰辺門付近に配下の軍隊を配置して、朝鮮情勢への対応をおこなっていた[92]。

軍隊の構成や指揮命令系統が複数化するなかで、旗人は軍事力の中軸ではなくなった。旗人が修練していた弓矢は兵器の発達により、もはや使われなくなったので、旗人が伝統的な武芸の向上に励む必要性はなくなった。練軍の兵士には旗人もいたが、民人もなることができた。それゆえ、兵士＝旗人という関係性は十九世紀末には薄くなっていた。旗人が持つ軍事的役割は後退したので、旗人を保護する必要性も低下した。旗人の管轄機関は二十世紀になると廃止または縮小され、マンチュリア統治の中心ではなくなっていく。

一八九五年（光緒二十一）に弁理東三省練兵事宜は廃止され、再び各将軍が軍隊の統轄をおこなうことになった。しかし、一九〇七年に各将軍が廃止されると、東三省総督が兼任する東三省督弁が置かれて、東三省の兵事を管轄した[93]。マンチュリア全体の軍事権を統括する役職の必要性は、消滅したわけではなかったことを示している。

一八六〇年代以降、マンチュリアでは土地の開放、民人を誘致した農業振興、州県制の導入がおこなわれた。また軍事力の担い手として旗人の役割は低下してはいたが、副都統を増設して防衛力の強化をおこなっていた。土地の開放は旗人への生計に配慮して、限定的におこなわれたにすぎなかった。清朝はロシアの勢力拡大、民人の増加に対応した政策をおこなってはいたが、これまでの統治機関を維持、活用してマンチュリア統治を継続していたと理解できる。旗人の管轄機関が縮小され、州県制が大規模に拡大するのは、二十世紀まで待たなければならなかった。

六　ロシア、朝鮮との関係変化

1　ロシアとの関係変化

ロシア政府は沿海州への移民を増やすために、一八六一年に沿海州の移民に対しては人頭税の二〇年間免除、二〇年間無料で土地を貸与するという好条件で移民を奨励した。しかし一八六〇～七一年にかけては約四〇〇〇人、七二～八二年の間では約七〇〇人の移住者しか来なかった〔ユ・ヒョヂョン 二〇〇二、二〇三頁〕。また軍事力も微弱であり、ロシアの圧力は軽微であったと考えられる。しかしながら、アムール川流域や沿海州で活動していた「中国人」は、以前と同じ活動ができなくなりトラブルも生じていた。

ロシア領となったハバロフスクより下流に暮らした辺民は大きな影響を受けた。ゴリドなどからなる辺民は、毎年毛皮の貢納のためアムール川に設けられた交易場に赴き、毛皮貢納の代償として清朝から綿製品などを受け取っていた。こうした行為は純粋な商業取引ではなく、政治的な上下関係の承認を含むものであった。ロシア政府は、通商は認めるが、政治的な意味を含む貢納は認められないとした。ロシア政府は国家主権の保持を掲げ、ロシアに住む人はロシアの主権下にあり、他の国の政治的影響は認めないという論理を主張した〔葉高樹 一九九三〕。このため辺民の清朝への貢納は大きく減少した(94)。

狩猟により生活していたオロチョンも影響を受けていた。オロチョンはアムール川左岸で狩猟をおこない、右岸に戻る生活をしていた。アムール川左岸がロシア領となったため、狩猟地は右岸に限定されてしまい、狩猟数は減少してしまった[95]。また、ロシア人の影響を受け、ロシア人の衣服を着たり、ロシア風の名前を名乗るなど、ロシア式の生活を取り入れたオロチョンもいた[96]。

沿海州で砂金を採取していた「中国人」は、国境や領土を意識することなく、ペキン条約締結後も同じように活動したため、ロシア側と衝突していた。ウラジオストクの東南五〇キロの海上にあるアスコリド島（漢名＝青島）では砂金がとれ、「中国人」人夫がその採取をしていた。しかし、一八六七年にロシア側は武力で「中国人」人夫を追い出し、砂金の採取から排除した。翌一八六八年に「中国人」は再びアスコリド島で砂金をとろうとしたことからロシア側と衝突が生じ、これを契機に沿海州のロシア人集落が焼き討ちされるなどの「中国人」とロシア人の紛争が勃発した。この事件をロシア側は「蛮子戦争」と呼んでいる[97]。吉林将軍富明阿は紛争に加わる「中国人」が二〇〇〇人以上に増えたことから事態を重視し、これが清朝内にも波及することを懸念して、琿春駐屯の軍隊に対して事態に備える要請をしていた[98]。

ロシアによるアムール川以北、沿海州の領有以後、それ以前では問題にならなかった行動が国境を越境する不法行為になってしまい、これまでのような自由な往来はできない時代に移行したと指摘できよう。

ロシアとの間には、越界した「中国人」の騒乱や、国境をめぐる見解の相違なども問題であったが、清朝が最も憂慮したのはロシアの軍事力にどう対抗するかであった。一八八〇年（光緒六）の蔭霖復の上奏には次のようにあり、清朝は沿海州におけるロシアの軍事力について情報を収集していた[99]。

吉林はロシア人と国境を接している。東辺には琿春、寧古塔、三姓の三城がある。今日のロシアの患いに琿春が最も近く、三姓が最も危うい。……咸豊十一年（一八六一年）の分界以後、我々は広大なあき地数千里をみすみす失った。綏芬、興凱といった満洲旧部の暮らす場所も敵人に帰した。吉林全省の一〇分の五、六が奪い去られた。なお無傷なのは東辺の三城にすぎず、その三城所属の土地には、まだ土着の居民はいないので、これを失ってもそれを少なくないと感じない。……目下琿春の東の近くにある海山崴地方（ウラジオストク）には、ロシア商が大きな街をつくり、陸海から人があつまり、西洋船や戦艦が停泊している。また海山崴（ウラジオストク）付近は綏芬河や興凱湖（を航行する船舶）の停泊地である。ロシア人は木城、兵舎をつくり、多数の兵士が駐屯する場所とし、その防衛状況ははなはだ秘密である。しかし、数十里はなれた場所で演習の時の砲声が聞こえ、現地の人が伝えるには約二万人の兵士がいるという。

清朝はさらに一八八五年（光緒十一）には曹廷傑を派遣して、沿海州のロシア軍の状況について調査させた。曹廷傑は帰国後に『西伯利東偏紀要』を著し、そのなかで、「吉林の寧古塔、琿春、三姓の三城と接する地には、合計八五八〇名の兵隊がいる」と述べている。[100]

清朝はロシアに備えるため、三姓、寧古塔、琿春を防衛拠点としていた。一八八〇年代の三姓、寧古塔、琿春にどれだけの兵士が駐屯していたのか、その人数を確定することはできないが、『吉林通志』（一八九〇年代に編纂）と『満洲地誌』（日本の参謀本部が一八八九年に刊行）に掲載されている人数をまとめたものが表6である。[101] 人数はそれぞれ一致しないが、琿春には多数の靖辺軍を駐屯させていた点は一致している。清朝は琿春を軍事的に重視していたと考えられる。[102]

清朝はロシア軍に脅威を感じていたが、ロシア軍の状況は実際には脆弱であった。ロシア政府は極東ロシアの軍事力は弱く、清朝や朝鮮に侵攻する能力はないと考えていた。それゆえ、日清戦争前のロシアの対極東政策は現状維持を方針としており、国境を越えることは想定してはいなかった〔佐々木揚　一九八〇・一九八七〕。

清朝とロシアの間での懸案は東部国境の確定であった。ハバロフスクから興凱湖までは河川が国境のため、その境は明確であったが、興凱湖から図們江までは河川や湖などの自然地理により画された国境ではなかった。一八六一年（咸豊十一）に興凱湖界約が締結され、興凱湖から図們江の間に八個の碑を建てて国境とした。[103] 陸上を少数の界碑で画した国境であったことから、国境侵犯をめぐるトラブルが頻発した。そこで一八八六年（光緒十二）に琿春界約が結ばれ、より国境は明確にされた。[104] こうした過程のなかで、一八六〇年以前には存在しなかった国境線がこの地域に暮らす人々の意識の中に形成され、国境の存在を可視化させていたと考えられる。

極東ロシアの状況も変化していた。ロシア政府の移民政策は、一八六〇〜八三年では「中国人」と朝鮮人には自由な入植を認めていた。しかし、一八八四年の沿アムール総督管区の成立後、ロシア政府は移民に対する法律を整備して、その管理を強化した。そのため「中国人」、朝鮮人は、ロシア政府がつくった管理網に把握され、ロシア臣民として生きる方向性をとらされていく〔イゴリ・R・サヴェリエフ 二〇〇五、一三〇〜一四一頁〕。

また、極東ロシアの開発が進み、人口が増えたことはマンチュリアにも影響をおよぼした。極東ロシアの農業生産だけでは、食料を自給することはできなかった。そのためマンチュリアから輸入される食糧に極東ロシアは依存する必要があった。一八七〇年以降、ロシア極東の経済成長にマンチュリア北部は刺激を受け、農産物価格は上昇傾向にあった。その結果、マンチュリア北部への移民の流入をうながし、耕地の開拓が進んだ〔荒武達朗 二〇〇八、一三九〜一七八頁〕。

表6　吉林に駐屯する軍隊の状況

軍隊の種類	駐屯地	『吉林通志』	『満洲地誌』
駐防八旗	寧古塔	1,351	1,439
	三　姓	1,539	1,560
	琿　春	622	462
練　軍	寧古塔	190	189
	三　姓	326	219
	琿　春	—	—
靖辺軍	寧古塔	885	2,179
	三　姓	634	1,274
	琿　春	4,122	2,801

出典：『吉林通志』巻50・52・53，『満洲地誌』313〜315・322〜323・330頁より作成。

一八七一年（同治十）に寧古塔まで旅行したイギリス人のアドキンスは、吉林東部の寧古塔は商業的には繁栄しておらず、イギリス製品は営口から運ばれていると報告していた。総じてアドキンスは、寧古塔近隣の未開発さを述べている。(105) これに対して、一八八六年にマンチュリアを旅行し、寧古塔や琿春も訪れたフルフォードは、これらの都市の商業的発展について述べている。フルフォードは寧古塔や琿春ではウラジオストク経由で運ばれてくるロシア製品が売られており、ロシアとの交易が盛んになったことを指摘している。(106)

極東ロシアとマンチュリアの経済関係の依存は深まっていたが、ロシア政府はこうした状況に賛成してはいなかった。ロシア政府はロシア人以外に依存して極東ロシアを運営することには難色を示していた。他方でロシア政府は、極東ロシアがロシア欧州部からの物資・資金供給に頼らずに、自力で運営していくことを求めた。つまりロシア政府は極東ロシアに対して、「中国人」、朝鮮人にも、ロシア欧州部にも依存することなく、独力で運営することを望んだのであった。しかしながら、それは実現不可能な要求であった。ロシア欧州部に依存しないのであれば、「中国人」、朝鮮人の協力が不可欠であった。その逆に「中国人」、朝鮮人に依存しないならば、ロシア欧州部からの援助が必要であった。現在まで続く極東ロシアのジレンマは、すでに十九世紀後半には顕在化していたのである〔松里公孝 二〇〇八、三二五頁〕。

2　朝鮮との関係変化

康熙年間に清朝と朝鮮は領域交渉をおこない、両者の境は図們江と鴨緑江になった。図們江、鴨緑江を許可なく越えることは禁止され（辺禁）、両江付近は無人地帯になっていた。十七～十八世紀に図們江を越える朝鮮人はいたが、その目的は開墾、移住ではなく、人参採取や狩猟であったので、問題化してはいなかった〔李花子 二〇〇六、第2章、

第3章、第5章〕。しかし一八六〇年代以降状況は変わり、図們江北岸やロシア領の沿海州で農業をおこなう朝鮮人が増えた。

朝鮮は一八六一年にロシアと清朝が共同でおこなった界碑の設置を目撃して、初めてロシアと国境が生じたことを知った。しかし、清朝に対してそうした事実の確認はしなかった。その理由は、藩属国の疆域は宗主国が封じるものであり、藩属国が関与することではないので、照会する必要はないと考えていたからである。またロシアに越境した朝鮮人についても、清朝の責任において刷還するものと考えており、外交に属することに朝鮮は関与せず、清朝の指示によりおこなうという対応を示した〔秋月望 一九九二〕。朝鮮が重視したのは藩属国としての立場であり、ロシアに越境した朝鮮人を自国民として保護するという西洋近代的な国家意識は存在しなかった。

清朝はロシア領への朝鮮人流入を禁止する方針をとった。吉林将軍富明阿は一八六七年（同治六）の上奏文のなかで、ロシア領へ向かう朝鮮人二〇〇名を清朝官憲が見つけたことを報告し、今後も朝鮮人の流入が続くならば、ロシアと朝鮮の結びつきが強くなる恐れがあるので、以後は流入を阻止したいと述べている。[107] さらに一八六九年（同治八）にも朝鮮人の刷還、流出禁止の必要性を上奏し、皇帝の許可も得た。[108]

清朝はロシア官憲にも、ロシア領への朝鮮人流入を禁止する方針を伝えた。しかし、ロシアはこの件は朝鮮と交渉する事柄であり、清朝の関与することではないと返答した。[109] ロシアは清朝と朝鮮が宗属関係にあることを無視したのである。こうした事態に、清朝がどのように対応したのかは不明である。[110] ロシア側は農業労働者として朝鮮人を必要としたため、その移住を奨励した。それゆえ、越境する朝鮮人は止まなかった〔田川孝三 一九四四、五五〇〜五五一頁／イゴリ・R・サヴェリエフ 二〇〇五、二三四〜二三九頁〕。

朝鮮は一八七六年（光緒二）に図們江中の古珥島の開墾を是認し、事実上、辺禁政策を放棄した。朝鮮人による図們江北岸の開墾は拡大し、やがて清朝の知るところとなった。清朝は一八八一年（光緒七）に琿春近隣を調査した李金鏞の報告により、図們江北岸を朝鮮人が耕作し、さらには朝鮮側の咸鏡道官憲の発行する執照を持っていることを知った。吉林将軍銘安は朝鮮人が図們江北岸を耕作し、朝鮮官憲が執照を与えていることは禁止行為であるが、朝鮮人も「天朝赤子」なので、耕作の継続は認めるが徴税には応じさせ、これ以上人数は増えないようにするという方針を上奏した。(11)

一八八二年（光緒八）に清朝は、越境朝鮮人は清朝の民籍に入れることを朝鮮側に通告した。すると朝鮮は方針を転換し、以後は辺禁を厳守し、越境朝鮮人は朝鮮側に刷還することを清朝側に回答した。しかし、越境朝鮮人は朝鮮への刷還に強く反対した。そして朝鮮と清朝の境界は「土門江」であり、その南を流れる図們江ではないので、「土門江」以南、図們江以北の場所を朝鮮人が耕作しても問題はないという主張を、朝鮮官憲を巻き込んで唱えはじめた。そうしたなか、図們江流域では清朝の住民と朝鮮人との対立、衝突も増え、図們江近隣での清朝と朝鮮の緊張は高まった〔田川孝三 一九四四・一九八一〕。一八八五年と八七年（光緒十三）の二回にわたり、清朝と朝鮮は境界の交渉をおこなったが、両者の隔たりを埋めることはできず、話し合いは決着しなかった〔秋月望 一九八九〕。こうした清朝と朝鮮の動向を秋月望〔一九八九・二〇〇二〕は、宗主国と藩属国との境界という意識から、国際法的な国境観へと両者ともに変化はしていたが、中華的な理念と国際法の論理が混在する状態であったと指摘している。

鴨緑江方面では、清朝は柳条辺牆の東側から鴨緑江右岸までは封禁地帯として民人の流入を禁止して、清朝と朝鮮との緩衝地帯としていた〔山本進 二〇一一〕。封禁された鴨緑江右岸で民人が活動したことを、最初に確認したのは朝鮮であった。朝鮮は一八四一年（道光二十一）に鴨緑江右岸で耕作をおこなう民人を確認した。その後も民人は増加したので、一八四六年（道光二十六）に清朝は朝鮮と協力して、鴨緑江右岸の家屋を焼却して、犯禁入植者を捕えた。

以後、清朝は柳条辺牆以東の管理を強化し、民人の流入を防ぐ対策をおこなった〔秋月望 一九八三〕。しかし民人の流入を防ぐことはできず、一八六七年には柳条辺牆の東側には一〇万余人が居住していた。鴨緑江右岸での開墾の進展により、移住、定住する朝鮮人は増え、もはや追い払うという従前の政策では対応できなくなっていた〔山本進 二〇一〇〕。

清朝は一八七六年から七七年〔光緒二〕にかけて、安東県、寛甸県、通化県、懐仁県を設置して、柳条辺牆の東側への州県衙門の設置をおこなった。[112] また、越境朝鮮人には「剃髪易服」〔頭を弁髪にして中国の衣服を着ること〕と清朝の民籍に入ることを推進した〔秋月望 二〇〇二〕。封禁地帯が消滅するなかで、清朝がとった政策は州県制の導入と朝鮮人への管理強化であったと指摘できる。一八七〇年代以降、清朝と朝鮮との間に設定されていた緩衝地帯は縮小し、図們江と鴨緑江が国境線として機能しはじめるという社会変容が生じていたのである。

境域地帯の状況が変わる一方で、一八八〇年代には朝鮮をめぐる国際状況も変化した。一八八二年に朝鮮はアメリカと条約を結び、以後イギリス、ロシア、フランスなどとも条約を締結した。西洋諸国との条約締結は、清朝との宗属関係にも影響をおよぼした。一八八〇年代の変化を岡本隆司〔二〇〇四〕に依拠して筆者なりにまとめると、清朝は朝鮮に西洋諸国と条約を結ばせ、朝鮮は清朝の属国であることを西洋諸国に認めさせようとした。清朝は朝鮮との関係を「属国自主」だと主張したが、清朝は「自主」を名目化する解釈であったのに対して、朝鮮は「自主」が公然と保障されたと考えた。こうした清朝と朝鮮の間に生じた「自主」の解釈をめぐる齟齬は、西洋諸国との対応にも影響をおよぼした。西洋諸国は清朝と朝鮮の主張が違うことから、両者の関係理解に苦しんだ。一八八〇年代では「属国自主」が曖昧に解釈されたことで関係諸国の均衡は保たれたが、一八九〇年代に日本が清朝に対して朝鮮は「自主」だと主張して開戦したことを契機に、曖昧な「属国自主」理解は消滅し、東アジアの国際関係は大きく変容した。

こうした状況下の一八八〇年代においても清朝は朝鮮を属国だと唱え、朝鮮との条約のなかにそれを盛り込んだ。清朝と朝鮮は一八八二年に「中朝商民水陸貿易章程」を、翌八三年（光緒九）には「奉天与朝鮮辺民交易章程」、「吉林朝鮮商民貿易地方章程」を締結した。[113]これら三つの章程にはいずれも「中国優待属邦之意」という条文が存在し、朝鮮と清朝の宗属関係は明文化された。宗属関係の明文化は、近代的な対外関係のあり方に移行したとも評価できるが、清朝の目的は宗属関係の明確化にあった〔秋月望 一九八四・一九八五〕。

宗属関係は維持されたが、交易面で宗属関係を象徴した辺市は、「吉林朝鮮商民貿易地方章程」の締結により終焉した。辺市とは十七世紀中ごろ以来、会寧では毎年、慶源では隔年におこなわれた期間限定の交易である。この交易は等価交換ではなく、藩属たる朝鮮の義務でもあったが、儀礼的な側面だけではなく経済的な必要性も高かったため長期間存続していた。だが、一八八〇年代に辺市は廃止され、以後は随時、規定を遵守すれば自由に交易できる状況に変化した。

宗属関係は変化してはいたが、朝鮮人の意識下に存在した清朝との宗属関係は、すぐには無くならなかった。時期はやや下るが、一九〇三年に日本陸軍の中尉がおこなった咸鏡道西北部の偵察報告書は、朝鮮人の状況について、「茂山以西雲龍以西ノ住民ハ自ラ小国人ト称シ（清国ヲ大国ト呼フ）韓国人タルヲ知ラサルモノ十中ノ八九、殊ニ甚タシキハ自国カ独立国タルヲ知ラサルモノ多シ」と、依然として清朝との宗属関係を意識する朝鮮人が多数いたことを述べている。[114]

清朝は流入する朝鮮人を追い返すことはしなかったが、「剃髪易服」にはこだわった。「剃髪易服」を受け入れた朝鮮人には土地執照を与えて納税を義務づけ、清朝内で生活できるようにした〔姜龍範 二〇〇〇〕。清朝の統治理念から類推すると、「剃髪易服」を承諾した朝鮮人は民人に属したとみなされる。十九世紀後半以降、民人のなかにも漢人、朝鮮人という区別が生じ、以前の状況とは変化が生じていた点を強調したい。

一八九〇年代以降も、清朝と朝鮮の関係調整は続けられた。一八九九年（光緒二十五）には中朝通商条約が締結され、その第十二条には、これまで国境を越えてきた人の安全は保障するが、以後越界は禁止すると決められた(115)。ついで、一九〇四年（光緒三十）には「新定画界防辺条約」（中韓辺界前後章程）が締結され、国境の再調整をおこなった(116)。

以上の考察から、十九世紀後半図們江、鴨緑江が国境として認識されるようになった。しかし、人間の移動は国境認識の形成と連動しておらず、図們江、鴨緑江を越えて流入する朝鮮人が増えていた。清朝は州県制を導入して統治の強化をはかり、越境朝鮮人は民人に含めて清朝の統治に服することを推進した。この結果、人間の分布と国境にはズレが生じてしまい、その後もマンチュリアに暮らす朝鮮人は多く、現在に至っている。

七　旗民制の崩壊と東三省の設置

一八九四年（光緒二十）の日清戦争以後、マンチュリアをめぐる状況は大きく変化した。日清戦争、義和団事件、日露戦争の三度におよぶ戦乱をマンチュリアは経験し、地域社会は甚大な被害を受けた。日清戦争のときには盛京南部で日本軍との戦闘がおこなわれ、戦場となった場所の住民は被害を受けた。義和団事件のときにはロシア軍の侵攻を受け、マンチュリア全土が大きな被害を受けた。日露戦争のとき、清朝は局外中立を宣言したとはいえ、マンチュリアは日本軍とロシア軍の主戦場となり、多数の住民が戦争に巻き込まれた。

戦乱により治安が混乱したにもかかわらず、清朝の軍隊は住民の安全保障には尽力しなかったので、住民は自衛のため郷団を結成した。例えば義和団事件のさい、匪賊の横行に憤った盛京各地の紳士、民人は郷団を設立して、匪賊からの攻撃を防衛した。(117) 後に有力者となり、満洲国政府にも関わる袁金鎧は義和団事件のときに郷団を結成していた〔江夏由樹 一九八八〕。遼西では「保険隊」と呼ばれた自衛団が組織され、経費を払った人々の安全を確保していた。張作霖は保険隊に参加し、以後頭角を現した経歴を持つ〔隋国旗 一九九二〕。郷団、保険隊は公権力とつながるのか、それとも対抗するのか、公権力との関係性がその後のあり方を規定した。公権力との協力を選択した郷団、保険隊は巡警などに再編成され、官の一翼を担う存在へとなっていく。他方、清朝の統治や徴税に不満を持つ郷団、保険隊は反清運動の担い手となり、清朝官憲からは匪賊、「馬賊」と呼ばれる存在になっていた。

三度の戦乱の被害を受けるなかで、中東鉄道が敷設され、マンチュリアは鉄道の時代に突入した。日清戦争後に清朝内では、日本に対抗するにはロシアと結び、マンチュリアの安全を確保すべきだという意見が主張され、「ロシアを羈縻しつつ日本の侵略に備える」という政策が採用された。清朝はロシア政府が露清同盟締結とマンチュリア横断鉄道の建設を不可分だと考えていることを知り、対日軍事同盟である露清密約（一八九六年締結）を結ぶために、敢えてマンチュリアの鉄道利権をロシアに与えた〔佐々木揚 一九七七〕。

中東鉄道の敷設を契機に、マンチュリアへ流入する移民は急増した。趙英蘭〔二〇一一、四二～四三頁〕による推計では、マンチュリアの人口は一八九八年では約七六〇〇万人であったが、一九〇〇年には一二〇〇万人に増えたとしている。一九〇〇年以降人口増加のスピードは速まり、マンチュリアは急速に関内から流入する漢人の活動空間となっていった。移住した漢人は開墾をすすめ、マンチュリアでの農業生産は大きく増加した。三度の戦乱による混乱、鉄道敷設を契機とした移民の増加、開墾の拡大による農業生産の増加という大きな社会変容が一九〇〇年前後のマンチュリアでは生じていた。

黒龍江将軍の恩沢は一八九九年（光緒二十五）に、黒龍江では移民が増え各地に村落ができているので、州県衙門の設置や治安維持のために保甲や団練が必要だと上奏した(118)。黒龍江の呼蘭では、一七八〇年(乾隆四十五)の時点では人口の半分以上は旗人が占めていた(表7参照)。ところが、一九〇九年(宣統元)になると漢人の人口は急激に増え、旗人の人口は全体の一%ほどになってしまった。呼蘭は二十世紀初めには漢人の居住空間になり、旗人は圧倒的な少数者に転落するという社会変容が生じていた。

鉄道敷設を契機とする移民の増加という現象に、これまで清朝がとってきた旗民制ではもはや対応できないことを、清朝も認識するに至った。清朝は、①州県制の拡大、②郷約、保甲の設置、③警察機構の導入により対応した。清朝は一八八八年(光緒十四)以降州県制の導入を中断してきたが、一九〇二年(光緒二十八)に再び始め、吉林に盤石県、長寿県などを設置した(表8参照)。一九〇四年(光緒三十)から一〇年(宣統二)にかけて、次々に州県の設置や撫民庁の府への昇格がおこなわれ、マンチュリアでは急速に州県制が拡大した。一九一〇年時点では二六府、一〇州、五九県が置かれた(表9参照)。

この時期の州県制の拡大で注目したい点は、柳条辺牆の外側にあった「蒙地」に州県制が導入されたことである。一九〇四年に洮南府、靖安県、開通県が置かれた(119)。「蒙地」と盛京は柳条辺牆により画されていたが、柳条辺牆を越えて「蒙地」に州県制が拡大したので「蒙地」の範囲は流動化した。「蒙地」への州県制導入により、盛京(奉天)の管轄区は西側に拡大した。こうした「蒙地」への州県制導入により、「蒙地」で遊牧をしていたモンゴル人は大きな影響を受けた。牧地が農地になり、モンゴル人は西方への移動を余儀なくされた。拡大する漢人の居住範囲、移動するモン

表7 呼蘭の人口動向

	1780年(乾隆45)		1909年(宣統元)	
	人口	割合(%)	人口	割合(%)
漢人	1,711	38.7	665,336	98.8
満洲人	1,358	30.7	5,287	0.8
ダホール人	533	12.1	1,261	0.2
その他旗人	818	18.5	1,486	0.2
合計	4,420	100.0	673,370	100.0

出典：柴三九男〔1934〕120頁より作成。

表8　20世紀以降の府州県設置状況

年　次	盛　京	吉　林	黒　龍　江
1902年(光緒28)		盤石県，長寿県，延吉撫民庁(撫民同知)，綏芬撫民庁(撫民同知)，賓州撫民庁→賓州直隷庁	
1904年(　30)	洮南府，靖安県，開通県		綏化府，巴彦州，蘭西県，木蘭県，余慶県，青岡県，黒水撫民庁(撫民同知)，大賚撫民庁(撫民通判)，海倫直隷庁，呼蘭理事庁→呼蘭府
1905年(　31)	安広県	依蘭府	湯原県
1906年(　32)	遼中県，本渓県，錦西撫民庁(撫民通判)，盤山撫民庁(撫民通判)，法庫撫民庁(撫民同知)，荘河撫民庁(撫民同知)	楡樹県，方正県，臨江州，伯都納撫民庁→新城府	拝泉県，肇州撫民庁(撫民同知)，安達撫民庁(撫民通判)
1907年(　33)	荘河撫民庁→荘河直隷庁，法庫撫民庁→法庫直隷庁	密山府，樺甸県，濛江州，長嶺県	
1908年(　34)	興仁県→撫順県，長白府		黒河府，嫩江府，臚濱府，大通県，呼倫直隷庁，黒水撫民庁→龍江府，海倫直隷庁→海倫府，瑷琿直隷庁
1909年(宣統元)	興京府，醴泉県，営口直隷庁，輝南直隷庁	富錦県，阿城県，穆稜県，額穆県，汪清県，和龍県，樺川県，綏遠州，双城撫民庁→双城府，臨江州→臨江府，賓州撫民庁→賓州府，五常撫民庁→五常府，延吉撫民庁→延吉府，綏芬撫民庁→綏芬府，琿春撫民庁(撫民同知)，東寧撫民庁(撫民通判)，呢嗎口庁(撫民同知)	
1910年(　2)	安図県，撫松県，鎮東県	舒蘭県，徳恵県，双陽県，饒河県	濱江撫民庁(撫民同知)，訥河直隷庁

出典：表2に同じ。

ゴル人という現象は、「蒙地」の状況を不安定にしていた。モンゴル人への対応をどのようにするのか、中華民国期の奉天省統治者にとっても重要な案件となっていた〔松重充浩 二〇〇七〕[120]。

新興移民地区は民政機構が整っていないので、その管理のために郷約が置かれた〔王広義 二〇〇九〕。郷約は土地の丈量、登記をめぐる問題や徴税などに関わっただけでなく、民間紛争を解決する司法的権限も行使した。また、流動性の高い移民社会において治安維持の機能も担った。新興移民地区では官側の力は弱かったので、民側である郷約が官側の施策の不十分な部分を補っていた。官側の管理がゆるいことや官側の補完機能を担ったことから、専横的行動をする郷約も多く、郷約の行動が問題となる場所もあった。しかし民政機構が整ってきた宣統年間になると、郷約は撤廃された〔段自成 二〇〇八〕。保甲はマンチュリア全域ではなく、一部の場所で実施されたと考えられる〔何栄偉 一九九二／趙麗艶 二〇〇〇〕。

警察機構は、盛京では一九〇二年に設けられた[121]。趙爾巽が盛京将軍をつとめたときに、警察の組織や人員は拡充された〔渋谷由里 一九九七／李皓 二〇〇八〕。その結果、一九一〇年には東三省全体で警察に関わる人は二〇〜三〇万人に達したと報告されている[122]。

戦乱による混乱、移民急増への対応が求められたが、マンチュリアは独自の財源に乏しいため、新たな施策をしようにも、財源の枯渇がその実施を拒んでいた。清朝は新たな財源として官地や清朝皇室の土地を払い下げ、財源にあてる政策を推進した。官荘などの払い下げにあたっては、その優先権を荘頭に割

表9　年代別設置状況

年　　次	府	州	県	理事庁	撫民庁	直隷庁
1722年（康熙末年）	2	2	7	—	—	—
1734年（雍正末年）	2	5	9	—	—	—
1795年（乾隆末年）	2	4	8	2	—	—
1820年（嘉慶末年）	2	4	8	4	1	—
1850年（道光末年）	2	4	7	5	1	—
1874年（同治末年）	2	4	7	6	2	—
1900年（光緒前期）	5	6	16	3	6	1
1908年（　　後期）	19	10	44	1	10	6
1910年（宣統末年）	26	10	59	1	9	9

出典：表2より作成。

り当てた。荘頭とは官荘を管理し、税糧の納入を担当していた人々であり、配下の壮丁や佃戸に対しては地主的な支配をおこなっていた。土地の払い下げを受けた荘頭は、官地、皇室所領の管理人から地主へと変化した。

官地の払い下げは財源の確保だけではなく、在地有力者であった荘頭らを地方統治の末端として取り込むことも目的としていた。清朝は土地の払い下げ後も、従前に荘頭が壮丁や佃戸に対しておこなっていた地主的支配を公認した〔江夏由樹 一九八三〕。こうした統治政策は、旗人の生計維持を基調とした以前の政策とは異なるものであった。清朝は旗民制から脱却し、新たな地域秩序の形成に踏み出したと考えられる。

清朝は新たな人材の登用も試みていた。人材登用にあたっては、第一に他省出身の地方官であっても、在地の実情に通じた官吏を養成しようとした。第二に、在地有力者を地方自治の名のもとに諮議局に集め、自治組織を通じて在地勢力と公権力との協力関係をつくろうとした。こうした方向性のもとで、在地の実情に通じた他省出身の地方官が誕生したが、彼らは辛亥革命後には地元出身者に代えられていった〔江夏由樹 一九九〇、三一三〜三一四頁〕。

一九〇五年（光緒三十一）四月に盛京将軍に就任した趙爾巽は、これまでの制度を改める政策を推進した。同年八月には奉天府府尹と盛京五部を廃止した[123]。そして同年十月には、盛京での「旗民不交産」の原則を廃止した[124]。ついに、清朝は康熙年間以来重視してきた「旗民分治」の原則を放棄したのであった。他方、税制改革もおこない、一九〇五年八月に糧饟局、税務局を廃止して財政総局を設置して盛京将軍の管轄下に置いた。翌一九〇六年（光緒三十二）には各地に統捐局を設置するとともに、各種の税捐を撤廃して出産税と銷場税に整理した〔高月 二〇〇六〕。

さらに清朝は一九〇七年（光緒三十三）に官制改革をおこない、盛京将軍、吉林将軍、黒龍江将軍を廃止して奉天省、吉林省、黒龍江省の東三省を設置し、関内各省と同様の総督巡撫制を施行した。初代東三省総督には徐世昌が任命された。副都統も吉林、黒龍江ではすべて廃止された（表10参照）。旗人を統轄した将軍、副都統の廃止は、清朝に

表10　清末における副都統の廃止

年　　次	盛京	吉　　林	黒　龍　江
1905年(光緒31)			斉斉哈爾，呼蘭，布特哈，通肯
1908年(　34)	錦州		黒龍江，墨爾根，呼倫貝爾
1909年(宣統元)		吉林，寧古塔，三姓，琿春，阿勒楚喀，伯都訥	

注：盛京，金州，興京の副都統は清朝滅亡まで存続した。
出典：章伯鋒編『清代各地将軍都統大臣等年表』(中華書局，1965年)105～106頁より作成。

よるマンチュリア統治の主体が、もはや旗人ではなくなったことを表している。

清朝が最も留意していた旗人の状況は大きく変化していた。第一に、軍事技術が発達し、八旗兵が操る弓矢は近代戦においては無用なものとなった。また旗人の頽廃も著しく、かつての尚武の気風は薄れてしまい、軍事力の担い手にはならなくなっていた[125]。第二に、旗人の人口が増えていた。旗人のすべてが兵士になったわけでなく、兵士にはならない旗人もいた。兵士であった旗人は清朝を支える軍事的中核であったので、その待遇は厚かった。旗人全体の人数は十八世紀以降に増加したが、兵士の人数は規定により決められていたので、兵士となる旗人の割合は低下傾向にあった[126]。李林〔一九九二、七三～七五頁〕は新濱県と金県の一族を事例として、旗人中の八旗兵と非兵士の比率を明らかにしている。康熙年間では一：二・五、乾隆年間では一：三・一であったが、道光年間には一：一三・五になり、兵士ではない旗人の割合が急増した。この傾向は続き、光緒年間には一：一七になったとしている。鄭川水〔一九八二〕は旗人中の兵士の人数は正確にはわからないが、一〇％未満だと推測している。旗人全体の人数が増えたため、待遇のよい正規兵になれる割合は低下し、非兵士の不満が増大していたと言えよう。第三に、清朝は十九世紀後半以降財政困難に陥っており、旗人への俸給支給は重い負担であった。清末になると、旗人への俸給は十分には支給できない状況になっていた〔鄭川水　一九八五〕。

以上、①軍事技術の発達、②旗人の人口増加、③清朝の財政困難という要因から、清朝は従前と同様に旗人の生計を保護し、十分な俸給を与えることができなくなっていた。清朝は旗人の立て直しは放棄して、「旗民不交産」の廃止、将軍・副都統の廃止を断行した。そして、州県制の拡大や総督巡撫制の導入をおこない、新たな地域秩序の構築を模索したが、清朝に残された時間はわずかであった。

日露戦争後、内陸部で生産された大豆は鉄道により港湾まで輸送され、日本やヨーロッパに大量に輸出されるようになった。人口が増えたので、住民が消費する物資は増大し、商業取引も活発となった。農産物の輸出増加、人口増加による消費経済の興隆は通貨需要の増大を招き、近代的な銀行が設立された。マンチュリアにおけるヒト、モノ、カネの状況は鉄道敷設、日露戦争を境として、以前とは異なる段階に至ったとみなすことができる。

そうしたなか清朝は滅亡し、旗人を支えた政治権力は消滅した。旗人は満洲人、モンゴル人などへ分化し、民人は漢人、朝鮮人などへ分化していった。マンチュリアでの民族の形成は、旗民制の変容、崩壊のなかで生じていた点を指摘したい。

おわりに

清朝は、盛京では「旗民分治」をおこない、無原則な民人の流入は禁止して、旗人の状況が変化することを防いでいた。吉林、黒龍江では民人の流入は阻止して、民人が旗人を圧迫しないようにしていた。しかし、民人の流入を制限することはできず、雑居する場所が増えてしまった。清朝は理事通判を設けるなどの措置をとって旗民間の調整をおこない、旗人を保護していた。

十九世紀後半、太平天国の乱による関内への軍隊派遣、ロシアの勢力拡大はマンチュリアの動向に大きな影響をおよぼした。太平天国の乱以後、関内からの協餉は滞り、財政状況は悪化した。ロシアに対抗する軍備を増強するため、一部の場所では土地の開放が実施されて軍事費に充当された。州県制の拡大がおこなわれたが、同時に副都統の増設もおこなっており、これまでの統治機構の廃止ではなく修正により対応していた。一方、ロシア、朝鮮との関係性が変化し、アムール川、ウスリー川、図們江、鴨緑江が国境として認識されるようになり、「国境により区画されたマンチュリア」が形成された。

日清戦争、義和団事件、日露戦争の三度の戦乱を経るなかで、「旗民分治」や旗人の生計保護を基調とする旗民制の維持はもはや不可能だと清朝は認識した。「旗民不交産」の放棄、州県制の拡大と旗人の統治機関の廃止、新たに台頭した在地有力者の取り込みなど、清朝は以前とは異なった方向性の政策を推進した。そうしたなか、鉄道敷設を契機に、人口が増加して農業生産が増大するとともに、農産物取引が拡大し、マンチュリアの経済状況は新たな段階に入った。また、土地の払い下げが大規模におこなわれ、地主が生まれていた。マンチュリアの主人公は旗人ではなく、土地の払い下げや大豆の生産・販売に関与した在地有力者へと移行したと理解できよう。

旗人は清朝崩壊後、満洲人、モンゴル人、漢人という今日的な民族集団へと分化していった。旗人の多くは満洲人として生きていくが、旗人＝満洲人、満族ではない(127)。例えば漢軍八旗に属した旗人は、漢族を称する人と、満族を称する人とに分かれていた〔劉正愛 二〇〇六、一〇四〜一〇五頁〕。旗人が民族に分化する過程で、政治権力が設定する民族名称に押し込められる場合もあった。例えば、モンゴル高原のオノン・シルカ河流域からフルンボイル一帯に暮らしていたバルガ人は、康熙年間に八旗に編入された。そして盛京各地の駐防兵となり、鳳凰城と岫巌には一六九二年(康熙三十一)に移駐し、現代に至っている。中華人民共和国の民族区分にバルガ人はないので、人口統計からバルガ人を算出することはできない。しかし近年の調査では、鳳城のモンゴル族の約二五%がバルガ人だとしている〔柳沢明 二〇〇八、五三頁〕。これらの事例から、現在の東三省に住む満族、モンゴル族、漢族の形成過程の理解には、清朝期の考察が不可欠だと言えよう(128)。

十九世紀後半以降のマンチュリアでは、ロシアと朝鮮との国境が可視化し、曖昧であった国境の明確化、人々の行動が国境により規制される現象が生じていた。こうした現象は、マンチュリアに近代の属性が持ち込まれた表れであった。また、一九〇〇年前後の鉄道敷設を契機に人口が急増するなかで、清朝が州県制の拡大、郷約、保甲の設置、警察機構の導入などをおこなったことは、領域への統治力を浸透させ、統治の正当性を主張する近代の属性が持ち込まれた表れであった。マンチュリアで生じていたこれらの現象は、帝国的な特徴を持った地域が、近代主権国家の一部として領域化されていく過程だと理解したい。

註

（1）例えば小峰和夫〔一九九一、六三頁〕は、「清朝は先祖発祥の地である満洲には封禁政策をおこない、漢民族の出入りを禁止していた」、「満洲はけっして満洲族以外の異民族に冒されてはならないと清朝は考えていた」と述べている。こうした叙述をしてしまうのは、戦前の日本に流布した見解に引きずられ過ぎていることと、中国人研究者による研究成果の消化や檔案史料の分析をおこなっていないことに起因している。

（2）清朝全体の統治方針の基本は、旗人と民人とに分けた統治であり、満洲人と漢人という区別ではなかったという見解も主張されている〔頼惠敏 二〇〇七〕。本章の内容もこうした清朝史研究の動向を意識している。

（3）厳密には盛京将軍という官職名はないが、以下では盛京将軍とする。その名称は何回も変わっていた。一六四四年（順治元）内大臣、四五年（同二）阿立哈大、四六年（同三）盛京昂邦章京、六二年（康熙元）鎮守遼東等処将軍、六五年（同四）鎮守奉天等処将軍、一七四七年（乾隆十二）鎮守盛京等処将軍。

（4）『世祖実録』巻七 順治元年八月丁巳。

（5）一七二七年（雍正五）に副都統は三名となった。盛京副都統は牛荘から開原を、錦州副都統は遼西地区を、熊岳副都統は遼東半島、鴨緑江方面を管轄した（『世祖実録』巻五八 雍正五年六月庚子）。

(6)『世祖実録』巻七(順治元年八月丁巳)は一六四四年(順治元)八月に、雄耀城(熊岳)、錦州、寧遠、鳳凰城、興京、義州、新城(不詳)、牛荘、岫岩、東京、蓋州、耀州、海州、鞍山、広寧の一五ヵ所に満洲章京、漢軍章京、城守官を設けたと記述している。ところが、『清会典事例』巻五四四 兵部三官制「盛京等処駐防」には、一六四四年に満洲章京、漢軍章京、城守官を設けた場所は、熊岳、錦州、鳳凰城、寧遠、興京、遼陽、牛荘、岫岩、義州、蓋州、海州、耀州の一二ヵ所としている。鞍山、広寧、新城(不詳)はあげられておらず、『清会典事例』と『世祖実録』の記述は一致しない。

(7)『八旗通志初集』巻一八 土田志一。

(8)一九五〇年代の中華人民共和国下でおこなわれた調査では、遼寧省興城県の旗人の来歴形態には二つあり、一つは明末に清軍が錦州を攻略した後居住するようになった「満洲旗人」、もう一つは順治、康熙年間に錦州に荘園がつくられ、関内からやってきて旗籍に編入された「漢軍旗人」であったとしている。「満洲旗人」と「漢軍旗人」の両者により現在の満族は形成されており、一九五三年時点で「満洲旗人」の割合は約一〇%、九〇%は漢軍旗人だと述べている。しかし、約三〇〇年前の状況に関する聞き取り調査であり、その信憑性には疑問が残る(民族問題五種叢書遼寧省編輯委員会編 一九八五、二〇五頁)。

(9)『世宗実録』巻五八 雍正五年六月庚子。

(10)『盛京通志』巻二三 戸口志。

(11)「工科給事中李宗孔疏言、各官選補、倶按年分輪授、独招民百家送盛京者選授知県、超于各項之前。臣思此輩、驟得七品正印職銜、光栄已極、豈在急於受任。請以後招民応授之官、照各項年分、循次録用。上是之、随諭吏部、罷招民授官之例」(『聖祖実録』巻二三 康熙六年七月丁未)。

(12)『郎潜紀聞』初集巻一、一三丁には次のようにある。「康熙初年、例凡招民百家送至盛京、優敍知県。謂之招民知県。後経王文靖公疏言、恐有不肖奸民、借貲為市、貽害地方、宜改授散秩、以絶徼倖、従之」。

(13)『碑伝集』巻一二「王熙伝」の康熙五年から同七年以前の部分には次のようにある。「疏請改招民授官之例。近例、招民百家、優授知県。夫県令宰治百里、撫綏衆民、関係匪軽、倘有不肖之輩授以此職、則百姓之累無窮。況招民百家、送至盛京、往来之貲非数千金不足、不惜数千金而得一県令、則借資為市、其心可知。既希図謀利、其一邑之民安危又可知。臣愚、以為嗣後招民百家之人、応給与閑散官名色、頂帯、牌匾、族奨、勿授以理民之職任」。

(14) 吉田金一〔一九八四、六八〜六九頁〕も、筆者とほぼ同じ見解を述べている。

(15) 『高宗実録』巻一〇二　乾隆四年十月丙戌。

(16) 『聖祖実録』巻一二　康熙三年五月甲午。

(17) 『世祖実録』巻一〇九　順治十四年四月戊戌。

(18) 『世祖実録』巻一二〇　順治十五年九月庚子、『聖祖実録』巻一五〇　康熙三十年三月庚子。

(19) 昭槤『嘯亭雑録』巻四「盛京五部」。

(20) 『聖祖実録』巻二六六　康熙五十四年十一月丁未。

(21) 筆者は、塚瀬進〔二〇〇八ａ、二七一頁〕では民政機関として州県衙門が、軍政機関として将軍、副都統、城守尉が置かれたと表現した。民政機関、軍政機関という用語は史料上にはなく、筆者がその機能を解釈して論文中で使用したものである。軍政機関という用語は、軍事、軍隊に関する案件だけを管轄する機関を指す場合に使われる。旗人を管轄した副都統、城守尉は旗人の管理、旗地からの徴税など民政的なこともおこなっていた。それゆえ本書では軍政機関という用語は使わないことにした。清代マンチュリアの行政機構は現代国家のそれとは似ている点もあるが、異なる点も多い。現代国家のあり方から類推した用語を不用意に使うならば、現代国家の状況に引っぱられたイメージを持ってしまい、その実態を誤解することにつながってしまう。

(22) 『高宗実録』巻一一五　乾隆五年四月甲午。

(23) 「封禁政策」に関する研究史は、塚瀬進〔二〇〇八ｂ〕を参照。

(24) 誤解のないように付け加えるが、清朝はマンチュリアを「封禁の地」にしてはいなかった、などと主張しているのではない。清朝は皇室の墳墓や人参、東珠の産地は「封禁の地」にしており、自由な立ち入りは禁止していた。こうした封禁と、一七四〇年（乾隆五）に出された乾隆帝の上諭の内容とを混同するのは問題だと主張している。かかる内容の指摘は、すでに戦前において柴三九男〔一九四一〕がしている。

(25) 筆者は、清朝はマンチュリアで「封禁政策」を実施するという命令は発布してはいなかったので、その廃止を表明することもなかったと考えている。清朝皇帝が「封禁政策」を廃止したという上諭を、筆者は未見である。清朝が十九世紀末以降おこなった土地政策は、個別の場所の土地払い下げの許可であり、マンチュリア全域の開墾許可などは出していなかった。

(26) 清代前半期の研究動向については、塚瀬進〔二〇一三〕を参照。

(27) 厳密には吉林将軍という官職名はないが、以下では吉林将軍とする。名称は、一六五三年（順治十）寧古塔昂邦章京、六二年（康熙元）鎮守寧古塔等処将軍、一七五七年（乾隆二十二）鎮守吉林等処将軍と変わった。一六七六年（康熙十五）に寧古塔から吉林へ移駐。

(28) 呉振臣『寧古塔紀略』。

(29) 『粛宗実録』巻三 粛宗元年五月甲戌。

(30) マンチュリアの先住民に関する研究史については、塚瀬進〔二〇一二〕を参照。

(31) 厳密には黒龍江将軍という官職名はないが、以下では黒龍江将軍とする。正式な名称は、鎮守黒龍江等処将軍（一六八三年〈康熙二十二〉）である。一六八五年（康熙二十四）に璦琿から墨爾根へ、九九年（同三十八）に斉斉哈爾へ移駐した。

(32) 塚瀬進〔二〇一二〕が取り上げている、柳沢明、楠木賢道らの研究を参照。

(33) 「吉林将軍為派員巡緝輝法、土門江事的奏折」（同治十二年十一月。『琿春副都統衙門檔案選編』上）一一二〜一一三頁。

(34) 『高宗実録』巻一〇二三 乾隆四十一年十二月丁巳。

(35) 『仁宗実録』巻一六四 嘉慶十一年七月乙丑。

(36) 『仁宗実録』巻一九六 嘉慶十三年閏五月壬午、同巻二三六 嘉慶十五年十一月壬子、『宣宗実録』巻六五 道光四年二月丙午。

(37) 『仁宗実録』巻一九〇 嘉慶十二年十二月丙戌、『宣宗実録』巻一〇〇 道光六年七月丙戌。

(38) 『宣宗実録』巻三〇 道光二年二月壬辰。

(39) 『世宗実録』巻五一 雍正四年十二月戊寅。

(40) 『世宗実録』巻八〇 雍正七年四月己亥、『高宗実録』巻二三 乾隆元年七月丁酉。

(41) 『高宗実録』巻二八四 乾隆十二年二月壬戌。

(42) 『雍正朝満文朱批奏折全訳』上（黄山書社、一九九八年）六一四〜六一五頁。

(43) 『高宗実録』巻一〇一三 乾隆四十一年七月己亥。

(44) 『仁宗実録』巻一四九 嘉慶十年八月己亥。

(45)『世宗実録』巻一三三　雍正十一年七月甲午。
(46)『世宗実録』巻一四四　雍正十二年六月壬申。
(47)『高宗実録』巻二八四　乾隆十二年二月壬戌。
(48)『高宗実録』巻七二〇　乾隆二十九年十月癸巳。
(49)『高宗実録』巻九〇五　乾隆三十七年三月辛亥。
(50)『仁宗実録』巻六八　嘉慶五年五月戊戌。
(51)理事同知（理事通判）と似た官職名として撫民同知、撫民通判があった。撫民同知、撫民通判は民人を管轄する官職であり「漢缺」であった。
(52)『高宗実録』巻六七六　乾隆二十七年十二月己亥。
(53)『高宗実録』巻七四八　乾隆三十年十一月戊寅。
(54)一七四七年（乾隆十二）に永吉州が廃止され、理事同事が置かれたことを吉林庁の設置だと考える見解が多い。しかし理事同事の職務は旗民間の紛争解決であり、一定の領域を管轄するものではなかった。そのため吉林庁という行政区画を管轄していたわけではなかったという見解が出されている〔任玉雪 二〇一一、八四頁〕。任玉雪〔二〇一一〕は「庁」の機能について考察を加え、当初は旗民間の紛争解決を職務としたが、しだいに行政区域を持つようになり、清末になると民人の統治に重点を置いた撫民庁、直隷庁が設けられたと主張している。『大清実録』での吉林庁の初出は一八一〇年であり、このころ吉林庁として認識されるようになったと考えられる（『仁宗実録』巻二三六　嘉慶十五年十一月壬午）。長春庁の初出は一八〇六年、伯都訥庁の初出は二六年である（『仁宗実録』巻一六四　嘉慶十一年七月乙丑、『宣宗実録』巻一一〇　道光六年十一月丙戌）。
(55)『宣宗実録』巻三八九　道光二十三年二月庚辰。
(56)『高宗実録』巻一四三三　乾隆五十八年七月庚申。嘉慶年間の『仁宗実録』には多数の木匪が東辺で活動していた記事がいくつも載っている。
(57)清代のマンチュリアをめぐる露清関係史の研究動向については、塚瀬進〔二〇一四〕を参照。
(58)『仁宗実録』巻一五六　嘉慶十一年正月戊辰。

(59) アムール川下流域でツングース系の言語やニブヘ語を話す人々は、アイヌや日本人から「サンタン人（山丹、山靼、山亘）」と呼ばれた。
(60)『文宗実録』巻二二八 咸豊七年閏五月辛丑。
(61)『吉林通志』巻三〇 食貨志三、田賦下。
(62)『吉林通志』巻五二 武備志三、兵制三。
(63)『黒龍江述略』巻五 兵防。
(64)『文宗実録』巻三三九 咸豊十年十二月壬午。
(65)『光緒朝東華録』巻一四 光緒三年二月戊申。
(66)『光緒朝東華録』巻一五 光緒三年三月戊午。
(67)『光緒朝東華録』巻一 同治十三年十二月戊子。
(68)『光緒朝硃批奏摺』第八五輯（光緒八年八月六日）九一一頁。
(69)『清史稿』巻四五三、列伝二四〇。
(70)『光緒朝東華録』巻二四 光緒四年十月庚寅。
(71)『徳宗実録』巻五四 光緒三年七月丁丑。
(72)『徳宗実録』巻六九 光緒四年三月壬子、同巻七七 光緒四年八月戊戌。
(73)『光緒朝硃批奏摺』第九二輯（光緒六年十月二十日）五一五～五一六頁。
(74)『光緒朝東華録』巻二四 光緒四年十月庚寅。
(75)『徳宗実録』巻一三三 光緒七年閏七月丙午。
(76)『徳宗実録』巻一四〇 光緒七年十二月丁卯。また『光緒朝東華録』巻四六 光緒八年正月乙卯も参照。
(77)『光緒朝東華録』巻四二 光緒七年閏七月。
(78)『徳宗実録』巻一二三 光緒六年十一月丁丑。
(79) 靖辺軍の沿革、編成については、『吉林通志』巻五二 武備志四、兵制四を参照。
(80)『徳宗実録』巻一三一 光緒七年六月辛卯。

(81)『徳宗実録』巻一三四　光緒七年八月庚申。
(82)『光緒朝硃批奏摺』第九二輯（光緒八年五月二日）五五四〜五五五頁。
(83)『徳宗実録』巻一五五　光緒八年十一月辛丑。
(84)『徳宗実録』巻一六〇　光緒九年二月乙亥。
(85)「吉林将軍希元奏寧姓琿等処不宜添設道府庁県等官折」（光緒十一年十月十三日、『清代吉林檔案史料選編　上諭奏折』）九〜一一頁。
(86)『宣宗実録』巻三八九　道光二十三年二月庚辰、同巻三九二　道光二十三年五月己未。
(87)『穆宗実録』巻三七一　同治十三年九月己酉、『徳宗実録』巻八　光緒元年四月甲午。
(88)『徳宗実録』巻八二　光緒四年十一月丙寅、同巻一二九　光緒七年四月己未、同巻一三〇　光緒七年五月丁卯。
(89)『徳宗実録』巻三四一　光緒二十年五月乙巳、同巻四三一　光緒二十四年十月癸未。
(90)『徳宗実録』巻二一八　光緒十一年十月丁亥。
(91)『徳宗実録』巻一〇八　光緒六年六月己丑。
(92)「甘軍移駐鳳凰辺門摺」（『李文忠公全集』奏稿五五　光緒十一年十月二十六日）。
(93)『東三省政略』巻四　軍事「紀東三省督練処」。
(94)佐々木史郎〔一九九一〕はレニングラードの人類学民族学博物館に所蔵されている満洲語の公文書を発見し、その内容はアニュイ川（ドンドン川）流域で暮らした辺民の郷長を任命した光緒年間の文書だと考証した。そして、清朝の辺民への影響力はロシア領となった十九世紀後半でも残っていたと主張した。しかし松浦茂〔二〇〇六、三七四頁注39〕は、光緒年間に辺民に公文書を出すことが一般的におこなわれていたかは疑問だとし、今後の課題だと述べている。
(95)『黒龍江述略』巻四　貢賦。
(96)『東三省政略』巻一　辺務「呼倫貝爾篇」。
(97)「蛮子戦争」については、ユ・ヒョヂョン〔二〇〇二、二七一〜二一九頁〕、イゴリ・R・サヴェリエフ〔二〇〇五、一二三頁〕を参照。
(98)『籌弁夷務始末　同治朝』巻五八　同治七年四月甲子。

(99) 「吉林与俄人接境、在東辺三城、曰琿春、曰寧古塔、曰三姓、今日俄患、惟琿春最近、惟三姓最危。……自咸豊十一年分界後、不但我之空曠間地坐失数千里、若綏芬、興凱、満洲旧部処所亦帰敵人、吉林全省削去十之五六。其猶為無傷者、不過以東辺三城尚在、其三城所属之地、尚無土着居民、故失之不覚其不少耳。……刻下琿春東距近之海山崴地方、為俄商巨鎮、其地陸海輻輳、洋船、戦艘萃聚於中。又附近海山崴即綏芬、興凱泊地、該夷築有木城、兵房、為屯聚重兵之所在、捍禦甚秘。但於数十里外、時聞演習槍砲之声、土人相伝屯兵有二万余人之衆」（荘吉発〔一九七八、九六～九七頁〕）。出典は「月摺檔」光緒六年正月）。
(100) 『曹廷傑集』上（中華書局、一九八五年）、七九頁。
(101) 『満洲地誌』は国書刊行会が一九七六年に復刻したものを参照した。
(102) 『籌弁夷務始末　同治朝』巻六八　同治八年九月丁亥。琿春には協領が置かれていたが、一八七〇年には副都統衙が置かれた（『穆宗実録』巻二八六　同治九年七月戊辰）。
(103) 『中外旧約章彙編』一、一六〇～一六三頁。
(104) 同右、四八八～四九八頁。
(105) Note by Consul Adkins on North-Eastern Manchuria, and Memorandum on Journey to Ninguta. Commercial Reports from Her Majesty's Consuls in China. 1871. *Irish University Press, Area Studies Series, British Parliamentary Papers, China*, Vol. 10.
(106) Despatch from Her Majesty's Minister at Peking, forwarding a Report by Mr. H. E. Fulford, Student Interpreter in the China Consular Service, of a Journey in Manchuria. ibid, Vol. 22.
(107) 『清季中日韓関係史料』同治六年二月十四日。
(108) 『清季中日韓関係史料』同治八年十月二十七日、『穆宗実録』巻二九二　同治九年十月癸巳。
(109) 『籌弁夷務始末　同治朝』巻七七　同治九年九月丙子。
(110) 戦前に書かれた田川孝三〔一九四四、五八七頁〕は、これ以上清朝はこの問題に関与することを欲しなかったので、対応を打ち切ったのであろうと述べている。しかしなぜ関与を欲しなかったのか、その理由については述べていない。戦後になりさまざまな史料が刊行されたが、筆者の見た範囲では、清朝のこの案件に関するその後の対応について記述した史料を探すことはできなかった。

(111) 『光緒朝東華録』光緒七年十月辛巳。
(112) 『光緒朝東華録』光緒三年二月戊申。
(113) 『中外旧約章彙編』一、四〇四〜四〇七・四一八〜四二一・四四四〜四四七頁。
(114) 「咸鏡道西北部偵察報告書」(陸軍省編纂『明治卅七八年戦役陸軍政史』第一巻、湘南堂書店、一九八三年)三六九頁。
(115) 『中外旧約章彙編』一、九〇九〜九一三頁。
(116) 『中外旧約章彙編』二、二八一〜二八二頁。
(117) 『光緒朝東華録』巻一五八 光緒二十六年正月乙卯。
(118) 『宮中檔光緒朝奏摺』一二(一八九九年〈光緒二十五〉二月)六四九〜六五一頁。
(119) 満洲国地方事情編纂会『奉天省洮南県事情』(一九三六年)七五五〜七五七頁。
(120) 内モンゴル東部の社会変容についての研究史は、塚瀬進〔二〇〇七〕を参照。
(121) 『奉天通志』巻一四三 民治志二 警察。
(122) 『宣統政紀』巻四二 宣統二年九月己巳。趙英蘭〔二〇〇七〕は、マンチュリアの住民は二十世紀には保甲や警察制度による管理に移行したという論点を主張している。
(123) 『徳宗実録』巻五四八 光緒三十一年八月丙午。
(124) 『徳宗実録』巻五五〇 光緒三十一年十月癸卯。
(125) 参謀本部編〔一八八九、三一七頁〕は、「八旗駐防ノ制ハ……年月ヲ経過スルノ久キ軍紀頽廃シ驍勇ノ気風ヲ失ヒ、只其部落ニ於ル旗人ノ種類ヲ区分スルノ称呼ニ止リ、軍隊ノ編成ニ関係ナキカ如キニ至レリ。現今ニ於テハ一隊一伍中各旗人ヲ混成スルモノアリ、八旗各称ハ恰モ日本ノ源、平、藤、橘各々其姓ヲ同クセサルカ如シ。然モ同旗人ハ自ラ互ニ相ヒ親密ナル愛慕心ヲ有シ、他ノ旗人ト同シカラサルヲ異ナリトス」と記述している。
(126) 嘉慶帝は一八〇八年(嘉慶十三)に斉斉哈爾、瑷琿、墨爾根、呼蘭の旗人の状況について取り上げ、兵士以外の旗人が増えており、兵士と同じ待遇を望む声が非兵士の旗人のなかには強いが、兵士を増やすことは難しいと述べている(『仁宗実録』巻一九一 嘉慶十三年正月丙午)。

(127) 中華人民共和国での満族の定義は多岐におよんでおり、現在満族と呼ばれている人々の来歴は複雑であり、歴史的な満洲人とは必ずしも一致しないことが主張されている〔細谷良夫 一九九〇〕。

(128) 日露戦争後、マンチュリアに勢力拡大した日本は多数の調査報告書を残したが、旗人の動向についてはあまり述べていない。旗人の社会的影響力が減退した点、清朝滅亡時に旗人は打倒の対象となったので社会から隠れて暮らす旗人が多かった点から、調査にあたった日本人の目にその動向が触れることは少なかったと考えられる。しかしながら満洲国期になり、土地権利関係の整理がおこなわれたさい、清朝のときに形成された旗人と民人との間の土地権利関係が依然として存在することが判明した。そうした土地権利関係は満洲国政府による土地整理を阻む要因となっていた。つまり、マンチュリア社会の底辺に残る旗民関係は満洲国期においても影響をおよぼしており、旗民関係の考察は満洲国期の理解にあたっても必要だと主張したい。

Ⅲ　清末から中華人民共和国の成立まで

第一章 清末・中華民国期、鉄道敷設による社会変容

はじめに

一九〇〇年前後に中東鉄道（長春～大連間は日露戦争後に満鉄となる）と京奉鉄道が敷設されたことから、マンチュリアは鉄道の時代に突入した。鉄道の総距離は一九一〇年代には三〇〇〇キロを超え、一九四五年には約一万一〇〇〇キロに達した（塚瀬進 一九九三、二九頁）。鉄道の敷設はマンチュリアの社会経済に大きな影響を与えていた。

鉄道が敷設されたことから人々の移動は容易になり、関内から来る移住者が増え、マンチュリアの人口は増加した。一八九八年の人口は約七六〇万人であったが、一九〇七年には約一四〇〇万人になり、一九三〇年には約三〇〇〇万人に達した（塚瀬進 一九九三、三〇頁）。人口が増えたことから開墾が進み、農地は拡大し、農業生産は増加した。マンチュリアの農業生産について組織的調査がおこなわれた一九二〇年代以降、変動はあったとはいえ、作付面積、収獲高ともに増加傾向にあったことが明らかにされている（山本有造 二〇〇三、九八～九九頁）。

鉄道敷設は移住者の増加だけでなく、マンチュリア内陸部で生産された農産物の大量輸送を可能とした。一九〇八年にヨーロッパ市場への大豆輸出が始まると、大豆には旺盛な需要があることが判明した。それゆえ、生産した大豆を売却して、鉄道により大連まで搬出する商業的農業がマンチュリアでは急速に拡大した。大連から輸移出された大豆は、一九〇七年では四万トンにすぎなかったが、〇九年には四六万トンに、二九年には二一三万トンに達した（塚瀬進 二

〇〇五、七〇〜七一頁）。農産物は鉄道沿線を目指して輸送されたので、鉄道を基軸とした通商ルートが形成された。そして、商業的農業の発展は人々の間に通貨需要を引き起こし、通貨の流通が増えるという現象を生じさせていた。

本章では、鉄道敷設の結果として生じていた社会変容の様相を農業生産の変化、通商ルートの変化、金融状況の変化の三点から考察する。その際、鉄道敷設と河川の状況に基づいて、①満鉄沿線、[1]②中東鉄道沿線、[2]③京奉鉄道沿線、[3]④奉吉・吉敦鉄道沿線、[4]⑤間島地域、[5]⑥四洮・洮昂・打通鉄道沿線、[6]⑦鴨緑江流域、[7]⑧松花江流域、[8]⑨アムール川流域[9]の九区に分け、各地区での社会変容について明らかにしてみたい。[10]

一　農業生産の変化

マンチュリア全体の農業生産は増加傾向を示していたが、各地区別に検証すると必ずしも一様に増加していたわけではなかった。

普通作物の作付面積は表11のように推移していた。増加が顕著な地区は、第二区（中東鉄道沿線）、第六区（四洮・洮昂・打通鉄道沿線）、第八区（松花江流域）であった。これら以外の地区は停滞的な動向を示している。第九区（黒龍江流域）は農業生産には適していなかったので、作付面積はわずかにすぎない。

次に表12から、大豆、コーリャン、アワの生産量の推移を見てみたい。大豆は主として販売を目的に生産された商品作物であり、コーリャンとアワは自給用に生産されていた。大豆の生産量は、第二区（中東鉄道沿線）では一九二九年まで大きく増えたが、その後は減少している。第四区（奉吉・吉敦鉄道沿線）も同様の傾向を示している。他の地区では、大豆はあまり増えていない。第一区（満鉄沿線）、第三区（京奉鉄道沿線）、第六区（四洮・洮昂・打通鉄道沿線）

表 11　各地区別普通作物作付面積（単位：100 ㎢）

年度	1	2	3	4	5	6	7	8	9
1915	291	275	80		7*	43	18	48	
1925	246	429	77	124	18*	86	20	60	
1929	251	560	82	129	23	103	21	109	1
1932	255	565	80	135	22	95	22	132	4
1938	315	528	91	128	22	134	22	118	4
1941	338	547	93	132	23	145	24	96	4

註：第 5 区は 1913 年，1924 年の数値。1　満鉄沿線地域，2　中東鉄道沿線地域，3　京奉鉄道沿線地域，4　奉吉・吉敦鉄道沿線地域，5　間島地域，6　四洮・洮昂・打通鉄道沿線地域，7　鴨緑江流域地域，8　松花江流域地域，9　黒龍江流域地域。

出典：満鉄調査課『人口耕地及農産物ヨリ見タル満蒙ノ大勢』（1919 年）307～316 頁，満鉄庶務部調査課『東三省農産物収穫高予想　大正 14 年度第 3 回』（1926 年），『満洲産業統計』『満洲農産統計』各年版より作成。

表 12　各地区別主要農産物収穫高（単位：万 t）

年度	作物名	1	2	3	4	6	8
1921	大豆	88	71	20	33	13	11
	コーリャン	124	70	47	49	17	11
	アワ	61	49	20	34	10	7
1925	大豆	98	149	15	55	23	24
	コーリャン	146	136	46	59	40	11
	アワ	66	127	18	37	22	11
1929	大豆	83	239	9	62	23	54
	コーリャン	129	130	77	44	51	19
	アワ	62	140	10	39	37	25
1932	大豆	95	170	10	69	19	42
	コーリャン	115	85	68	43	35	17
	アワ	55	107	8	34	20	22
1938	大豆	101	190	12	59	22	41
	コーリャン	163	101	59	40	46	17
	アワ	53	134	8	20	34	25
1941	大豆	90	127	11	35	10	27
	コーリャン	158	93	64	37	33	13
	アワ	64	122	10	32	27	14

註：第 5 区，第 7 区，第 9 区の生産量は少量のため除外した。

出典：表 11 に同じ。

では自給用作物のコーリャン、アワのほうが商品作物の大豆より多い。その反対に、第二区（中東鉄道沿線）、第四区（奉吉・吉敦鉄道沿線）は大豆の生産がコーリャン、アワを上回っている。

以上のような動向は、どのような要因から生じていたのか、以下では鉄道敷設、開拓年代との関係から考察してみたい。

中東鉄道沿線（第二区）では、鉄道敷設以前に土地の払い下げがおこなわれた限定的な場所で、自給用のアワ、コーリャンが栽培されていただけであった。[11] 日露戦争後に中東鉄道の運行が本格的に始まると、中東鉄道により輸送される農産物の数量は大きく増えた。大豆の輸送量は一九〇七年では約二万トンにすぎなかったが、一〇年には約三〇万トンになり、二九年では約二五〇万トンに達した。農産物の輸送量も一九〇七年は約二〇万トンであったが、二九年には約三七〇万トンに増えた。(12) 中東鉄道の開業後、とくにハルビン以西の開拓が進み、大量の農産物が生産された。農産物のなかでも、商品作物の大豆が最も多く生産された。一例として、双城県（中東鉄道南部線沿線）の農産物の作付歩合の変化について見てみたい（表13）。一九〇七年ではコーリャンとアワが第一に作付されていた。しかし一九一一年以降では大豆の作付歩合が増え、コーリャンやアワを上回っている。中東鉄道沿線では、鉄道開業後に開拓が進展して農業生産が増加したこと、および大豆を軸とした農業生産がおこなわれるようになった点を指摘したい。商品作物の割合が高い農業生産をしていたことから、世界大恐慌による影響を強く受け、一九三〇年代になると大豆の生産量は減少していた。

満鉄沿線（第一区）の開拓の歴史は古く、満鉄の開業時点ですでに未耕地は少なかった。それゆえ、満鉄開業により移民が流入して開墾が進められ、農業生産が増大するという現象はあまり生じていなかった。また、商品作物の大豆に重点を置いた農業生産もおこなわれていなかった。とくに開拓の歴史が古い奉天以南の一一県(13)では、作物の作付歩合はほとんど変わっていない（表14）。中東鉄道沿線のように、大豆の作付を増やして、コーリャンなどの作付を減らすという農業生産は、奉天以南ではおこなわれていなかった。満鉄が輸送した大豆は開原以北から搬出されたものであり、とくに長春と中東鉄道

表13　双城県農産物作付歩合の変化（単位：%）

品目	1907	1911	1925	1929	1932	1938	1941
大豆	11.3	25.0	28.9	24.4	27.5	33.2	26.4
小麦	20.0	20.0	18.9	16.0	12.6	10.8	7.7
コーリャン	27.0	18.1	20.5	20.6	20.5	18.7	18.6
アワ	27.0	10.0	20.8	20.9	21.1	22.0	21.9

出典：ボロバン『北満洲墾務農業誌』（1910年），「北満洲ニ於ケル物資流動状況」（『資料彙存』6，1913年），『東三省農産物収穫高予想——大正14年度』（1925年），『満洲産業統計』『満洲農産統計』各年版より作成。

表14　奉天以南11県の作付歩合の推移（単位：%）

品目	1910	1929	1941
大豆	22.5	21.3	21.1
コーリャン	32.4	30.6	33.6
アワ	15.4	11.1	8.8

出典：『現満洲』（遼東新報社，1912年）27～32頁，『満洲産業統計』『満洲農産統計』各年版より作成。

連絡運輸の占める割合は三〇〜五〇％に達した。それゆえ、満鉄は中東鉄道沿線で生産された大豆の吸収に尽力し、運賃政策などに工夫をこらしていた〔金子文夫　一九九一、四〇二〜四一〇頁〕。

京奉鉄道沿線（第三区）では大豆よりコーリャンの生産のほうが多かった。その理由は、第一には、京奉鉄道沿線は開拓の歴史が古いことから人口が稠密であった。そのため食用となる自給作物のコーリャンの地場消費が多いことであった。第二に、京奉鉄道により奉天、天津、北京などの大都市と通じていたため、都市住民に販売する商品作物としてコーリャンの需要が多かった点が指摘できる[14]。

四洮・洮昂・打通鉄道沿線（第六区）は「蒙地」に属しており、十九世紀末以降に土地の払い下げがおこなわれ、農業がおこなわれるようになった。四洮鉄道の開業後（一九二三年）では多くの移民が沿線に流入し、開拓が進んでいた[15]。大豆よりコーリャンの生産量のほうが多かった要因として、コーリャンのほうが旱水害に強いことと、農業経営は粗放的であったのでコーリャンのほうが適していた点が指摘されている[16]。大豆の生産量も増えてはいたが、コーリャンやアワよりも多くはない。鉄道開業により大豆の生産が志向される傾向はあったとはいえ、限定的であった[17]。つまり、四洮・洮昂・打通鉄道沿線では、必ずしも大豆生産に特化した農業生産はおこなわれていなかったと指摘できる。

以上の検討から、中東鉄道沿線では開墾の進展による農耕地の拡大と大豆に重点を置いた農業生産がおこなわれていたこと、満鉄沿線や京奉鉄道沿線では農耕地はそれほど増えず、大豆だけを重視した農業生産はおこなわれていなかったことが明らかになった。一般的に農業生産動向は鉄道などの交通機関の整備による影響も受けるが、それだけがすべてではなく、農業生産を取り巻くさまざまな要因によって規定されている。耕地面積や農業生産量の推移からだけでは、農業生産におよぼしていた影響が鉄道敷設によるものなのか、他の要因からなのか確定することはできない。[18] しかし、中東鉄道沿線のように未耕地が多く、人口が稀薄な場所では、鉄道の敷設が農業生産の増加をもたらした決定的な要因であったと指摘できる。

二　通商ルートの変化

本節では鉄道敷設が通商ルートの変化にいかなる影響をおよぼしていたのか、水運への影響、新たな商業中心地の勃興、新線建設による影響、運賃政策による影響の諸側面から考察してみたい。

満鉄の開業以前では遼河の水運により営口まで輸送される農産物が多かった。[19] しかし満鉄開業後、鉄道により物資は輸送されるようになり、遼河流域の商業中心地に影響をおよぼしていた。なかでも鉄嶺と遼陽は影響を受けていた。満鉄開業後、開原駅が大豆集散地として勃興し、鉄嶺に出回る大豆は頭打ちになった。[20] 遼陽は太子河を利用した水運により営口と取引していたが、満鉄開業後では煙台、立山などの近隣各駅に物資は集散されるようになった。[21] 水運の運賃は鉄道より安かったので水運が選択されることもあり、すぐに遼河による水運が消滅したわけではなかった。[22] しかしながら、一九二〇年代後半になると遼河の水運の輸送量は大きく減り、その歴史的役割は終えたと評価できる〔塚瀬進　一九九三、九九〜一〇〇頁〕。鄭家屯は遼河の水運により営口と取引していたが、一九一七年に四鄭鉄道が開業すると、物資輸送は水運から鉄道へ、取引先は営口から四平街、大連に変化した。[23] 以上から、鉄道の営業開始後、水運は衰退し、物資輸送は鉄道に取って代わられていたと指摘できよう。

鉄道沿線は物資集散に便利であったことから、鉄道沿線には商業中心地が勃興した。こうした商業中心地として最も代表的な都市はハルビンであった。ハルビンは鉄道敷設が始まった一八九八年では、松花江右岸にあった小集落にすぎなかった。[24]ところが中東鉄道の開業後、大連までの支線の分岐点になったことから人口は急増した。一九〇三年では四・五万人であったが、三〇年代には五〇万人を超える大都市になっていた（塚瀬進 一九九三、五五頁）。西部線沿線の安達は、中東鉄道の駅が建設されるまでは無人の地であった。[25]しかし、近隣の青崗県、明水県、拝泉県、克山県などからの農産物の集散地となり、その発送量は増加して商業中心地となった。[26]

牡丹江は中東鉄道開業後に商業中心地となったが、後背地の拡大ができなかったため、その商圏は小さかった。[27]ところが一九三五年に図寧線（図們～牡丹江間）が、三七年には佳木斯と接続する図佳線（図們～佳木斯間）が開業したことから、牡丹江の商圏は拡大した。人口も一九四一年には一九万人に急増し、製材業やパルプ業などの工場建設もおこなわれ、牡丹江は一大都市へと変貌した。[28]新線建設が牡丹江の成長をうながしたと指摘できよう。

鉄道沿線を基軸に商業中心地が形成される一方、沿線から離れた場所にあった商業中心地は衰退を余儀なくされた。例えば、法庫門は内モンゴルとの通商ルートに位置し、往来する馬車は多かった。[29]しかし満鉄沿線には位置しなかったので、満鉄開業後は鉄嶺に物資は吸収されてしまい、その商圏は縮小した。[30]中東鉄道の開業以前、ハイラルの南にある甘珠爾廟では定期市が開かれ、牛や羊、日用品の取引がおこなわれていた。ところが鉄道開業後ではハイラルや満洲里で時期を問わずに取引ができるようになり、甘珠爾廟の定期市は衰退してしまった。[31]

新線建設により通商ルートが変転した場所としては間島をあげたい。一九一七年に清会鉄道（清津～会寧）が開業したことから、間島は朝鮮方面との取引が増えた。[32]清会鉄道開業により朝鮮方面との取引が増えたことから、龍井村が商業中心地として勃興した。一九二三年に天図軽便鉄道の龍井村～上三峰間が開業すると、朝鮮経由の物資は鉄道により龍井村へ運ばれ、龍井村が通商ルートの結節点となった。[33]ところが一九三三年に京図線（新京～図們）が開業すると、図們が商業中心地となった。図們は一九三一年時点では人口わずか一七〇〇人の街にすぎなかったが、三五年には約二・八万人に増えていた[34]。一九三五年には図寧線（図們〜牡丹江）が、三七年には図佳線（図們〜佳木斯）が開業したことから図們の後背地は拡大し、商業中心地として図們は龍井村を凌駕するに至った。

満鉄沿線では満鉄を基軸に通商ルートは形成されたが、一九二〇年代後半以降、新線開業により通商ルートは変化していた。一九二七年に瀋海鉄道（奉天〜海龍）が開業すると、それまで開原に搬出されていた大豆は、瀋海線により輸送されるようになった[35]。このため開原に出回る大豆は減少し、特産商も買い付け地を瀋海線沿線に移したことから、開原の大豆市場としての機能は低下した[36]。一九二九年に吉海線（吉林〜海龍）が開業すると、それまで公主嶺に出回った大豆は吉海線沿線に吸収され、公主嶺に搬出される数量は減少してしまった[37]。

鉄道の運賃政策によっても通商ルートは影響を受けていた。中東鉄道の運賃政策は、日露戦争まではロシア製品の輸出を促進する一方、マンチュリア産農産物のロシアへの流入阻止を基調としていた。しかしながら、日露戦争後に長春〜大連間が日本へ譲渡されたことを受けて、一九〇八年に大幅な運賃改正をおこなった。その内容は満鉄との対抗を基調にしていた。具体的には満鉄経由でハルビンまで輸送される貨物と、大連まで南行する農産物には高運賃を設定した。このため、一九一二年まで中東鉄道による南行貨物は少なく、多くは東行により輸送された〔塚瀬進 一九九三、六一頁〕。

ロシア革命後、中東鉄道をめぐる状況は変わり、その輸送動向も変化した。変化としては東行貨物の減少、南行貨物の増加が指摘できる。南行貨物が増加した理由は、満鉄が南行に有利な運賃を設定した点にあった。満鉄は一九二一〜二二年におこなわれた中東鉄道との連絡運輸会議を有利に進め、南行貨物には特別割引運賃を設けることに成功した[38]。ところが、満鉄にとって有利な状況は長くは続かなかった。二四年以後、中東鉄道は再び満鉄との対抗を基調にした運賃政策を実施した[39]。このため東行貨物は増加し、一九二六〜三〇年では一〇〇万㌧を超えた。南行貨物も増加しており、貨物をめぐる中東鉄道と満鉄との争いは満洲事変まで続いた。そして一九三五年にソ連は満洲国へ中東鉄道を売却し、両者の競合は終了した〔麻田雅文 二〇一二〕。

鉄道の敷設は通商ルートに大きな影響をおよぼしていた。商業中心地の盛衰は、鉄道によりどれだけの後背地を持つことができるかにかかっていた。二十世紀以降のマンチュリアに社会変容をもたらしていた要因として、鉄道の敷設・運行を指摘したい。

三　金融状況の変化

マンチュリアでは現銀や現銭の流通は少なかったので、十九世紀中ごろでは商人が発行する私帖が通貨として広く使われていた。私帖は兌換のための準備金以上の金額が発行される傾向にあったことから、その信用は不安定であり、流通範囲も限定的であった。十九世紀末になると商業取引が拡大したことから、通貨の移動を伴わない振替決済制度が普及し、現銀の不足を補った（例えば営口の過爐銀）。清朝は銀貨・銅貨・銀票・銭帖を発行して、増大した通貨需要に対応しようとしていた。その結果、清末には都市部では銀円（現小洋）とその兌換券、吉林・黒龍江の農村部では銀建て官帖の流通が拡大した〔山本進 二〇〇九、一八五〜二〇七頁〕。こうした状況は鉄道の運行により人口が増えたこと、商業取引が増大したことから変容していた。

中東鉄道は運賃や鉄道従業員の賃金としてルーブル貨を使用していたので、沿線ではルーブル貨が流通した。また、ルーブル貨は営口などの遠隔地との取引決済に用いられた。官帖は省域を越えて流通することはほとんどなく、省域外との決済に使うことは難しかった。例えば、ハルビン〜営口間の決済には、ハルビンでルーブル貨を購入し、営口に送金する取引決済が広くおこなわれていた[40]。

鉄道沿線から離れた場所では、吉林官帖や黒龍江官帖が主に使われていた。吉林官帖は一八九八年に吉林将軍が設立した永衡官帖局が発行を始めた。一九〇九年には永衡官銀銭号が設立され、吉林官帖の発行、省財政の統轄をおこなった〔劉万山 一九八七〕。吉林官帖は当初は額面の二割は硬貨への兌換を明記していた。ところが、一九一一年以降では二割兌換の明記はなくなり、不換紙幣となっていた[41]。

黒龍江官帖はルーブル貨と私帖の駆逐を目的として、一九〇四年に官民半額出資により設立された広信公司が発行を始めた。中東鉄道開業後、商業取引が増大して貨幣需要が高まったこと、納税に使うよう清朝が指示したことから、黒龍江官帖の流通は拡大した。しかし、十分な準備金を持たないなかで乱発的に発行されたため、黒龍江官帖の価値は下落していた[42]。黒龍江官帖の流通を支えるため、一九〇八年に黒龍江官銀号が設立され、銀元票と銅元票を発行して黒龍江官帖の整理回収を試みた[43]。だが、黒龍江官帖の価値は安定せず、以後も黒龍江官帖の価値変動は大きかった。

中東鉄道沿線では鉄道沿線は外国通貨のルーブル貨が使われ、沿線から離れた場所では中国側通貨の官帖が使われていた。こうした外国通貨と中国側通貨との住み分け状況は、満鉄沿線でも形成されていた。以下では満鉄沿線の状況について見てみたい。

満鉄沿線では、一九〇五年に盛京将軍の趙爾巽により設立された奉天官銀号（一九〇八年に東三省官銀号と改称）が発行する、小洋銀を基礎とした小洋票が流通していた[44]。小洋票の流通は拡大したが、関内に流出する小洋銀は多く、小洋票の相場は下落した。その一方で日本資本の銀行が設立され、紙幣を発行した。一九〇八年に横浜正金銀行支店が開設され、軍票の回収にあたるとともに鈔票の発行をおこなった。一九一三年には朝鮮銀行支店が開設され、朝鮮銀行券（金票）の発行をおこなった〔金子文夫 一九九一、3章・6章〕。鈔票や金票は主に貿易金融に使われ、日本人以外が日常取引で使うことはほとんどなかった。

日露戦争後、大量の通貨が必要とされる状況が生まれるとともに、商業取引の内容が多様化したので、以前のようなバーター的な取引は限界にきていた。営口の過爐銀に代表されるような振替決済制度では、対応できない状況が生じていた〔小瀬一　一九八九〕。一九〇七年の東盛和破産事件により過爐銀の限界は明らかになったので、外国通貨を使った決済が普及するようになった〔倉橋正直　一九八二〕。

鉄道敷設後の金融状況の変化として、第一には、通貨需要が増大し、大量の通貨を供給する状況が生じた。第二に、振替決済制度はバーター的な取引状況下では有効であったが、鉄道敷設により増加した商業取引には対応できず、制度自体が衰退した。第三に、地域間決済にはルーブル貨や朝鮮銀行券などの外国通貨が使われるようになった点が指摘できる。

中東鉄道沿線で流通したルーブル貨はロシア革命により、その価値を喪失した。新たに決済貨幣として登場したのは朝鮮銀行券（金票）であった。中東鉄道沿線に朝鮮銀行券が流通するようになったのは、日本軍のシベリア出兵を契機としていた。(45) 朝鮮銀行券はルーブル貨に代わって中東鉄道沿線に登場したが、その役割は決済通貨であり、「中国人」間で流通することはほとんどなかった。(46)

一方、東三省政権もロシア革命により生じた新たな状況を利用して、幣制改革を試みていた。一九一九年に東三省政権は金融混乱の収拾を目的に、中国銀行、交通銀行に大洋票の発行を認可した。この大洋票には「哈爾浜」という印刷があったことから「哈大洋」（以下、哈大洋票）と通称された。中国銀行、交通銀行はハルビンでは哈大洋票の無制限兌換を表明したこと、中東鉄道が哈大洋票を運賃として受け入れたことから、その流通は拡大した。(47) 東三省政権は一九二〇年十月に東三省銀行を設立して、哈大洋票の発行に着手した。一九二〇〜二一年に東三省政権は中国銀行と交通銀行の哈大洋票発行額に制限を加え、東三省銀行の哈大洋票発行額を第一にする政策をおこなった〔味岡徹 一九八三〕。東三省政権は哈大洋票の価値を維持するため、さまざまな対策をおこなったので、吉林官帖や黒龍江官帖に比べて、その価値相場は安定していた。だが、その流通範囲は中東鉄道沿線に限られており、沿線から離れた内陸部の農村では流通していなかった。

鉄道敷設を契機に拡大したマンチュリア経済は、より多くの通貨を必要とする状況を生み出し、張作霖政権も新たな通貨を導入していた。中華民国期になると満鉄沿線では小洋銀の流出は激しくなり、小洋票の流通量が増えたことから、銀貨と紙幣の相場に差が生じてしまった。このため小洋票を銀貨に兌換して、小洋票相場の下落に対処しようとする兌換請求が発生し、金融状況は不安定化した(48)。一九一六年に奉天省の権力を掌握した張作霖は金融安定化の対策を講じ、一七年十二月に滙兌券という紙幣を発行した。滙兌券は北京と天津の東三省官銀号の営業所において、上海へ為替送金するさいには額面相当の上海規銀為替を交付するという、特殊な規定に基づいて発行された(49)。実際に北京や天津に赴いて兌換する人はいないことを想定して発行されていた。こうした規定により発行された理由は、奉天での兌換請求を回避し、上海規銀とリンクすることで相場の安定化をはかるためであった。

第一次世界大戦によるマンチュリア経済の活況と世界的な銀価の高騰に助けられ、滙兌券の流通範囲は拡大した。張作霖政権は滙兌券による金融安定化を確固とするため、一九一九年に中国銀行、交通銀行が発行する大洋票の兌換義務を剝奪し、滙兌券と同性質の紙幣へと変更させた(50)。そして一九二〇年には「査禁私帖考成弁法」を制定して、各地で流通する私帖の禁止を徹底させた〔海放 一九八六〕。こうした経過をたどり、一九二〇年代になると滙兌券(以下、奉天票)は奉天省の中核的な通貨となった(51)。

しかしながら基本的に奉天票は不換紙幣であり、張作霖政権が発行する信用証券ともみなせる紙幣であった。したがって、その相場動向は経済的要因だけでなく、政治的影響も受けざるをえなかった。一九二〇年代に張作霖は中央政界への進出をもくろみ、二二年に第一次奉直戦争、二四年に第二次奉直戦争などの軍事行動を繰り返した。こうした軍事行動のたびに奉天票は下落した。一九二五年後半以降奉天票の下落は激しくなり、奉天票に代わる通貨の創出が求められた。一九二九年五月に東三省官銀号、辺業銀行、中国銀行、交通銀行は遼寧四行号連合発行準備庫を組織して現大洋票の発行を開始した。現大洋票は奉天票に代わって流通を拡大し、奉天票下落によるインフレは終息へと向かった〔西村成雄　一九九二〕。

以上をまとめると、中東鉄道沿線では現大洋票、その沿線の内陸部では吉林官帖、黒龍江官帖が使われ、地域間決済には当初はルーブル貨が、ロシア革命後は朝鮮銀行券が使われていた。満鉄沿線では奉天票、現大洋票が使われ、地域間決済には鈔票（横浜正金銀行発行）や朝鮮銀行券が使われていた。

外国人商人にとって、複数の通貨が機能を住み分けて使用されていたことは、取引上の障害となっていた。例えば、中東鉄道沿線の内陸部で大豆を買い付けたり、雑貨を販売するには官帖が必要であり、官帖以外の通貨を農民が受け取ることはなかった。金融機関が不備な内陸部の農村で取引をおこなう場合、多額の官帖を携帯する不便さと苦闘しなければならなかった。[52]また、朝鮮銀行券は営口などの南部の商業中心地との決済に不可欠であったが、中東鉄道沿線のどこでも入手できる通貨ではなかった。チチハルでは朝鮮銀行券の入手が難しかったため、営口との決済は一度ハルビンを経由する方法がおこなわれていた。[53]

決済にあたっては中国人商人も苦労していた。瀋海鉄道沿線の朝陽鎮では、鉄道開業以前は朝陽鎮まで馬車で農産物を搬出し、その帰り荷として雑貨を購入するというバーター的な取引をしていた。それゆえ決済は特定の糧桟や雑貨店でおこなわれ、為替に頼ることは少なかった。ところが、瀋海鉄道開業後は奉天との取引がおこなわれるようになり、決済は為替でおこなわれた。朝陽鎮には為替を取りあつかう信頼できる金融機関はないため、海龍にある東三省官銀号支店に赴く必要性が生じていた。また、盤石では吉海鉄道開業後に奉天へ搬出される農産物は増えたが、奉天と直接決済する手段はなかった。このため、以前から取引関係を持つ長春を経由して、奉天と決済していた。(54)

おわりに

概括的に鉄道は、移民の増加、農業生産の増加、商業的農業の拡大、通商ルートの動向、商業中心地の盛衰に影響を与えていた。しかしながら、マンチュリア全域でこうした状況が一律に進行していたわけではなかった。農業生産の増加は中東鉄道沿線では生じていたが、京奉鉄道沿線や満鉄沿線は開拓時期が早かったことから、農業生産は鉄道が開業しても大きくは増えなかった。中東鉄道沿線では鉄道敷設後に商業的農業が拡大し、商品作物として大豆が選択されたが、京奉鉄道沿線ではコーリャンが選択されていた。こうした相違は沿線地域が鉄道の影響をどのように受け止めたかの結果であり、沿線地域の歴史的特徴が反映していたと指摘できよう。

通商ルートの動向、商業中心地の盛衰に鉄道は決定的な影響をおよぼしていた。鉄道開業後に水運は大きな影響を受け、水運により栄えた商業中心地は衰退した。鉄道沿線から離れた都市は、鉄道沿線の都市に商業的機能を吸い取られていた。間島において顕著に現れていたが、新線の開業は通商ルートを変化させ、それに伴い商業中心地も交替していた。通商ルートに位置した商業中心地は人口を増やし、都市化が進んだ。二十世紀以降のマンチュリアにおいて、鉄道敷設と都市化との相関関係は高い。関内では定期市がおこなわれた商業中心地が稠密に分布していた。これに対してマンチュリアは定期市網ではなく鉄道駅が流通の結節点となっており、関内とは異なっていたことが主張されている〔安富歩 二〇〇九a〕。また、満洲国期においても鉄道沿線の都市人口は増えたが、沿線から離れた都市は停滞していた〔安富歩 二〇〇九b〕。

鉄道開業後、商業取引が増大したことから通貨需要が増し、過爐銀のような決済システムでは対応できなくなった。社会的通用性の高い通貨を、通貨需要に見合うだけ供給する必要があった。しかし、現銀の増加は望めなかったので、兌換紙幣の価値維持はマンチュリアでは難しかった。この限界を突破したのが奉天票であった。また、遠隔地間の決済ではルーブル貨や金票という外国通貨を利用するという特異なシステムを創出していた。

鉄道開業後、マンチュリアは世界市場への農産物（大豆）の輸出により経済成長していた。清朝の統治者たちに、こうした経済成長を政策的に達成する意図はなかった。旗民制の維持が限界に達し、新たな地域秩序を州県制の拡大、総督巡撫制の導入により試みるなか、外国資本が敷設した鉄道の運行が始まり、マンチュリアは鉄道の影響を受けて社会変容していったと指摘したい。

張作霖政権は大量に輸出されるようになった大豆に着目した。第一に、大豆の流通過程に税を課した。鉄道沿線に搬出される大豆は大量であったので、大豆流通から多額の税収を得ていた。第二に、奉天票を増刷して大豆を買い付け、大豆を売却するときには鈔票や金票で決済した。これは通貨発行権を持つことを利用した蓄財であった。奉天票を発行するには、極端に表現すれば印刷代しかかからないが、そうして発行された奉天票が大豆売買を通じて鈔票や金票に換わると価値を持つに至るというシステムを張作霖政権はつくっていた〔西村成雄 一九八四、一四二〜一六六頁〕。張作霖政権はこうして得た収入を使って軍事力を増強し、中華民国期の混乱した政局に対処していた。

以上をまとめると、鉄道開業によりマンチュリア内でのヒト、モノ、カネの動きは大きく活況化した。大豆の生産状況、世界市場での大豆の相場動向、鉄道路線やその運行状況、紙幣の価値変動などが、マンチュリアの社会変容に影響をおよぼす時代になったと指摘できよう。

註

（1）満鉄沿線として区分するのは、鉄嶺、開原、法庫、西豊、昌図、伊通、梨樹、懐徳、双陽、長春の北部地方の一〇県、復、蓋平、荘河、岫巌、鳳城、本渓、海城、安東、営口、遼陽、遼中、瀋陽、関東州の南部地方の一二県一州、合計二二県一州である。

（2）中東鉄道沿線として区分するのは、吉林省、黒龍江省の四七県である。内訳は、ハルビン地方の一三県（呼蘭、巴彦、蘭西、東興、綏化、慶城、綏楞、鉄驪、浜江、阿城、海倫、望奎、通北）、東部線地方の七県（五常、珠河、葦河、延寿、寧安、東寧、穆稜）、西部線地方の一八県（龍江、訥河、克山、龍鎮、甘南、景星、富裕、克東、徳都、青崗、拜泉、明水、嫩江、安達、林甸、依安、肇州、肇東）、南部線の五県（扶余、楡樹、双城、農安、徳恵）の合計四三県である。

（3）京奉鉄道沿線として区分する場所は、綏中、興城、錦西、錦、義、盤山、北鎮、黒山、台安、新民の一〇県である。

（4）奉吉・吉敦鉄道沿線として区分する場所は、永吉、舒蘭、額穆、敦化、樺甸、盤石、輝南、濛江、東豊、西安、海龍、柳河、新浜、撫順、金川、清原の一六県である。

（5）間島として区分するのは延吉県、琿春県、和龍県、汪清県の四県である。

（6）四洮・洮昂・打通鉄道沿線として区分する場所は、彰武、康平、通遼、遼源、双山、長嶺、膽楡、開通、安広、洮南、洮安、鎮東、大賚、泰来、突泉、乾安の一六県である。

（7）鴨緑江流域として区分する場所は、寛甸県、桓仁県、輯安県、通北県、臨江県、長白県、安図県、撫松県の八県である。

（8）松花江流域として区分する場所は、賓県、木蘭県、通河県、方正県、依蘭県、湯原県、樺川県、富錦県、同江県、饒河県、勃利県、宝清県、虎林県、綏濱県、撫遠県、密山県の一六県である。

（9）黒龍江流域として区分する場所は、璦琿県、奇克県、遜河県、烏雲県、仏山県、蘿北県、呼瑪県、鷗浦県、漠河県、奇乾県、室葦県の一一県である。

（10）清末から中華民国期にかけての社会経済史に関する研究史については、塚瀬進〔二〇一二〕を参照。

（11）「支那東部鉄道敷設ノ線路」（『通商彙纂』六六、一八九七年）。

(12)『中東鉄路運輸統計一九〇三―一九三〇』(一九三二年)五三〜五五頁。
(13)復、蓋平、荘河、岫巌、鳳城、本渓、海城、安東、遼陽、遼中、瀋陽。
(14)加悦秀二「経済上より見たる奉山鉄道」(『満鉄調査月報』一二―一二、一九三二年)。
(15)満鉄庶務部調査課『洮索間各地方調査報告書』(一九二四年)五〜七頁、「穀類輸出状況(洮南)」(『日刊 海外商報』九〇三、一九二七年)。
(16)「洮南の現況」(『満蒙』四一、一九二三年)、満鉄鄭家屯事務所『鄭家屯付近一帯ニ於ケル農業事情』(一九三五年)二九頁。
(17)実業部臨時産業調査局調査部第一科『農村実態調査一般調査報告書　康徳三年度――龍江省洮南県』(一九三六年)二五〜二六頁。
(18)農耕地の拡大は清末以降に清朝や張作霖政権がおこなった、大規模な土地の払い下げにも起因している。土地の払い下げを受けた地主は、農民を招致して開墾にあたらせていた。鉄道により流入してきた移住者を吸収する土地が存在した点も、農業生産が増加した要因として指摘したい。
(19)クラッセン「鉄道敷設以前に於ける満洲の交通及び経済地理的状態」(『東亜経済研究』一八―三、一九三四年)。
(20)「鉄嶺四十一年中貿易事情」(『通商彙纂』五四、一九〇九年)。
(21)「遼陽状況一班」(『農商務省商工局臨時報告』一〇、一九〇四年)、「南満洲鉄道沿線各地経済事情」(『満蒙経済事情』一一、一九一七年)一一六頁。
(22)満鉄調査課『南満洲経済調査資料』三(一九一〇年)一一〜一三頁。
(23)満鉄庶務部調査課『大連港背後地の研究』(一九二三年)四五頁。
(24)China, Imperial Maritime Customs, *Decennial Report, 1902–11*, Harbin.
(25)「安達站」(『東省経済 月刊』三―九、一九二七年)。
(26)横浜正金銀行調査課『北満安達事情』(一九二九年)三〜一二頁。
(27)「東満洲の工業状況並主要会社工場」(『海外経済事情』三、一九三八年)。
(28)「五年度東満特産界回顧」(『牡丹江商工月報』一七、一九三九年)。

(29) 外務省『南満洲ニ於ケル商業』(一九〇七年) 四九九頁。
(30) 「奉天省法庫県事情」(『通商公報』六、一九一三年)、「奉天省法庫、康平両県下に於ける産業現況」(『海外経済事情』二四、一九三八年)。
(31) 「甘珠爾廟定期市概況」(『海外経済事情』四七、一九三四年)、「甘珠爾廟市の概況」(『満鉄調査月報』五―一〇、一九三五年)、「興安北省新巴爾虎左翼甘珠爾廟会状況報告」(『内務資料月報』一―五、一九三七年)、北満経済調査所『甘珠爾廟会定期市』(一九三九年)。
(32) 『満洲事情――第二輯(第二回)』一五四頁。
(33) 「東部吉林省経済事情」(『経済資料』一四―二、一九二八年) 二四〇頁。
(34) 鉄路総局『京図線及背後地経済事情』(一九三五年) 三七三頁。
(35) 「開原地方旧年末商況」(『日刊 海外商報』一一〇二、一九二八年)。
(36) 「鉄嶺及開原地方昭和五年末経済界状況」(『海外経済事情』七、一九三一年)。
(37) 「中満農村に於ける国内市場発展の一考察」(『満鉄調査月報』一七―一、一九三七年)。
(38) 満鉄哈爾浜事務所調査課『東支鉄道貨物運賃研究』(一九二五年) 三六・五三～五四頁。
(39) 「東支鉄道幹部更迭に伴う運賃政策の変更と満鉄の対策」(『現代史資料33 満鉄3』みすず書房、一九六七年)。
(40) 満鉄調査課『北満洲経済調査資料』(一九一〇年) 七二頁。
(41) 南郷龍音「吉林官帖の研究(一・二)」(『満鉄調査月報』一一―一一・一二、一九三六年)。
(42) 「黒龍江省ニ於ケル流通通貨ニ就テ」(『農商務省商工彙報』一、一九一一年)。
(43) 孔経緯主編『清代東北地区経済史』(黒龍江人民出版社、一九九〇年) 四四五～四四八頁。
(44) 関東都督府『趙将軍の財政々策ト奉天ノ恐慌』(一九〇七年) 4章・6章。
(45) 『朝鮮銀行史』(東洋経済新聞社、一九八七年) 一七九～一八四頁。
(46) 満鉄庶務部調査課『哈爾浜大洋票流通史』(一九二八年) 一一六頁。
(47) 前掲『哈爾浜大洋票流通史』一～八・二〇～三二頁。
(48) 朝鮮銀行調査局『奉天支那銀行兌換問題沿革』(一九一七年) 六～一〇頁。

（49）三菱合資会社資料課『奉天票に就て』（一九二六年）五〜七頁。
（50）南郷龍音『奉天票と東三省の金融』（満鉄庶務部調査課、一九二六年）一〇〇〜一〇一頁。
（51）China, Imperial Maritime Customs, *Decennial Report, 1922-31*, Shenyang. 奉天票は「悪貨の代名詞」などと評されることもあったが、こうした評価は一九二五年以降に激しく下落したことに起因している。一九二〇年代前半では奉天票の価値は安定しており、奉天省内の金融の安定化をもたらしていた。奉天票による幣制改革が成功した側面を評価した研究には、Ronald Suleski〔1979〕、魏福祥〔一九八九〕がある。
（52）満鉄哈爾浜事務所『北満奥地地方における見本展示旅行の経過並各地商業事情』（一九三〇年）二・五九頁。
（53）「斉斉哈爾に於ける為替業務」（『東洋貿易研究』八―七、一九二九年）。
（54）奉天鉄道事務所『吉海線及其ノ背後地調査』（一九二九年）。

第二章　満洲国の政策と社会の反応

はじめに

満洲国政府は工業化政策や統制経済の推進など、以前にマンチュリアを統治した政治権力とは異なる政策を実施した。こうした諸政策の立案過程や実施状況についての研究は進んでいる。しかしながら、これらの研究は総じて満洲国統治による被害の検証に性急なあまり、政策実施とその結果を直接的に結びつける傾向が強い(1)。それゆえ、政策執行過程での問題点については十分に検討されているとは言い難い。実施された政策はマンチュリア社会をどのくらい動かしたのか、政策は社会のどのレベルにまで浸透したのかなど、総じて支配を受けとめた社会の側から、満洲国の実施した政策の影響を検討しようとする視角は、これまでの研究では稀薄であった。

本章では、満洲国政府の政策は満洲国下で暮らした「中国人(2)」に大きな影響をおよぼしてはいたが、その行動のすべてを規定したわけではなく、マンチュリア社会の歴史的特徴や「中国人」の民族性により規定された側面も大きかったという観点から考察を進める。満洲国政府が実施した政策に、マンチュリア社会がどのように反応していたかを検討することにより、満洲国期に生じていた社会変容の様相について考察してみたい。換言すれば、本章の目的は「支配と抵抗」という二元論的観点からではなく、マンチュリア社会の地域性という側面から満洲国統治がおよぼした影響を検証することである。

一　工業化政策の推進とその影響

満洲国政府がおこなった政策として工業化政策はよく知られているが、建国後すぐに大規模な工業化政策が実施されたわけではなかった。建国からしばらくは「一業一社主義」により特殊会社、準特殊会社を設立して経済建設をおこなう政策が推進された。この時点では、満洲国の生産力を国家的な統制のもとで引き上げる構想はなかった。特殊会社による経済建設は芳しい成果をあげておらず、生産力そのものの拡充をおこないたかった関東軍、満洲国政府は、「満洲産業開発五ヵ年計画」（以下「五ヵ年計画」）を策定して一九三七年から実施した。

一九三七年七月の日中戦争の勃発により、鉄鋼、石炭などの軍需物資の生産計画は「五ヵ年計画」において大きく引き上げられ、対日供給を目的とする鉄鋼、鋼塊、石炭などの生産部門の拡充が始まった。また、日本からの輸入に依存していた物資の満洲国内での自給が叫ばれた。日中戦争の長期化により、生産力の拡充を目的とした「五ヵ年計画」の推進は困難になった。一九四〇年五月に満洲国政府は総合的な産業開発計画は放棄して、石炭や鉄鋼などに重点を置く「重点主義」への変更を表明した。一九四一年になると新規事業や設備増設は抑制し、「生産量の拡大」を第一に生産活動は進められた〔原朗　一九七二、一〇七〜一〇八頁〕。

以上をまとめると、満洲国政府が実施した工業政策は、建国以来一貫した方針、主義のもとでおこなわれてはおらず、満洲国をめぐる内外情勢を受けて修正を繰り返していた。一九三七年の日中戦争勃発以後では、軍需物資の生産量増加が主要課題となり、生産力の拡充は退けられてしまった点を強調したい。

こうした経済政策の推移のもとで、工業生産はどのように変化していたのか見てみたい。満洲国以前では大豆を原料にした油房業などの、農産物を原料とする工業が大きな比重を占めた。「五ヵ年計画」実施以前の満洲国工業は大豆油製造業を中軸とする化学工業が最大の生産部門であり、それに紡織工業と食料品工業を加えると生産額全体の六割を占めていた。つまり軽工業段階にあったと指摘されている〔風間秀人 二〇〇七、二三頁〕。軽工業が大きな割合を占めるなかに、日本資本が運営する昭和製鋼所（鞍山）や本渓湖煤鉄公司（本渓湖）などの重工業が存在していた。そうした状況を山本有造は、「土着資本による在来産業の大海に外国資本（主として日本資本）による近代工業が飛島として浮かぶ二重構造として描くことができる」と述べている〔山本有造 二〇〇三、一二九～一三〇頁〕。

軽工業主体の状況は「五ヵ年計画」の実施後、金属工業や機械器具工業などが発達したことから変化していた。工業のなかに占める軽工業の割合は低下していた。一九三七年以降では「五ヵ年計画」の実施に伴い鉱工業生産が増加し、鉱工業総合生産指数は四二年まで上昇して、以後は下降した。生産財生産指数は一九四三年まで上昇して、以後は下降していた〔山本有造 二〇〇三、一三〇頁〕。つまり、一九三七年ごろまでは満洲国工業の状況は建国以前とそれほど相違しなかった。しかし一九三七年前後から工業化が進展し、工業全体が伸張するとともに、重工業の発達が著しく、重工業の比重が軽工業を上回り、工業全体の伸張は四二年をピークにして下降し、敗戦を迎えたとまとめられる。

工業化政策がもたらした社会変容として、一九三七年以降に昭和製鋼所、本渓湖煤鉄公司、撫順炭鉱（撫順）の拡充が進められたことから、これら三都市では中核企業を軸とした周辺工業が発達したことを指摘したい。具体的には、鞍山では昭和製鋼所を中心として金属、機械関連の工場が設立された。さらに、工場労働者の消費財を供給する必要から、食料品や家具製造などの工場も設立され、周辺地域の工業化が進んでいた(3)。

都市のなかには工業化が進み、工業を基軸に発展していた都市があった。その代表として奉天をあげたい。奉天は一九三二年の時点では紡織業などの消費財生産が中心であった。しかし一九三七年以降、鉄西地区での工場設立が増え、以後急速に工業は発展した〔張暁紅 二〇〇八〕。工業発展の過程において、一九三八年以降は対日依存の軽減、自給率の向上が叫ばれたことから、貿易業者が取扱商品の製造に乗り出す現象が起きていた。ゴム靴取扱業者がゴム靴製品工業や再生ゴム工業に着手したり、化粧品取扱業者が化粧品工業を起こしたりしていた(4)。工業化の進展は奉天の人口を急増させ、一九四二年六月では一二二万人に達し、満洲国内唯一の百万人都市になっていた(5)。

新京（長春）は建国当初は、在来の地方的色彩の強い製造業があるにすぎなかった(6)。建国後には工場も設立されたが、新京経済に好況をもたらした要因は「土建事業の勃興と消費者階級の激増」による部分が大きかったと指摘されていた(7)。一九四〇年十二月時点での工業調査では、総数七六〇工場のうち、三一年以前の設立は一四三（一九％）、三二〜三六年設立は三九〇（五一％）、三七〜四〇年設立は二二七（三〇％）であった。一九三七〜四〇年にそれほど増加していない理由は、「五ヵ年計画」が重工業に偏重して軽工業を軽視したこと、三二〜三六年に急速な工場の増加が進み足踏み状態になったことがあげられる。資本金では五万円以下の小規模工場が全体の八七％を占め、従業員数では三〇人以下の家内工業的な工場が大部分を占めるといったように、小規模の工場が大多数であった(8)。新京では建国後に多くの工場が設立されたが、小規模なものが多く、新京の消費需要に応じるものが大半であったと考えられる。

安東には建国以前では木材・製材業、油房業、柞蚕製糸業などの特産物に依存した工業が存在しただけであった。建国後に鉄工所、ゴム工場、醸造業が勃興して工場が設立された。その様子は日本人資本の工場は「設備も進歩した近代的な」ものであるが、「中国人」工場は「未だ近代化されず、極く幼稚な旧式のしかも小資本の家内工業である」と観察されている(9)。一九三七年以降に東辺道の鉱産資源の開発が着手されたこと、貿易港として大東港の築港が始まったことなどから、安東に進出する日本人工場は増加した(10)。一九三八年末では工場数は九七であったが、四一年末には一六九に達した。主な企業は満洲自動車、満洲飛行機製作やその下請工場百余、満洲軽金属、東洋人繊、安東セメントなどであった。そして満業系の直轄工場が完成するならば、「職員、職工を合わせて十万人の従業員を擁し、その家族とこれに附帯する一般商業者その他を合算すると、満業系直轄工場のみでも優に六十万の一大市街が忽然と生れ出るわけである」という予想がされていた。(11) しかしながら敗戦の時点でも、そこまでの規模には達しなかった。

満洲国の行政範囲ではなかったが、大連でも一九三八年以降に金属工業、機械器具工業、化学工業などが発展し、工業化は進展していた〔柳沢遊 二〇〇八〕。吉林では一九三七年以降に吉林人造石油会社、満洲電気化学会社などの工場が設立され、新興工業都市の一つとなっていた。(12)

満洲国での工業発展は一九三七年前後に始まったが、工業発展は満洲国内一律に生じていたのではなく、限られた都市で起きていた。工業化は限られた都市での現象ではあったが、工業発展した都市は後背地市場を拡大し、周辺地域の都市化を引き起こしていた。こうした社会変容は、満洲国期より前には生じていないものであり、満洲国期に特有なものであったと指摘できよう。

二 地方社会への行政力の浸透

満洲国政府はどのように地方社会を掌握しようとしていたのか、まず地方行政機構の状況について検討してみたい。建国当初、満洲国政府は地方有力者を媒介にして、その統治力を地方におよぼそうと考えた。そのため省長には各地方の有力者があてられ、奉天省長には臧式毅、吉林省長には熙洽が就任した。しかしながら、この方法は中央の政策がそのまま施行されるのではなく、地方有力者を経由して施行されるという限界を持っていた〔浜口裕子 一九九六、九四～九五頁〕。そこで満洲国政府は省長を地方有力者から、「親日的」人物に代えた。新たに登用された省長の事例として、錦州省長に就任した徐紹卿をあげたい。徐紹卿は東京帝国大学卒業という日本留学の経験を持ち、その妻は日本人であった。こうした経験と「親日的」態度から、徐紹卿は一九三四年に錦州省長に就任し、四二年には奉天省長に抜擢された〔浜口裕子　一九九六、一二三～一二八頁〕。また、多数の日本人官吏を省公署に送り込み、地方行政への関与を強めようとしていた。一九三四年に各省公署に勤務した官吏の総数一五一六名のうち、日本人は四三八名（二九％）、「中国人」は一〇七八名（七一％）であった。だが、一九四〇年では総数二七二四名のうち、日本人は一七七四名（六五％）、「中国人」は九五〇名（三五％）になり、日本人が過半数を占めていた〔塚瀬進　一九九八、五～六頁〕。

次に、省より一段下の県の動向について見てみたい。建国以後も建国以前の県長がそのままの県が、一九三二年では奉天省二九県、吉林省九県、黒龍江省一七県（確認できた人数）もあった〔浜口裕子　一九九六、九八頁〕。満洲国政府も各県公署の状況を十分把握できておらず、一九三二年七月に県長以下重要職員の姓名を報告する指示を出していた(13)。民政部が一九三三年におこなった調査では、県長の売官や県長による恣意的な県行政の実施など、問題点の多い県行政の実態が指摘された〔満洲国史編纂刊行会編　一九七一、一七六頁〕。一九三二年に監察院に赴任した渡辺文兵衛は、監察官として地方官庁をまわったところ、その役職に必要な知識も経験もない人物が座っていることに疑問を持ち、調査の結果、こうした人物は金銭で官職を得ていたことが判明した。また文書偽造、公金横領も多く、あまりに日本とは違う地方官庁の状況に驚いたと回想している〔地方財政有志の会編　一九八六、一六一～一六四頁〕。

問題の多い県行政を改革するため、満洲国政府は県庁に日本人参事官を送り込んだ。しかしながら、言葉も「中国人」の慣習も知らない日本人が、たった一人県庁に配属されても関与できる範囲は限られていた(14)。一九三五年にホルチン右翼後旗に参事官として赴任した片倉進は、予算表をつくった以外、「なにをやっていいのかわからず手がつきませんでした」と当時の状況を戦後に述べている。(15) とはいえ、一九三〇年代後半からは日本留学経験者や大同学院（満洲国官吏の養成学校）卒業生が県長に就任したり、国境を持つ県には日本人の県長が配置され、満洲国政府は県長人事への介入を強めていた〔浜口裕子 一九九六、一三五頁〕。

県の下の村レベルになると、さらに満洲国政府の意向は浸透していなかった。満洲国政府はかつて支配層に属した人物は村行政から排除したかった。だが、政府の政策を理解、実行できる人物は旧支配者層以外にはいなかった。満洲国政府が旧支配者層を地方行政から除外したいと考えても、その要求にかなう人材を村でみつけることはできなかった。このため、奉天省の海城県では一九三六年になっても、満洲国政府の意図とは違い旧支配者層から村長を選ぶしかなかった。(16)

満洲国政府は省長には満洲国政府の意向に従順な人物をあて、省公署に多数の日本人官吏を送り込むことで省レベルの行政機構の掌握度を高めようとした。省の下の県レベルになると掌握度は低くなり、さらに村レベルになると旧支配者層に依存するしかなかった。県レベル以下になると満洲国政府の指示が十分には伝わらなかった状況は、次のように述べられている。(17)

……中央の施策・計画は省を通じて県まで達するが、県城と農民とを結ぶ配達夫がゐないので郵便は県城に止まってしまふといふのである。……

……農業政策が空転しないで真に農民の間に浸透するためには一定のベルトが要るのであり、そのベルトとなるべき、郵便の配達夫となるべき技術員の大量且つ緊急の養成と之が配置の必要は、農業生産力の拡充の上にとって避けることのできない道であり、それがためには農業教育の問題、試験等が一貫してとりあげられて然るべきなのである。

中央の政策を具現化する「郵便配達夫」がいないため、中央の指令は県城で止まってしまう状況を述べている。政策を実行する人材を十分に満洲国政府は供給できなかったため、村レベルでの政策浸透は難しかった。

一九四〇年代なると、満洲国政府は協和会や合作社と連携して地方行政への関与を強める政策を推進した。協和会の主旨は建国理念の啓蒙であり、統治機構とは関係はなく、民間の民衆教化団体ともいえる存在であった。しかし一九三六年以降行政機構との一体化、大衆化路線、分会設置による会員の拡大を打ち出し、会員数は四四年には約四三〇万人になっていた〔風間秀人　一九八六、二七頁〕。そうしたなか、一九四一年に省長が協和会省本部長を兼任し、県以下でも行政機関のトップが協和会のトップを兼任することが決められた〔満洲国史編纂刊行会編　一九七一、一三三頁〕。また、合作社との連携も強めていた。一九四〇年に満洲国政府は市、県などの地方行政単位と一致させて、農産物の流通・販売を監督する興農合作社を組織し、地方行政機関と連携した運営を目指していた〔飯塚靖　一九八六、四七四〜四八六頁〕。

以上のような経過をたどり、農村部では地方行政機関、協和会、合作社という「三位一体」的機構が形成された(18)。この結果、満洲国政府の影響力がどれだけ農村部に浸透したのかを検証することは史料的に難しい。直接的ではないが、協和会が開催した第一一回全国連合協議会（一九四三年）で、北安省代表の信雲久は小作人問題について次のように発言している(19)。

なお現在最も緊急なる問題を申し上げますれば収穫が終わったならば、地主と小作人の来年の小作契約を相談する時期であります。ところが農業経営は収支相償はざる現状でありまして、小作人はほとんど土地を耕作しない、所謂小作契約を締結しないのであります。そういう場合は地主は仕方がないので、お前が土地を耕作しないならば協和会も許さないし、県公署も許さない、合作社は勿論許さない、そういう恫喝的方法を以て小作人を離農させないような方策を採っているのであります。

この記述で注目されるのは、小作人に対して耕作の放棄をするならば、「協和会も許さないし、県公署も許さない、合作社は勿論許さない」と、三つの機構が小作人を取り巻く状況を述べている点である。一九四三年の北安省では行政、協和会、合作社の「三位一体」的機構が農村では意識されていたと考えられる。

満洲国政府は人材不足により県以下の行政運営への介入が十分にはできていなかったが、政府としては村レベルまでの掌握を志向していた。満洲国政府は一九四三年十二月に「村建設要綱」を定め、村レベルにまでおよぶ統治力の浸透を試みた(20)。満洲国政府に関わった日本人は、一九四四年に村落の運営について、以下のように述べている(21)。

……最近の如く国策がどんどんと農村に下って来る。夫れを一体誰が動かして居るだろうかと云ふ事を詳細に検討して見たんです。処が矢張り幾百年か育った処の自然発生部落幾つかがその中に含まれておって、一つの共同体的の小さなその部落に、(行政側より)任命されない部落の長が居って、夫れが全部、部落民を率ひて実行して居ると云ふ事実を、ハッキリ見定めた訳であります。

行政側より任命されていない有力者が、末端農村では大きな影響力を持っていたことを指摘している。満洲国政府は実際の村落運営者を見定めるレベルにまで地方統治への介入を深めていた。しかしながら、実際の村落運営者を掌握することまではできなかった。

戦時体制確立の掛け声は叫ばれてはいたが、農民たちには深く浸透していなかった。興農合作社の一員として農村工作に従事した園田保は、次のように述べている。やや長いが引用してみたい(22)。

次に農村の人々が如何様に時局を解して、そして協力しつつあるか、屯子に於ける話合ひの模様を記さう。

問「貴方々が自分の土地に自分で収穫した農産物を刈取後、野積の暇もなく早く、早く、出荷、出荷とせきたてて居るが、これはどうした事と思ふか」

しばらく黙して顔を見合せてゐる。

答「綿布をもらふためだ」と言う者がある。

問「その外に」黙してゐる、やうやくにして、
答「国家の関係だ」と言う者がある。

問「その通りだ、しかし私達は生れながらにして国家と国民と云ふ関係に於て切り離すことの出来ない間柄にあり、国家からの種々な御恩に報ゆるため、お互ひの職場を通じて御奉公しなければならないことはあたり前のことである。だが、この二三年来殊にやかましく増産だ、出荷だとせき立てられているが、これには直接的な原因が何かある筈だが……」と重ねて聞く。誰も答えぬ。一、二分後小声で、
答「戦争のためだ」と云ふ。

問「そうだ、君はよく気がついた。他の者は知らなかったかね」と問う。皆一せいに答「知って居る」と答える。

問「ではどことどことが戦争してゐるのか」またしばし声もない。

答「ヘンダリだ」はておかしなことを云ふ、そんな国はどこにあったかと、通訳にたしかめさすと伊太利のことである。またある一人が。

答「満洲国が今戦争してゐる」と答える。遂にそれ以外の国の名を聞くことが出来なかった。

自分は満洲国の農業政策浸透と云ふものが、他の工業政策に比し如何に困難なものであるかとの事を痛感した。おそらくこんな事については、過去何回となく彼等は耳にして或は目にしたであろうに、現に一月前にも県行政科長が巡回して話をした筈なのに。

政策に対する農民の無理解という解釈もできるが、政治権力とは距離を置いて暮らしてきた農民にとっては、農産物の出荷促進は国家のためではなく「綿布をもらふためだ」という現実生活の利害のなかに置き換えられていたと理解したい。

政治権力の意向とは必ずしも一致しない行動は、農民だけでなく村落の有力者にも見られた。満洲国政府は主要生活物資の配給制を拡大していた。海城県では一九四〇年に統制経済委員会が組織され、小麦粉、食塩などの主要生活物資は「通帳切符制」により配給されるようになった。経済統制委員会は村落の有力者により構成され、配給物資の割当決定に大きな権限を持っていた。有力者のなかには恣意的な配給、闇市場への配給物資の転売などをする人もおり、配給を受ける側の農民は困窮に追い込まれることもあった〔陳祥 二〇一〇〕。

満洲国政府も有力者と衝突することは回避していたと推測される。事例として地税を取り上げたい。一九四一年以降、満洲国政府は大規模な増税を実施していたが、地税の増加は微々たるものであった。[23] 一九三六年の地税収入は約九五三万円（決算）であり、四四年は約一〇〇〇万円（予算）と増加のテンポは鈍い。[24] 「中国人」有力者の多くは、広大な土地を所有していた。江夏由樹〔一九九七〕は、「中国人」有力者は土地の権利関係を水面下に置き、政治権力からの徴税を避けようとしていた事実を明らかにしている。満洲国に参加した有力者たちも、多くの土地を所有していた。例えば軍政部大臣や治安部大臣を務めた于芷山は海城県に広大な土地を所有し、その名義は兄弟や夫妻に分散され、容易にその全容はわからないようにしていた〔江夏美千穂 一九八六〕。地籍整理を強行して地税の増収をはかることは、満洲国政府を支える「中国人」有力者の既得権益の破壊につながる恐れがあった。満洲国政府は公権力を使って何でもできたわけではなく、地税のようにマンチュリア社会と対立を深める可能性がある案件については介入を控えていたことを指摘したい。

三　商業統制と「中国人」の反応

満洲国政府は軍需生産に関わる重要産業については統制を加えていたが、商業への統制は日中戦争以前ではしていなかった。それゆえ、「中国人」商人は以前と同じ商売を継続していた。しかし、日中戦争の勃発により状況は変わった。一九三七年十月に「為替管理法」が改正され、同年十二月には「貿易統制法」が施行され、対外貿易は政府の統制下に置かれた。一九三八年には「米穀管理法」が、三九年には「原棉、綿製品統制法」「重要特産物専管法」「主要糧穀統制法」「小麦及び製粉業統制法」などの流通過程への統制が次々におこなわれた。こうして、日常生活に関わる物資は統制下に置かれたので、満洲国に暮らす人々の生活は窮屈なものへとなっていった(25)。

統制経済への移行後、満洲国の人々を悩ましたのは物価の高騰であった。物価の高騰は一九三七年以降顕著になった〔満史会編　一九六四、七〇七頁〕。このため満洲国政府は一九三九年に「時局物価政策大綱」を定め、これをもとに翌四〇年「物価及物資統制法」を制定して本格的な物価統制を始めた。そして一九四一年七月には公定価格が設定された商品以外の価格は、その値上げを禁止する「物価停止令」を発表した。政治行政力を使って物価高騰を封じ込めようとしていたのである。これに対して「中国人」商人は、以後「物価停止令」の価格では商品の購入はできないと判断し、売り惜しみをおこなった。その一方で商品の買い占めをおこない、商品の確保をはかった。このため、物資の需給は大きく混乱し、物価はかえって上昇してしまった(26)。

アジア太平洋戦争後は物資の数量自体が減少したこと、関東軍は戦争勝利を目的に金融状況を無視した資金提供を強要したことからインフレが進行し、物価はさらに急騰していった。新京の物価は、一九四一年十二月の小売物価指数を一〇〇とすると、四三年には二一四、四四年六月には五九五、四五年六月には二六二六にまで高騰した（表15）。物価上昇を防ぐため、満洲国政府は公定価格の設定品目を増やすという手段を用いていた。物価の高騰とともに公定価格の設定品目は増え、一九四四年までに品目は約七〇〇〇、商品銘柄は約五万におよんだ〔満州国史編纂刊行会編 一九七一、五四二頁〕。

だが、どれだけ詳細に物価の抑制をしようとも、これを受け入れる側に、そうすることの意味が理解されなければ守られるわけはなかった。マンチュリアの「中国人」にとって経済活動に国家が介入してくる経験は初めてであった。「中国人」にとって経済活動の根本は利潤の追求であり、国家の存続とは無関係であった。とくに「中国人」の闇経済に対する感覚は日本人とは異なり、倫理的に否定の意味は含まれていなかった。このことは統制価格を「官価」と、闇価格を「私価」と称していたことにも現れている[27]。表16は一九四四年に満洲中央銀行が調査した、主要三都市における公定価格と闇価格の差を示している。品目による相違もあるが、一九四二年から四四年にかけて両者の差は増大している。厳しい統制下に置かれた綿製品はどの都市でも著しい価格差があったことを示している。こうした公定価格と闇価格の乖離のため、多くの利潤を求めて闇経済に向かうのは、「中国人」資本の論理としては合理的な対応であった[28]。

統制経済の拡大により、各商店の活動は窮屈になったと推測されるが、「中国人」商人はむしろ統制を利用して利益をあげていた。一九四一年十月二十日の『満洲日日新聞』には次のようにある[29]。

時代が支那事変により戦時に入ってからは日本と一体関係にある関係上、

表15　主要都市の小売物価指数
（1941年12月＝100）

年月	新京	奉天	ハルビン
1942	142.2	155.0	163.8
1943	214.3	439.7	354.1
1944. 6	595.1	696.9	544.9
. 9	725.2	837.4	878.9
1944.12	1,092.5	1,394.3	1,229.4
1945. 3	1,602.0	2,211.0	1,550.9
. 6	2,626.7	3,053.7	2,136.0

出典：日本帝国主義侵華檔案資料選編『東北経済掠奪』（中華書局，1991年）192～193頁より作成。

日本からの資材の輸入が極めて不足し、商店などはひどく往生してゐるが、満人はこの艱難に当っても「統制発財」といふ新語?を発明する程平然として、依然活発な商業行動を行ってゐる。つまり彼等は資本の巧みな回転と営業費の低廉さを利用し、商売の上に充分な目端を利かせて大幅な利潤を得、統制が行はれても結構儲かり、却って統制が行はれゝば行はれる程利益があるといふ事である。

統制経済が拡大するなかで、満洲国政府が管理、運営する統制された市場とは異なる闇市場を「中国人」商人はつくり、利益を獲得していた(30)。満洲国政府は闇市場を認めず、その取り締まりをおこなった。しかし、「中国人」有力者のなかには「この戦争が済めば統制経済より昔の自由経済にかへる」から、「我々は商業整備には何等の関心も、その対策への要望も必要」ないと述べる人もおり、闇市場の取り締まりは容易ではなかった(31)。闇市場での商品価格は統制価格の数十倍におよぶものもあり（表16）、闇市場での商売は中国人商人にとって大きな魅力を持っていた。中国人商人は統制経済がもたらした商品入手の困難さや価格の統制をむしろ商機とみなし、闇市場で利益を得ていたのである。闇市場は統制経済の拡大とともに、その規模が拡大した。一九四四年に満洲中央銀行調査部がハルビンの状況を調査した結果、ハルビンの闇市場は警察が取り締まることができないほど盛況であり、放置するしかないと述べている(32)。

表16　公定価格と闇価格の比較（公定価格を100とした闇価格の指数）

品目	奉天			新京			ハルビン		
	1942	1943	1944	1942	1943	1944	1942	1943	1944
米	416	1, 258	1, 669	328	765	1, 151	379	934	1, 414
コーリャン	603	2, 497	1, 762	583	1, 079	1, 446	652	1, 654	1, 817
大豆	440	1, 648	1, 473	295	557	1, 001	410	705	741
卵	173	202	324	176	227	330	144	225	308
豚肉	154	331	457	152	206	294	138	238	271
砂糖	417	1, 214	2, 058	398	978	3, 084	447	879	2, 470
綿布	1, 000	1, 527	6, 974	851	1, 499	6, 160	808	1, 750	5, 550
石炭	238	355	857	203	242	1, 100	154	186	972

出典：『旧満洲経済統計資料』（柏書房，1991年）547頁より作成。

満洲国政府は闇市場を取り締まる一方で、「中国人」商人の商業モラルを改めようとしていた。満洲商工公会の理事劉徳権は、商人の目的は利益の追求ではなく、消費者のために公定価格で商品を販売し、人々が戦争協力に邁進できる状況をつくることにあると主張した。そして、こうした目的に沿う商人を「国家的商人」と呼び、全商人がこの精神を持つべきだと強調した。(33) また協和会の牛島晴男は、統制経済下における商業道徳として二宮尊徳の唱えた「報徳の道」の実践を主張していた。(34)「国家的商人」や「報徳の道」が、どれだけ「中国人」商人を引きつけたかは大きく疑問である。

満洲国政府は消費活動の倹約を唱え、戦時体制への貢献を要求した。しかし「中国人」は物価が高騰し、紙幣の価値が目減りする状況を見て、紙幣を物品に変える「換物」に奔走していた。一九四〇年の奉天の状況は、以下のようであったと報告されている。(35)

物価騰貴に対する一般満人の考え方は物の数量と紙幣の数量を別個に考え、物は一昨年も昨年も今年も来年も同じであるが、之を買求むるに昨年よりも今年が、今年よりも来年が価格が高いと云ふ事は、紙幣の価値が低下したる為なりと云ふにあり。なかには紙幣の番号より推察し、斯く多額の紙幣が流通する以上、貨幣価値の下落は免れざるべしとなし、斯く年々貨幣価値が下落しつつあるものならば将来は反古同様になり、紙幣を貯蔵するものは莫大なる損失を見るは明らかなり、然らば物に換へ貯蔵すれば価格の騰貴することはあるも、下落することは無しと独断し、天性たる換物思想は愈々高まりつつあり。

一方上層階級は貨幣理論の常識を有するも、思惑に依る換物傾向盛んにして僅かの利子にて預金を為すより換物し貯蔵すれば有利なりと考へ、地方日満銀行への預金は信用し難しとの両面より、換物は続行し……。

「中国人」は紙幣の下落を懸念して「換物」をおこなうという、日本人には理解できない行動に出ていた。満洲国政府は非常時を乗り切るために節約を強調するが、「中国人」にはこうした呼びかけは理解できないものであった。一九四〇年の『新京商工月報』には、以下のような論説が掲載されている。[36]

満洲国民の大部分を占める漢民族は、国家の保護を受くる事なく、自己の力に由って経済的に強靭なる発達を遂げたる国民であった、経済的に自己を護る事と経済的才能に於いては、他国民の遠く及ばざるものである。彼等は多年軍閥より苦杯を嘗めさせられたる幾多の実際的経験よりして、貨幣制度に対する信認の度少くして、平常時に於いても貨幣の形態にて価値を貯蔵する事なく、可能なる限り之れを財貨に換へん事を努めたるものであり、更に非常時局に直面しては、此の換物の傾向を益々大ならしむるに至るものである。……此の点我等（日本人）の予期する処と逆の現実を見出し得べきもので、国家非常時なるが故に貯蓄報国、国家の財源を豊富ならしめんとするとは反対に、非常時なるが故に、将来不安なるが故にこそ資金を一刻も早く物に換へんとするものに他ならない。

「中国人」が歴史的な経験のなかでつくりあげた考え方を無視して、一方的に非常時を叫んでも無意味であったことを指摘したい。

戦時体制が深まっていくなか、地方都市には工業化の振興が求められていた。一九四一年に決定された「地方産業自力振興並地方資金活用要綱」は、地方土着資本を活用した地方産業の振興を強調していた。[37]そこで問題となったのは、生産過程ではなく流通過程に利潤を求めていた「中国人」資本の特性であった。[38]『満州商工経済』には、次のような「中国人」の主張が掲載されている。[39]

……満系資本を吸収するにも満系資本は満系特有の民族性を持っていることを忘れてはならない。……内地式の株式募集をやっても大方不成功に終るは、満系には株式会社の組織そのものが不明瞭でなじみがたい点にもあるが、最初に必要な人間の動員が忘却され、誰の金でも金さへ集まれば目的は達せられると云ふ誤った考へ方に失敗の最大原因があると思ふ。……資本はあらゆる場合に高利子高利潤を求めて分肢発達する傾向があるのであって、利潤追求が、それ自体においては否定される今日にあっても、儒家思想の尚脈々として生きてゐる満系大衆層に、今直ちに高利潤を否定することの如何に困難であるかは指摘するまでもないところであろう。

これらの諸点を無視して、単なる精神運動、画一的なる事業計画等のみを以て、たゞ漠然と地場産業の振興を企てようとしても、労多き割に効少ない結果に陥るだけであろう。

「中国人」資本の特性に適合していない、日本国内の経験をもとにつくられた政策をいくら主張しても、現実化しないことを指摘している。

「中国人」資本の特性に即した対応が唱えられていたにもかかわらず、満洲国政府は日本人が日本国内でおこなっていた政策を満洲国でも実施した。「中国人」資本を動員する方法として、銀行預金を利用する試みを始めた。だが、「中国人」は紙幣の価値を信じておらず、さらに銀行に預金をするという考えも一般的ではなかった。このため、「中国人」資本は、銀行預金へは入ってこなかった。一九四四年末時点での個人預貯金の比率を、日本人六三・一%、「中国人」三六・九%としている統計がある〔満洲中央銀行史研究会編 一九八八、一五二頁〕。人口的には少数である日本人の預金が約六割を占めており、銀行預金を通じて「中国人」資本を動員することはできなかった。また、公債の募集により「中国人」資本を吸収しようとした試みも失敗した。[40]「中国人」にはリスクも高いが配当も高い投資先（例えば商店への貸付など）が存在した。公債の購入は寄附と同様という考えもあり、公債を通じて「中国人」資本を動員することはできなかった。[41]銀行預金、公債という方法は「中国人」資本の特性に即したものではなかった。にもかかわらず、日本での経験に基づいて実施されたことから、目的を達することはできなかった。

「中国人」の経済感覚や市場経済に対する考え方は日本人とは異なっていた。日満商事の奉天支店長として経済統制の最前線で働いた江川忠弌は、日本人と「中国人」の経済思想の違いを次のように述べている。やや長いが引用したい。(42)

現在の物資配給の思想的背景は日本人の統制経済思想であると云つても過言でないのに、満人と日本人とでは甚だしく経済思想に相違がある。特に物価に関するそれに於て甚だしいのである。

無論物価変動の原因を学問的に考察する時は、誰れしも物の側と貨幣の側に於ける原因を挙げるに躊躇せぬが、習性は必ずしも学問的にのみ立脚するとは限らない。現に日本人の大部分は現在の物価騰貴を主として物の側に於ける原因に偏して考へ勝ちである。故に今日物を買ふことを差控へて金で貯蔵し、後日物価の低落を待て物を購入することが賢明であると為し、思慮ある措置と考へるのである。

之に反して満人は物価の騰貴は主として貨幣価値の下落に因るものと直感する。従て金を貯蓄して物価の騰貴を座視するのは、拱手して財産を消耗するものであり、愚の骨頂だと思つてゐる。故に一日も速かに換物して物で蓄積せんと努める。而かもその執意は恰かも日本人が金を貯蓄するが如くである。而かもこれが自己の財産を保全する所以であり常人の所為であると考へてゐる。茲に於て日本人より満人を観れば、徒らに物の買溜めをするものであつて、時局下に於ける不徳行為と看做すが、満人より日本人を観る時は実に不可解なる経済習性を有す人種と感ずるらしいのである。

この日満各人の物価解釈は何れも誤りとは云へぬが唯極端とは云へる。而かも何れも歴史的所産であつて、猝かに何れにも帰一さすことは容易ではないが、この経済思想乃至習性の相違が物資配給上多大なる支障を来してゐるのが今日の実情なのである。私は日満各人の経済習性の是非を云為することは避けるが統制配給実行の当事者としてはこの二つの相異り、而かも殆ど対蹠的とも云ふべき経済習性を無視して、単一配給方策を樹てることが、実際上何れかに多大なる便益を与へ、他の一方に非常なる不便を与へる結果となることを熟知してゐる。

物価の騰貴を物の不足と日本人は考えるが、「中国人」は貨幣価値の下落と考える点、財産の蓄積を日本人は金でするが、「中国人」は物でする点など、日本人と「中国人」の考え方の相違を指摘し、このような相違を考慮せずに日本人的な考えから統制を進めるならば、うまくはいかないことを主張している。

以上の検討から、満洲国政府は統制経済を実施して戦時経済体制、国家総動員体制の構築を進めていた。商業に対する統制は広範囲におよび、これまでのマンチュリア社会が経験したことのないレベルにまで政策を浸透させようとしていた。しかし、統制を受ける側であった「中国人」の特性に配慮しない政策を実施したことから、「中国人」商人を統制下に置くことや、「中国人」資本を動員することはできていなかった。

四　農産物統制と社会の反応

統制政策のなかでも、米をはじめとする食糧への統制は厳しく進められた。日本政府は満洲米の日本への流入は、一九三八年までは国内の米生産に悪影響をおよぼすと考えて排除する方針をとっていた〔大豆生田稔 一九八六〕。ところが一九三九年を転機として日本国内の食糧事情が悪化したことから、植民地、外国からの米の輸入が必要となり、満洲米も輸入されるようになった。しかしながら、満洲国における稲作の歴史は長いものではなく、その生産量も多くはなかった。満洲国はむしろ米の輸入国で、日本への輸出を増大できる状況ではなかった。満洲国での食糧消費は人口が増加したため、以前より増えていた。だが、日本政府は日本国内の食糧問題の解決を第一として、満洲国に多大な穀物の供出を要求していた〔大豆生田稔　一九九三〕。

満洲国では日中戦争の勃発後、食糧の価格高騰を抑制する価格統制がおこなわれた。しかし、その成果はおもわしくなかったので、一九三八年以降は農産物の統制機関を設立して、農産物の買い入れ、流通の統制に着手した。そうしたなか、日本からの食糧輸出の増加要請も手伝い、満洲国政府は農産物への統制を強化した。統制機関による農産物の買い上げは一九三九年から始まった。だが、一九三九年から四一年の期間は買い上げ目標を達成できなかった。失敗に終わった理由は、公定収買価格が安かったこと、統制逃れをする糧桟の活動を抑えることができない点にあった。統制機関はこれらの問題点の改善をおこない、一九四二年は目標の約九〇%を達成し、四三年には目標を上回った〔風間秀人　一九九三、第3章〕。農産物の買い上げ目標は達成されたが、満洲国政府とマンチュリア社会の矛盾は深まった。

一九四〇年代の満洲国の農業政策は、増産と出荷量増加で塗り潰されていた。そして、既述した行政機関、協和会、合作社の「三位一体」的機構を形成して、増産と出荷量増加に努めていた。しかしながら、こうした動向を農民たちは農民たちの合理性に従って受け止めていた。興農合作社が主催した全満篤農家大会の席上で、黒山県の李成善は次のように発言していた(43)。

……農民は自分が余計に土地を作れば余計に出荷するのだという観念を持って居りますから、どれだけ荒地があっても開墾しません。……大体今の農民は誰も耕地を開拓したくない。出来れば自分の面積を縮めたいのが普通の考えであります。私は本当のことを言ひますると、十年前の農家は土地を余計作れば財産が余計増える、今は土地を余計作れば余計貧乏になるといふ状態になって居ます。

一生懸命開墾し増産しても、結局出荷させられてしまうため、農業生産に熱が入らない農民の姿を伝えている。満洲国のためではなく、自分の財産を増やすことが農民たちの働く目的であった。

「三位一体」的機構の問題点は適正な人材の配置が難しい点にあった。行政機関、協和会、合作社の運営を一元的に管轄する人物が存在すれば農村行政はやりやすいだろう。しかしながら、協和会は建国理念の実践をする組織であり、合作社は農業政策を円滑にするための組織と、両者には異なった知識、能力を持つ人が従事していた。さらにこれらと行政機関は別物であり、三者をこなせる人材を捜すことは容易ではなかった。かりに日本人が担当するならば、行政実務に精通し、建国理念の実践を呼びかけるリーダーシップを持ち、農業についての専門的な知識を備え、さらには現地の言語をよく操り、他民族への配慮がうまく、辺鄙な田舎での生活を厭わないなどの条件を満たす必要があった。また「中国人」が担当するならば、日本語が巧みで、政府の要求に適合した政策を、農民との了解の上で推進できる政治的手腕を持つ人材が必要であった。

統制機関、行政機関の力によっては、目標達成は難しいと判断した満洲国政府は、一九四三年から警察力をも動員した強引な農産物の供出を始めた(44)。農村部での農産物の収買、供出がどのようにおこなわれたのか、具体的な状況を記述する史料は少ない。以下では、「関東憲兵隊通信検閲月報」(吉林省檔案館所蔵)に収録されている「中国人」の手紙から、その状況について見てみたい(45)。

鶏寧県公署行政科の周金閣が一九四三年に四平省民生庁文教科劉某に宛てた手紙には、農産物供出の具体的な様相が記述されている。やや長文であるが、きわめて興味深い史料なので以下に引用する。

当県の命に依り、一月十九日より十五日間出荷督励の工作の為、全職員総動員して各地に出張致しました。出発の際県長の訓示に「今回の出荷は従来と違い、各自は戦場に赴く気持を持ち、若し命令に服せず、割当数量に達せざる場合は、作戦に負けたと見做して相当の罪を以て罰する」と云い、各班長は県長に向い宣誓文を朗読した。県のトラックを出して貰い、各自は担当地域内に出荷工作を開始しました。至る所で各戸毎に厳重な調査を為し、穀物種子迄出荷させて、老若男女の泣声は天を衝くが如し。其の悲惨なる状況は、実に見られない状況です。

斯様に厳重なる調査の上出荷させても、予定の数量から見れば僅かに百分の四十しか有りません。斯の如く毎日現地の生活をやって居りますが、県長の訓示の通り戦場で勝たなければ、帰さないと云う命令の下に、今日迄延引して来たのが一ヶ月余りになります。

私の担当地域内にも尚未出荷分が千六百噸程あります。此れを一体何処から出させて貰うか、上司の命令を執行するには実に頭が痛いです。就職以来始めて斯様な難局に遭遇して居ります。

一九四一年一月の鶏寧県（東安省）では警察力の行使は確認できないが、強引な農産物の供出がおこなわれていた状況を知ることできる。

強引な農産物の供出が実施された背景として、満洲国政府が設立した公的機関の力だけでは、目標を達成するレベルにまで農民を動かすことができなかった点を指摘したい。こうした状況は、農村社会と公権力の関係の歴史的なあり方に起因する部分もあった。張作霖・張学良政権は農産物の流通過程と通貨発行を基軸に収入を得ており、農村を掌握する志向は稀薄であった。何よりも張作霖・張学良政権は農民をまとめあげる理念や価値観を標榜して、政権の指導の下に「中国人」農民を動員するようなことはしなかった。満洲国期に農村調査をおこなった日本人の多くは、「中国人」農民の国家観念の稀薄さを指摘している(46)。満洲国政府はこうした状況下で暮らした「中国人」農民を動かす行政機構をつくることも、「中国人」農民を引きつける理念を標榜することもできなかった。ところが、目標の達成は求められたので、選択肢は強引なやり方しか残っていなかった。満洲国政府は最終的にはマンチュリア社会の状況を無視して、権力を背景とした暴力的な方法でしか農産物を集めることはできなかったと解釈できよう。

おわりに

満洲国期のマンチュリアでは、都市部は工業化政策の結果として工業を基軸に都市化が進展し、農村部では統制経済政策の結果として行政機関の関与が強まるという社会変容が生じていた。こうした社会変容は以前には起きていなかった、満洲国期固有の現象だと指摘できる。

満洲国政府は清朝や張作霖・張学良政権とは異なるレベルにまで領域内を掌握しようとし、地方の末端にまで行政力を浸透させようとしていた。また、国境までの防衛を企図し、ソ連との間で紛争が生じることもあった（張鼓峰事件、ノモンハン事件）。それゆえ、マンチュリアの領域的な凝集度は、以前より高まっていたと考えられる。とはいえ、行政機関に十分な人材を供給することができなかったことから、意図した政策目標の達成はできていなかった。行政力の浸透が不十分ななかで、過大な農産物を「中国人」農民から供出することが求められた。満洲国政府は行政力の補完として警察力を使うことで対応したので、一九四三年以降の農産物供出は悲劇的な様相を帯びてしまった。

註

（1） 例えば、鈴木隆史〔一九九二〕。

（2） 満洲国は漢人、朝鮮人、モンゴル人などが暮らす多民族国家であった。しかしながら当時の史料が記述する「満人」や「満系」などが、どの民族を指しているのか確定することは難しい。それゆえ本章では日本人以外の人々を一括して「中国人」と記述する。

（3） 奉天商工公会『奉天産業経済事情』（一九四二年）四七〜五六頁。

（4）同前、一八八頁。
（5）国務院総務庁統計処『満洲経済参考資料』（一九四四年）一一頁。
（6）満洲経済事情案内所『国都・新京経済事情』（一九三三年）三一頁。
（7）満鉄新京地方事務所『新京工業に関する調査』（一九三六年）五一～五二頁。
（8）新京商工公会『新京商工事情　商工業篇』（一九四一年）四～五・一〇～一二頁。
（9）安東商工公会『安東経済事情』（一九三七年）三四頁。
（10）安東商工公会『安東進出工場概覧』（一九三九年）一頁。
（11）安東商工公会『安東産業経済概観』（一九四二年）一七一～一七二頁。
（12）『満洲国現勢　康徳十年版』（満洲国通信社、一九四二年）二六三～二六四頁。
（13）「訓令各省省長為令将各県組織情形及県長以下重要職員姓名詳査列表報部文」（『実業部月刊』二、一九三二年）三頁。
（14）「並大抵でない参事官の苦心」（『満洲日報』一九三三年十一月十一日）。
（15）「片倉進氏に聞く（一）」（『ニューズレター（近現代東北アジア地域史研究会）』四、一九九三年）。
（16）「海城県における農村行政組織とその運営現態」（『満鉄調査月報』一七―三、一九三七年）。
（17）横山敏男「農業政策前進のために（覚え書）」（『満洲評論』二三―八、一九四二年）。
（18）高木真人「農村に於ける協和会運動の再出発」（『満洲評論』二三―二、一九四二年）。
（19）満洲帝国協和会『全国連合協議会記録第一一回―康徳十年度―』（一九四三年）一九九頁。
（20）「村建設要綱解説」（『協和運動』六―二、一九四四年）。
（21）「村建設要綱座談会」（『協和運動』六―二、一九四四年）。
（22）園田保「出荷工作に従事して」（『興農』五―一、一九四四年）。
（23）「満洲戦時経済の現段階」（『満洲評論』二四―二、一九四三年）。
（24）「満洲主要統計」（『満洲国現勢　康徳十年版』）。
（25）満洲国による統制経済の制度的変遷は複雑であった。この点の詳細については、向井章『満洲経済制度論』（満洲法律時報社、一九四五年）を参照。

(26)「時局下満系商業者の動向に就いて」(『奉天商工公会会報』七四、一九四一年)一頁。
(27)「闇取引撲滅運動の意義と方策」(『満洲評論』二四―四、一九四三年)。
(28)渡辺果「満系商業整備と労力及資本の動向」(『満洲商工経済』一―二、一九四四年)。
(29)「満系新生活図」(『満洲日日新聞』一九四一年十月二十日)。
(30)「新京高等検察庁管内思想情勢(一九四〇・一〇)」(『思想月報』七七、一九四〇年)一七二～一七三頁。
(31)渡辺果「満系商業整備と労力及資本の動向」(『満洲商工経済』一―二、一九四四年)二五頁。
(32)満洲中央銀行調査部『都市購買力実態調査報告』一九四四年十二月(吉林省檔案館所蔵)。
(33)劉徳権「商業者応有国家観念的自覚」(『満洲商工経済』一―二、一九四四年)。
(34)牛島晴男「新しき商業道徳確立のために」(『協和運動』六―三、一九四四年)。
(35)「警察より観た支那事変下奉天市民の動向」(『奉天商工公会調査月報』三―七、一九四〇年)。
(36)中西仁三「満洲国に於ける貯蓄奨励運動と小売商許可制問題に就て」(『新京商工月報』一九、一九四〇年)。
(37)『満洲国現勢――康徳一〇年』三九二頁。
(38)「工夫を要する地場産業の育成」(『満洲経済』三―三、一九四二年)。
(39)朱間章「一満系の希ひ」(『満洲商工経済』一―一、一九四四年)。
(40)「国債消化問題の検討」(『満洲経済』二―一〇、一九四一年)。
(41)藤原泰「満洲国土着資本動員の指導原理」(『統制経済』五―六、一九四二年)。
(42)日満商事会社奉天支店長江川忠弌「生産財の配給統制より観た奉天」(『奉天商工公会調査月報』三―八、一九四〇年)一九～二〇頁。
(43)「篤農道を語る」(『興農』四―一〇、一九四三年)。
(44)吉林省警務庁経済保安科長登丸福寿「康徳十年度農産物蒐荷取締を顧みて」(『満洲国の経済警察』一九四四年)。
(45)「関東憲兵隊通信検閲月報」が述べる一九四〇年代の「中国人」の状況については、塚瀬進〔二〇〇六〕を参照。
(46)『復刻版農村実態調査報告書』九(龍渓書舎、一九八九年)一四一～一四四頁。

第三章　国共内戦期、中国共産党の財政経済政策と社会の反応

はじめに

満洲国の崩壊後、マンチュリアの支配をめぐり中国共産党（以下、中共）と中華民国国民政府（以下、国民政府）は対立、抗争を繰り広げた。最終的には中共が一九四八年十一月の遼瀋戦役の勝利により、マンチュリアを支配下に置いた。関内とは異なりマンチュリアには、満洲国の崩壊時には中共の勢力はほとんど存在しなかった。にもかかわらず、三年間で中共はマンチュリアの支配に成功したのである。短期間で国民政府軍を撃退した軍事力を、中共はどのように動員したのかについては、門間理良〔一九九七〕が新兵動員を軸に検討している。だが、いかに軍隊を維持したのか、つまり軍事力の保持を可能とした中共の財政的背景については未だ十分な考察はおこなわれていない。

マンチュリアはそれまで中共が勢力範囲としてきた辺区とは異なり、農業生産力に富み、大都市や工場群が存在し、鉄道網も発達しているという経済的特徴を持っていた。中共が短時間で大規模な軍事力を動員できた要因の一つには、豊かなマンチュリアの経済力を掌握した点にもあったのではないだろうか。こうした観点からマンチュリアでの中共の軍事動員を考えた場合、中共が東北解放区で実施した財政経済政策について検討する必要性が浮上してくる。また、中共が推進した財政経済政策に対して、マンチュリア社会はどのように反応したかの考察も重要である。

少ない先行研究のなかで、西村成雄〔一九八四、第6章〕は東北解放区での財政経済政策を検討し、農村変革だけで

はない商工業者をも含む変革を「東北モデル」として位置づけた。そして、中国革命史像の認識には農村変革を中軸とした「延安モデル」と「東北モデル」の総合的な理解が必要であると主張した。「延安モデル」では理解しきれない東北解放区での中共の財政経済政策の特徴を指摘した見解は高く評価したいが、財政経済政策の具体的な内容やその結果については史料的制約もあり、十分には検討されていない。

一九八〇年代後半以降、中国では新史料の公開が始まるとともに、財政経済政策に関する研究も出されるようになった。朱建華編〔一九八七a〕は檔案を利用した信頼性の高い研究である。史料集としては、『東北解放区財政経済史資料選編』全四巻（黒龍江人民出版社、一九八八年）（以下、『史料集』A）、『東北解放区工商税収史料選編』全三巻（黒龍江人民出版社、一九八七年）（以下、『史料集』B）が出された(1)。

本章ではこれらの史料集を使い、東北解放区で実施された財政経済政策のなかでも、財政収入を支えた対外貿易の動向、農民・商工業者からの徴税について検討してみたい。そのさい、二つの点に留意して考察を進めた。第一には、東北解放区でおこなわれた財政経済政策の具体的な内容、およびその問題点に力点を置いた。第二には、東北解放区での財政経済政策をマンチュリアの地域性から把握する観点を取り入れた。東北解放区での財政経済政策には中共固有の特徴も存在したとはいえ、マンチュリアの地域性に規定された側面もあったと考えるからである。

なお、本章は東北解放区で中共がおこなった財政経済政策の特徴とその問題に焦点を絞っており、国共内戦の推移がもたらした中共中央の政策変化による影響や、中共内部での財政経済政策の立案過程については考察から除外していることをあらかじめ述べておきたい(2)。

一　東北解放区の形成と財政経済政策の変遷

ソ連軍のマンチュリアへの進攻、日本のポツダム宣言受諾という新たな状況に対して、延安の朱徳は中共軍のマンチュリアへの進撃を一九四五年八月十一日に命令した。熱河、山東、河北に駐屯した中共軍はマンチュリアへ向かい、関東軍の武器の接収、ソ連軍からの援助を受けて戦力を増強し、十一月までに約二〇万人の幹部、軍隊が送り込まれた〔丸山鋼二二〇〇五a〕[3]。一方、国民政府も十月以降マンチュリアの接収に乗り出した。ところが、国民政府軍はソ連軍や中共軍に阻まれて、マンチュリアに入ることができなかった〔丸山鋼二二〇〇五b〕（表17参照）。だが、中共はマンチュリア各地に省政府を設立していった〔石井明　一九九〇〕。十月から十一月にかけて中共は全域におよぶ支配は確立しておらず、北部へ派遣された幹部、軍隊の人数は少なかった。十一月末までに北部へ到着した「老部隊」（関内より移駐してきた部隊）は一五〇〇名に満たず、北部の中共の主体は新たにマンチュリアで組織された二万五〇〇〇人の部隊であった[4]。十一月になると国民政府軍はマンチュリアへの進撃を始めた。十一月十六日に国民政府軍は山海関の中共軍を攻撃して撤退させ、同月二十六日に錦州へ入った〔常城　一九八六、四〇三～四〇四頁〕。こうした情勢に対して、中共中央は軍事状況と「中ソ友好同盟条約」が国民政府に接収権を与えていることを考慮して、大都市は放棄する方針を十一月二十日に決定する[5]。この方針は、十月十九日に出された国民政府軍とは徹底的に戦う方針の転換を意味していた[6]。中共中央の指令に従い、中共軍はハルビン、瀋陽、チチハルなどの大都市から撤退した。

大都市を放棄した中共は、北部を中心に勢力の扶植に努めたが、幹部の不足、反対勢力の抵抗から勢力の拡大は進まなかった[7]。中共中央東北局は農民の関心を引き寄せる手段として、満洲国の国有地や日本人開拓団の土地など、かつて日本人が所有した土地の没収、分配を一九四六年三月に指示した(8)。しかしながら、本格的な土地改革にはまだ着手しておらず、土地を得た農民は限られていた。

一九四六年三月以降ソ連軍の撤退が始まり、国共間の緊張は増した。国民政府は「中ソ友好同盟条約」をたてにソ連軍撤退後の接収権を掲げ、三月十三日に瀋陽を占拠した。そして限定的ながら産業復興をおこなおうとしていた(山本有造 二〇〇五)。中共中央は国民政府軍の北上を食い止めるため長春、ハルビンの確保を決定し、中共軍は四月十八日に長春を、同月二十八日にハルビンを占拠した(9)。中共軍は長春南部で北上してきた国民政府軍と衝突し、四月十八日から五月十八日まで四平をめぐる攻防戦がおこなわれた。中共軍はこの戦いに敗れ、松花江以北へ撤退した。以後、松花江を境に南側が国民政府の、北側が中共の勢力範囲となった。中共軍敗北の原因は、アメリカ軍の支援を受けた国民政府軍より攻撃力が劣っていた点にもあったが、基本方針が都市の確保にあるのか、農村の掌握にあるのか混乱していた点にもあった(10)。また華北や山東などの各地から派遣された「寄合い部隊」の性格を克服することができず、兵力は三〇万人を数えたものの半数以上は新たに参加した兵隊であったため、統率のとれた軍事行動ができなかった点も指摘できる(11)。

中共中央東北局は松花江以北に退いた後、土地改革を進め、農民を中共側に引き寄せる方針を第一にした「七・七決議」を決定した(12)。この決議を受けて、一九四六年七月から九月にかけて一万二〇〇〇人の幹部が農村に入り、土地改革をおこなった(常城 一九八六、四三六頁)。中共は土地改革の一方で、共産党員の拡大にも努めていた。黒龍江省では一九四九年四月時点で党員数は約六万八〇〇〇人に達

表17 中共による省政府の設立状況

省 名	設立年月
遼寧省	45.10.12
安東省	45.11. 3
遼北省	45.11. 5
吉林省	45.12.27
松江省	45.10. 1
三江省	45.11.14
黒龍江省	45.11.13
合江省	45.11.21

註：『東北解放戦争大事記』により一部補正した。
出典：喬順発「1948年底以前東北各省建立民主政権的情況」(『史料集』A4巻) 663～665頁より作成。

し、総人口の一・二％を占めるに至った。[13] ほとんどゼロから出発したので、かなり急激な拡大をはかっていたと言えよう。注目されるのは、新たに入党した党員の五七％が教育を受けたことのない点である。教育水準などは軽視して、政策に共鳴する人物を中共は積極的に党員にしていたのであった。かかる点は、満洲国期政府が行政官を選ぶさいに、中華民国期の有力者から選ばなければならなかった点とは異なっていた。東北解放区において中共の指導下で末端行政を担った人は、以前の在地有力者とは違っていた点を指摘したい。

土地改革により中共は農民の支持を獲得したとはいえ、軍事的には劣勢であった。一九四六年十月から国民政府軍は安東、通化への攻撃をおこない、東部での軍事行動を拡大していた。一九四六年末から四七年初めは、マンチュリアの中共軍が最も苦境に陥ったときであった〔朱建華　一九八七b、一六七～一六九頁〕。

一九四七年五月から中共軍は攻勢に転じ、「夏季攻勢」（五月～六月）、「秋季攻勢」（九月～十一月）、「冬季攻勢」（十二月～四八年三月）と連続した軍事行動を展開した。一九四七年七月になると、中共軍と国民政府軍の兵力数は中共軍が上回り、以後両軍の兵力差は拡大していった。[14] 一九四八年三月に終了した「冬季攻勢」の結果、国民政府軍は長春、瀋陽などの大都市と錦州、興城などの北寧鉄道（京奉鉄道）沿線の都市を確保するのみになった〔常城　一九八六、五〇二頁〕。この時点でマンチュリアにおける国共内戦の帰趨はほぼ決まった。最終的には一九四八年十一月二日に瀋陽が陥落し、中共はマンチュリアでの内戦に勝利した。マンチュリアを解放した中共軍は休む間もなく関内へと進撃し、東北解放区の役割は関内での内戦支援が主要となった。

以上がマンチュリアでの国共内戦のおおまかな経過であり、ついで財政経済政策の変遷について見てみたい。

中共中央東北局は一九四五年から四六年にかけて軍事作戦に追われ、具体的な財政経済政策はほとんど実施できていなかった。一九四六年八月にハルビンで開かれた各省市代表聯席会議で林楓は、一年以内に財政面および経済面での業務の基礎を打ち立てたいと述べている。[15]この主張からは、一九四六年八月時点では財政経済部門の運営は著しく立ち遅れていたことを知ることができる。

軍事力を支える財源を確保するためにも財政経済政策は重大となり、中共中央東北局は一九四七年一月に第一回財政経済会議をハルビンで開いた。この会議で財政問題について報告した李六如は、東北解放区の財政は没収した敵産資産と銀行券の発行によりまかなってきたと述べている。[16]敵産資産の内訳については不明だが、満洲国政府に協力した人々の財産を没収していたと考えられる。銀行券の発行状況については、中共中央東北局は一九四五年十一月に東北銀行を開業して、東北銀行券の発行を始めた。[17]東北銀行券の発行額は、一九四六年では一六四億元であったが、四九年には約一二万億元に達しており、四六年から四九年にかけてその発行額は約七三〇倍も増えていた（表18参照）。東北解放区では軍隊への食料購入にあたって東北銀行券を増発して調達することもあり、東北銀行券発行による財政補塡は一九四七年以降もおこなわれていた。[18]

敵産資産の没収や銀行券発行に依存した財政状況から脱する方針として、第一回財政経済会議で報告した彰真は、農業生産を高め、農産物を売却して利益を得る方針を唱え、軍事情勢が不安定なため工業建設の条件は備わっていないとして、工業より農業を優先する考えを示した。[19]

表18　東北銀行券の発行額

年度	発行額
1946	164 億元
1947 上	288 億元
1947 下	1,021 億元
1948 上	3,286 億元
1948 下	35,000 億元
1949	120,662 億元

出典：『東北解放区財政経済史稿』520～522 頁より作成。

第一回財政経済会議での議論をもとに、中共中央東北局は一九四七年三月四日に四七年度の経済方針について表明した。その方針は農業生産の発展、税制の整理、対外貿易の増進、財政政策の指導強化などをあげている。[20]

一九四七年に出された報告の中で注目したいのは、東北解放区財経会議（ハルビン）での李富春の報告である（四七年八月）。李富春は、現在の戦争は空前の規模にあり、その勝利は財政政策の如何にかかっているとする。戦争は正規化した主力部隊によっておこなわれ、遊撃戦ではないので、大規模な正規戦を支える財力が必要となっていると分析する。ついでマンチュリアの経済的特徴を、陝北などとは違い農業生産が盛んで、これまで戦災の被害を大きくは受けておらず、すでに土地改革は初歩的におこなわれ、かつての植民地的制度は消滅し、さらに鉱工業も発展しているだけでなく鉄道網も備わっており、東北解放区は戦争を支援する条件に恵まれていると分析している。もしマンチュリアの経済水準を高めることができれば、戦争勝利に結びつくことはまちがいないとし、農業、鉱工業、交通業、商業、金融のバランスのとれた育成を主張した(21)。李富春はマンチュリアの経済的特徴が華北の辺区とは異なることを指摘し、マンチュリア経済の潜在力を発揮させることが内戦勝利につながると主張したのである。

一九四八年になると、工業への関心が高まった点が特徴としてあげられる。一九四七年では工業に関する指導経験、人材、経費の不足から、着手しやすい炭鉱の復興が第一におこなわれていた(22)。一九四八年になると東北解放区は拡大したため、多くの鉱山や工場を中共は掌握することができた。それゆえ、中国のなかでも水準の高いマンチュリアの工業力に注目する意見が述べられるようになった(23)。また、都市政策への関心も払われるようになった。農民の動員を第一にしていた東北解放区で、都市政策について中共中央東北局が明確な指示を出したのは一九四七年十月であった。この指示は、東北解放区の人口の三分の一以上が都市住民になったことから、今後は都市の商工業者や労働者に対する工作も重視しなければならないとしている(24)。

このように東北解放区では変化する情勢に応じて財政経済政策の見直しもおこなわれていたことが確認できるが、一九四八年八月に陳雲（東北財政経済委員会主任）は中共中央に対してまだまだ問題は多いとする報告を出している。陳雲は現状の問題として、一つは財政経済政策の範囲が拡大し複雑になっている状況に対応できる経験を持っていいないこと、もう一つは戦争と土地改革にのみ専心したため財政経済問題を看過してきたことを指摘し、財政経済政策は未だ「盲目状態」にあるとしている。[25]

東北解放区の財政収支について詳しい数字を明らかにすることは、現在の史料状況では無理である。金額の推移は不明だが、一九四七年の収入の三一％は公糧（現物徴収による農業税）、貿易収入が五七％、税収（貨物税、営業税など）が三％で、支出は軍事費が約八〇％を占めていた。[26]つまり一九四七年の収入は、貿易収入と農民から徴収した公糧をあわせると八八％に達し、商工業者から徴収した貨物税や営業税はわずかであったとまとめられよう。一九四八年の収入も公糧（三七％）と貿易収入（三五％）の割合が大きかった。一九四七年ではわずか三％に止まった税収は一七％に増え、商工業者からの徴税は四八年になると少しは機能するようになっていた。一九四九年になると、公糧の割合は二三％に止まり、企業収入（三〇％）の割合が増えていた（朱建華　一九八七b、四四〇頁）。企業収入の増加は、一九四八年十一月の内戦終結後、東北解放区では企業の再建が進められたことを示していよう。

以下では、東北解放区の収入を支えた貿易動向、公糧徴収、商工業者からの徴税の実態を明らかにし、東北解放区でおこなわれた財政経済政策の特徴と問題点について指摘してみたい。

二　対外貿易の動向

中共中央東北局はソ連に対して、大豆一〇万トンの売却をおこないたいという協定の申し入れを一九四六年八月にした。ソ連は外交上の問題（「中ソ友好同盟条約」により国民政府を中央政権として認めていた点）と、大豆一〇万トンの輸出では少なすぎることを理由に、その申し入れを断った。一九四五年以降大豆の販路は閉塞したことから、大豆は余ってしまい燃料として燃やされるなど、輸出市場の消滅は農民たちに影響をおよぼしていた(27)。このため大豆の輸出市場を是非とも確保したいと考えた中共中央東北局は、輸出量の増加を提議して交渉を続けた(28)。その結果、一九四六年十二月二十一日にソ連との協定は調印された〔朱建華　一九八七b、四〇八頁〕。

ソ連への農産物輸出が可能となったため、中共中央東北局は各省から穀物を買い上げた。例えば大豆は、一九四七年では約一六万㌧、四八年は約二〇万㌧、四九年には約二四万㌧（三月まで）が買い上げられた〔朱建華　一九八七a、三四八頁〕(29)。大豆の買い上げにより、大豆の価格は上昇した。一九四七年では大豆とコーリャン、トウモロコシの価格差はほとんどなかったが、四九年になると大豆価格はコーリャンより二五％、トウモロコシよりは四〇％高くなり、農民たちの大豆生産を助長した(30)。

しかしながら問題も生じていた。一九四七年の買い上げはとにかく数量を確保するため、他地区への穀物搬出を禁止するという統制的な方法でおこなわれた。それゆえ穀価は上がり、穀物の購入が難しくなるという現象が起きてしまった(31)。合江省では一九四七年三月から農産物の買い上げが始まり、裕華公司という企業が買収を担当していた。裕華公司は目標数量を達成するため不当な計量による買い上げをおこなったことから、「裕華公司はまだ満洲国が派遣しているのか」と不満を述べる農民もいた(32)。また、農産物の買い上げは商人たちに投機的商売の機会を与えてしまった。ハルビンでは、穀物を買い占めて値上がりを待つという行動に出る商人が多かった。このため一九四七年五月以降、ハルビンの穀価は上がりはじめ、市場から農産物は消えはじめた。六月になると穀物を求める人々が商店に列をなすようになり、ハルビンでは「購糧証」の発行による配給統制がおこなわれ、食糧不安の沈静化をはかるという手段がとられた(33)。

ソ連との協定はその後も継続し、一九四八年二月二十七日には第二回協定が、四九年三月二十九日には第三回協定が調印された〔朱建華 一九八七b、四一〇〜四一一頁〕[34]。東北解放区の対外貿易額はソ連との貿易額が九〇%以上を占めたので、東北解放区の対外貿易とは対ソ貿易であったと言えよう〔表19参照〕。輸出では穀物が九〇%を占め、そのなかでも大豆は五〇%を占めていた〔表20参照〕。大豆の契約数量は一九四八年では三七万トン、四九年では五五万トンであり、二〇〜三〇年代には、一〇〇万トン以上を輸出していたのと比べるならば、大豆輸出の規模は大きく縮小していた。輸入は綿製品が約半分を占め、他は工業原料であった〔表21参照〕。

マンチュリアの貿易構造は、日露戦争以降大豆を輸出して綿製品を輸入するという「綿豆交換体制」が形成されており、綿製品は大きく輸入に依存していた〔金子文夫 一九九一、四二一〜四二三頁〕。一九二〇年代以降、瀋陽、大連などに紡績工場がつくられ、満洲国期に生産規模の拡充がおこなわれたが、紡績工場の多くは南部に存在した。南部は国民党軍が制圧したため、東北解放区は綿製品の入手に苦しんだ。東北解放区では紡績業が奨励されたが[35]、綿製品はソ

表19　東北解放区の対外貿易動向（単位：1億東北元）

年度	国名	輸出額	輸入額
1947	ソ　連	48.7	48.7
	朝　鮮	1.4	1.4
	総　計	50.1	50.1
1948	ソ　連	105.6	111.1
	朝　鮮	6.9	5.5
	海　外	0.9	0.9
	国統区	0.2	0.2
	総　計	113.6	117.7
1949	ソ　連	67.6	14.7
	朝　鮮	2.4	0.8
	海　外	2.5	2.6
	総　計	72.5	18.1

出典：孟憲章主編『中蘇貿易史資料』（中国対外経済貿易出版社，1991年）540頁より作成。

表20　東北解放区の輸出動向（1947〜49年の合計）

品　目	金額(1億東北元)	割合(%)
穀物	211.7	90.0
大豆三品	(106.7)	(50.5)
小麦	(40.0)	(18.8)
その他	(65.0)	(30.7)
石炭	10.9	4.6
肉類	4.3	1.8
その他	8.4	3.6
総　計	235.3	100.0

出典：同上541頁より作成。

表21　東北解放区の輸入動向（1947〜49年の合計，単位：1億東北元）

品　目	金額	割合(%)
綿製品	84.9	46.2
麻製品	10.3	5.6
油脂類	19.1	10.4
交通通信器材	20.0	10.9
金属類	8.9	4.8
機械類	2.7	1.5
医薬品	5.5	3.0
ゴム製品	8.4	4.6
化学製品	7.3	4.0
その他	16.8	9.1
総　計	183.9	100.0

出典：『中蘇貿易史資料』543頁より作成。

連からの輸入に依存していた[36]。東北解放区とソ連との貿易内容を見てみると、大豆を主とする農産物を輸出し、綿製品などの消費財を輸入するという、これまでのマンチュリア貿易の基本的な枠組みが存続していたことを示している（貿易全体の規模は以前に比べて縮小している）。しかし単なる以前の繰り返しではない。中共はソ連から輸入した物資を用いて、中共が構築した大衆基層組織を使って農村から食糧を調達した。そして調達した食糧を都市と農村を統治するさいに活用し、中共はその支配をより確固なものにしようとしていた〔大沢武彦二〇〇六〕。

貿易決済がどのようにおこなわれていたのか詳細は不明だが、中共にとって対外貿易は初めてのため、その手続きに慣れていなかった。例えば価格の決定にあたっても、「国際比価」という単語は中共には「新名詞」であったという[37]。対ソ貿易の価格について、直接的に中共が不満を表明している資料を見ることはできなかった。しかし東北人民政府貿易部対外貿易局の文書は、貿易価格は両国の国内価格を酌量して決めているが、この方法は計算的に難しいだけでなく、国際価格は変化するのに貿易価格が固定されたままなのは不合理だとする意見を述べている。また、ソ連は一九四八年の輸入品の価格を四九年夏になって知らせて来たため、対応に苦慮したことも述べている[38]。

対ソ貿易のほとんどは満洲里経由か綏芬河経由でおこなわれたが、大連経由もわずかながら存在した。大連はソ連軍の占領下に置かれたため、中共は公然と活動していた。延安から派遣されて貿易業務に携わっていた楊勉の回想によると、大連で中共はソ連軍の協力を得て貿易活動をおこない、山東半島、香港、朝鮮などと往来していた。国民党軍が東北南部を制圧していたことから朝鮮経由での大連と東北北部の往来は重視され、物資や兵隊を積んだ船は朝鮮北部の羅津まで運航していたと回想している(39)。

ソ連と比べると貿易額は少ないが、北朝鮮との貿易も行われていた。北朝鮮との貿易は対ソ連貿易が持っていた輸出市場と必需物資の確保という役割は小さく、戦略物資の輸送路として注目されていた。中共中央東北局は一九四六年七月に「駐朝鮮弁事処」を平壌に設置した。その目的は、北朝鮮を後方支援地として利用することにあった(40)。具体的には、戦傷者の安全な収容や、マンチュリア北部と南部をつなぐ輸送路として北朝鮮内の通過を考えていた(41)。この任務に従って、一九四七年十月二十日に東北行政委員会と北朝鮮人民委員会は「中国東北物資通過北朝鮮協定書」を締結し、北朝鮮は一五万トンの通過物資を中国のために輸送すること、その代金として石炭約五万八〇〇〇トンと機関車一台をもらうことが決められた(42)。輸送経路には安東～新義州～南陽～図們と通化～輯安～満浦～図們の二経路があった(43)。また、貿易協定の協議も進められ、一九四八年八月には貿易協定が、同年九月二十四日には「中朝経済協定」が締結された(44)。これらの協定には貿易品目、数量などに関する取り決めが存在したと考えられるが、現在のところ協定書本文を見ることはできないので詳細については不明である(45)。

対外貿易ではないが、国民政府支配区との交易も解放区にとっては重要な意味を持っていた。東北解放区内だけですべての物資が調達できたわけではなく、解放区内では売却できない特産物もあり、国民政府支配区との交易は解放区の存続にとって不可欠であった。東北解放区では移出品の厳重な規制をおこなう一方で、商人たちに移出の見返りとして軍用品や必需品の入手を約束させるという、いうならばバーター交易の方法をとらせていた(46)。

遼寧省が一九四七年十二月一日に通令した交易方法を事例に、具体的な方法について見てみたい(47)。穀物、綿製品、煙草などは移出禁止になっていた。移入品は税法が許可している物品はすべて移入できるとあるが、移入品の割合が六〇%以上は軍用品、生活必需品は三〇%、非必需品は一〇%以内と決められていた。移出入品の内容は、厳しく規制されていたのである。移出商についても厳しく審査された。移出商はまず公安局で「良民」である証明書を取得し、ついで税務局に保証人をつけた申請書を出して資格検査を受け、これに合格したならば移出品の納税をおこない、「運搬証」を受領してようやく国民政府支配区に赴くことができた。こうした交易統制が存在したにもかかわらず、解放区と国民政府支配区の物価が違うことを利用して利益を得る商人がいた。例えば吉林省では綿花の価格が国民政府支配区より高騰したため、国民政府支配区から綿布を解放区へ持ち帰って儲ける商人がいた(48)。

国民党区との交易は軍用品や必需品の購入手段としてだけでなく、満洲国紙幣、ソ連軍票、国民政府紙幣（東北九省流通券）を回収、整理することにも活用されていた。具体的には、商人たちに満洲国紙幣などを持たせ、国民政府支配区で物資を購入させることで東北銀行券以外の紙幣を解放区から締め出していた(49)。

以上の検討から、中共は対外貿易に適した地理的条件を生かして、ソ連や国民政府支配区と貿易をおこない利益や不足物資を手にしていた。こうした対外貿易の要請にマンチュリア社会も応じ、農産物の買い上げに耐えて中共の貿易を支えていた。マンチュリアの豊かな農業生産力がなければ、東北解放区で中共が実施した対外貿易政策はうまくいかなったと指摘できよう。

三　農業政策の特徴

東北解放区では不足物資の確保はソ連への農産物輸出という方法でしていたので、農業生産の増加が求められた。農業生産の増加をうながす方法として、農民への農業資金の融資がおこなわれた。

中共による農業融資は一九四六年からおこなわれたが、この時点では地方ごとにバラバラにおこなわれていた（朱

建華 一九八七b、五四〇頁〕。一九四六年十二月二十六日に東北行政委員会は農業融資に関する指示を出し、農業融資を本格的におこなうことを明らかにした。[50]この指示は、農業融資の目的は農業生産の発展であり救済扶助ではないことを主張し、融資は東北銀行がおこなう業務の一つであり、政府は補佐するだけであるとしている。つづいて、一九四七年一月一日に東北行政委員会は五億元の農業融資を実施する指令を各省に出した。[51]

東北銀行を通じた農業融資は一九四七年に着手されたが、いくつかの問題が存在した。第一に、融資の対象となる地区の選定に問題があった。というのは、土地改革が終わったにもかかわらず農業生産が回復しない地区や山間部の農業条件に恵まれない地区は、返還が難しいと判断され融資の対象からはずされたからである。それゆえ必要のない地区に融資がおこなわれ、豊かな農村はますます豊かに、貧しい農村はますます貧しくなるという現象が生じてしまった。第二に、融資業務に携わる人数の不足から、農民に対する調査は十分にできず、農会の有力者に依存して融資先が決められた点があげられる。融資先は有力者の意向により決められ、農業生産を支援する役割を果たせないこともあった。[52]

融資農家の選定問題は一九四九年においても解決していなかった。富裕な農家に多く、貧農に少ないという状況は依然として存在し、農民は「農業融資は地主や富農に与えられ、貧農や雇農が借りることはできない」と話していた。[53]また、政府機関と東北銀行の関係が調整されておらず、長春では政府機関が東北銀行の承諾なしに融資することもあった。こうした問題を抱えながらも、一九四八年には約一〇〇億元が、四九年には約五〇〇〇億元の農業融資がおこなわれた。[54]

融資だけでなく、回収にも問題は生じていた。回収状況については吉林省の事例しか判明しないが、現金ではなく農作物で回収された関係から農産物の受け渡しに問題が存在した。一九四八年には農民たちが品質の劣る穀物を回収用にあてたことや、農産物受領所までの運搬費などをめぐって衝突が生じていた[55]。一九四九年の回収にあたって東北銀行吉林省分行は、指導を施した「農貸員」を約一八〇〇人用意し、省政府や合作社との関係も調整して臨んだ。回収は公平に行うことが求められ、「仁政」的観点は有害だとした[56]。こうした準備により、一九四九年の東北銀行吉林省分行の回収は一〇〇％を達成した。だが、この成果は「右傾憐憫思想」を排除した回収工作の結果であると指摘された[57]。

農業資金の融資に問題が存在したとはいえ、農民への資金融資は一定の農業生産の改善には貢献したようである。吉林省では高利貸に頼る必要がなくなったことや[58]、生産資金として貢献していた事例が報告されている[59]。

既述したように、東北解放区の財政収入中、農民が負担する公糧（農民が農産物で納入する税）の割合は大きかった。土地改革により農民は無償で土地の分配を受けたが、農業税は徴収されていたのである。

表22　東北解放区の公糧徴収状況

年度	負担人口（万人）	総収穫量（万t）	公糧徴収量（万t）	総収穫量に占める公糧の割合（%）
1946	1,122.2	767.7	69.8	9.1
1947	2,812.2	708.6	151.2	21.3
1948	2,742.9	1,226.0	227.8	18.6
1949	3,343.3	1,326.2	237.4	17.9

出典：『東北解放区財政経済史稿』446頁より作成。

一九四六年の公糧徴収は、緊迫した軍事情勢と土地改革の完了した地区が多くなかったため、約七〇万トンにとどまった（表22参照）。一九四七年になると土地改革を終えた地区は増え、軍事情勢も中共が有利になったことを背景に、公糧の徴収量は前年の約二・二倍に増えた。一九四七年の総収穫量は四六年より少ないにもかかわらず、公糧の徴収量は増えていた点に注目したい。この点からは、一九四七年になると東北解放区の農民に対する中共の影響力が増大した一側面をうかがうことができる。

一九四七年の時点では、まだ公糧の徴収には問題は多かった。徴収は土地の肥沃度に基づいて公平に徴収することが方針として掲げられたが、土地等級や生産量など、農業生産の実態を把握するのは容易なことではなく、徴税負担に不公平が生じていた。また徴収した農産物を保管する倉庫も不足しており、農産物が腐ってしまう事態も生じていた[60]。公糧の徴収条例も各省ごとに異なっており[61]、東北解放区に共通する公糧の徴収条例が制定されるのは一九四九年十月であった[62]。

一九四八年は公糧の徴収において画期となった年であり、それまでの経験を踏まえ、農民に受け入れられる方法で徴収は進められた[63]。さらに一九四八年は農業生産が回復し、総収穫量は前年より約一・七倍増加した。これらの要因から、一九四七年より公糧の徴収率を下げても、公糧徴収量は四七年の約一・五倍に増やすことができた。

表23は各解放区における公糧の負担状況を表している。一九四七年度の数値と考えられるが、算出方法など詳しい統計上の性質は不明である[64]。これによると最も負担率が高いのは冀察熱遼解放区で、東北解放区は第二位である。一人あたりの平均負担量では東北解放区は断然多く、華北、山東、西北の二倍以上である。公糧の負担率はそれほど高くないにもかかわらず、一人あたりの平均負担量が多いということは、一人あたりの農業生産量が多いことを意味していよう。つまり東北解放区は、一人あたり他の解放区の二倍近い公糧を徴収できた、豊かな農業生産が可能な解放区であったのである。

農民たちは軍隊や軍事行動の後方支援にも動員されていた。一九四八年九月時点で、黒龍江省からは約九万人が兵士として、約一万六〇〇〇人が「民工」(軍事行動の後援をする)として参加した。松江省からは約二〇万人の「民工」が、合江省からは五万六〇〇〇人の兵士と九六

表23　各解放区の公糧負担状況

解　放　区	華北	山東	西北	中原	東北	冀察熱遼
公糧負担率	15.9%	14.0%	14.8%	17.7%	17.9%	24.6%
1人平均負担公糧(斤)	66.5	54.4	53.3	89.0	143.0	82.2

出典:「中国解放区人民負担(1848.10.15)」(『華北解放区財政経済史資料選編』上，中国財政経済出版社，1996年) 1402〜03頁より作成。

〇〇人の「民工」が参加した(65)。「民工」は東北解放区全体では、一九四九年三月までに延べ三〇〇万人が動員された(66)。こうした大規模な動員の結果、生産活動に障害が出ていること、さらに動員された人への食糧、衣服の供給は重い負担となり、農民の暮らしに悪影響が出ているとする報告もおこなわれていた(67)。「民工」への動員は、人々の自発性からのみおこなわれたのではなく、強制的な割当てや、うそをつき、ごまかして連れて来ることもあったという(68)。

東北解放区は他の解放区に比べて多くの公糧をおさめることができ、農業生産を回復させながら軍事行動へ人員を出すことができる、高い農業生産力を持っていたとまとめられよう。

四　商工業者への政策

一九四六年八月の東北各省代表聯席会議で採決された「東北各省市民主政府共同施政綱領」第四項には、「民営商工業」の保護や資本家への正当な利潤の保障などが盛り込まれた(69)。商工業者は打倒の対象ではなく、解放区を支える一勢力として位置づけられたのである。しかしながら、実際には商工業者への清算闘争はおこなわれ、倒産する商店や閉鎖に追い込まれる工場が出ていた〔大沢武彦 二〇〇二・二〇〇四〕。商工業者への清算闘争は市場の混乱を招くだけでなく労働者の失業も招くことから、中共中央東北局は一九四六年十月に私営商工業を保護する指示をあらためて出した(70)。

東北解放区では土地改革が進められるなかで、地主が都市に所有した財産も追及されるようになり、地主の財産と関わりのある商工業者は闘争の対象となった。黒龍江省の克山県では一九四七年十二月までに商店数五九七店のうち三三三店に闘争がおよび(71)、賓県では全商工業者の約半数が闘争を受けた〔朱建華 一九八七b、一一一頁〕。こうした商工業者に対する闘争により多数の商工業者は零落してしまい、地域社会への影響力は喪失したと考えられる。

ゆきすぎた闘争を抑えるため、中共中央東北局は一九四七年八月に商工業者への闘争に際しては事前に党委員の同意を得ることや、商工業者が所有する土地は没収の対象となるが財産は保護されるなどの指示を出した(72)。とはいえ、安東では一九四七年十一月から土地改革が激化し、それに呼応して商工業者に対する闘争もおこなわれ、八月の指示以後も商工業者への闘争はおこなわれていた(73)。一九四八年二月二十七日に毛沢東は「商工業政策について」を発表し、「地主、富農の封建的搾取を一掃することと、地主、富農の経営する商工業を保護することは区別」するべきだとする見解を示した(74)。以後、商工業者への侵害はおさまり、賠償もおこなわれた(75)。

つまり、東北解放区では一九四六年から私営商工業の保護は謳われてはいたが、土地改革の余波を受けて商工業者への闘争がおこなわれてしまい、最終的には毛沢東の指示により四八年初頭に闘争は終了するという経緯をたどったのである。

東北解放区では正当な利益の獲得を目的とした商工業者は流通、生産の担い手として保護を受け（土地改革の影響から清算闘争を受けることもあったが）、税収を負担する存在としてみなされた。商工業者が負担したのは営業税と貨物産銷税（物品の製造者または輸送者が払う税）が主であったが、どちらもその徴収には問題が存在した。

貨物産銷税は物品に課税することから徴税しやすかったが、税務員の人数不足から徴税場を多くつくることは難しく、徴税場を避ける商人もいた(76)。また実際の製造量を報告しなかったり、二重帳簿による脱税などもおこなわれていた(77)。一九四六〜四七年では徴収に関する条例も各省ごとに異なっていた。東北解放区に共通する「貨物産銷税条例」が施行されるのは、一九四八年一月まで待たなければならなかった(78)。

営業税の徴収は貨物産銷税に比べてより問題が多かった。まず課税方法が統一されておらず、営業額に基づく方法と純益に基づく方法が混在していた〔朱建華 一九八七b、四五一頁〕。どちらの課税方法をとるにしても、商工業者の営業内容を把握する必要があり、これに悩まされた。個々の商店すべてを税務局員が回り調査することは現実には不可能であった。このため典型商店の調査をおこない、それをもとに課税する方法、商人たちが集まり協議して各自の税額を決める方法、自主申告などの方法がとられた。いずれの方法により徴税するかは各地で異なり、バラバラな税制は問題があると指摘されていた(79)。脱税する商人はあとを絶たないことから、吉林省では「密告箱」を設けて脱税を取り締まるという手段も用いていた(80)。また、商人の納税意識を高める宣伝活動もおこなわれ、遼東省では「徴税方法の改善が行われれば行われるほど、商人の防衛方法は巧妙になる」という連関を断ち切ろうとしていた(81)。

徴税される商工業者だけでなく、徴税する側にも問題はあった。第一に税務員の資質に問題があった。例えば、吉林省吉北分局では税務員が不足していたため、読み書き、計算ができるかどうかを基準に大量の税務員を採用した。それゆえ政治意識は低く、給料がもらえれば共産党でも国民党でもかまわないという人もいた(82)。さらに徴税をめぐる汚職も多く、一九四九年になっても東北税務総局は汚職追放の通知を出していた(83)。

第二に、税務員が積極的に徴税業務に取り組めない状況が存在した。一九四七年後半以降、商工業者の保護が明確化されると、税金の軽減や免除などの極端な保護がおこなわれ、徴税業務を軽視する地方が現れた(84)。また政治的批判を恐れ、「功あるを求めず、過ち無きを求める」という態度をとる税務員も少なくなかった(85)。中共党員のなかには徴税は「金集め」にすぎず、重要な仕事ではないと考えたり、政治機関に比べて待遇面で劣っていたことから敬遠する人もいた。何より懸念されたのは、厳しく徴税すれば人民の実情を軽視していると批判され、逆に民衆の意見をいれて徴税を軽くすると職務に励んでいないと批判されるという、業務評価が時々の政治状況によって変わることであった(86)。

商工業者からの徴税額が少なかったのは、商工業者が納税を逃れようとした点にも起因したが、商工業者の保護を謳いながらも清算闘争を許してしまった中共の指導力不足と中共が準備した徴税システムの混乱によるところが大きかったとまとめられよう。(87)

東北解放区の商工業者をめぐる状況は、新たに合作社や国営商店が設立されたことから楽観を許さないものへとなった。中共中央東北局は一九四八年に農村への日用品や農具などの供給機関として、合作社や国営商店の設立を始めた。(88)農村に設立された供銷合作社は、商人の中間搾取を減らし、農民へ廉価な生活用品を供給することを目的としていた。一九四八年の時点では、まだ合作社の運営は軌道にのっておらず、今後の育成が強調されるという段階であった。(89)しかしながら、清算闘争の打撃により私営商店が減少した状況に乗じて、供銷合作社は勢力を伸ばしはじめた。(90)

一九四九年になると、国営商店と供銷合作社を流通機構の主役とする試みが一層進められた。国営商店の供給金額は一九四八年の約一万六〇〇〇億元から、四九年には二一万六〇〇〇億元に増えた。(91)農村部の供銷合作社は一九四年十二月までに七八〇四社がつくられた。(92)国営商店、供銷合作社の活動は拡大したとはいえ、私営商店に依存する部分も依然として存在した。国営商店の供給率は一九四九年には四四％を占めていたが、流通過程の末端では小売り商人に依存しており、国営商店は卸売商的な役割に止まっていた。(93)供銷合作社は多数設立されたものの、その運営は採算を無視していたり、社員の汚職も多かった。(94)このため農村部では私営商店を凌ぐことができず、例えば楡樹県では購入の五九％、販売の七七％が私営商店を通しておこなわれた。(95)

私営商店は一九四九年においても必要ではあったが、私営商店をめぐる状況は確実に変化していた。一九四八年十一月に戦闘が終結するまで、商人たちは戦争がもたらす物価変動や物資の需給混乱を利用して利益をあげてきた。ところが、内戦が終わると市場に対する政府の統制がきくようになるとともに、物資の需給も関内との連絡により改善されたため、投機的な商業の余地は縮小した。(96)また商工業者のなかには、「樹大招風（木が大きいと強く風を受ける）」を恐れて、経営規模の拡大を避ける動きも生じていた。(97)

私営商工業者の活動範囲は縮小していたが、私営商工業者の撲滅が考えられたわけではない。一九四九年十一月に財政部長の顧卓新は今後の税務方針について語り、これからは商工業税への依存を高めていくので商工業の正当な発展をうながし、「竭沢而魚（沢を干して魚をとるほど、徹底的な方法をとる）」のような方法はいけないと述べている。しかし商工業の発展には留保が付けられており、公営企業の発展を先にし、私営企業の単純な発展は諫める主張をしている。(98)

工業をめぐる状況も一九四九年には変化していた。東北解放区の工業が本格的な回復へ向かうのは、内戦が終結した一九四八年十一月以降のことであった〔西村成雄　一九八四、四三五～四五七頁〕。ようやく回復を始めた東北工業を脅かしたのは天津や上海からの移入品であった。一九四九年五月ごろから天津、上海の製品がマンチュリアに出回りはじめ、マンチュリア産の製品は売れなくなってしまった。また労務管理にも問題があり、仕事をしなくても給料が払われたり、規模縮小のため人員整理をしようとするならば高い解雇金を払うことが事業者には求められていた。(99)操業面でも問題は多く、コストを度外視した生産がおこなわれたり、経験、知識に乏しい工場長がいたことから設備の破損は軽視されてしまい、操業が止まることもあった。(100)

以上のように、一九四九年になると東北解放区の商工業者を取り巻く状況は変化し、私営商店は市場の縮小、活動の制限、工業は競争の激化、労使関係の調整という事態に対処していくことが求められるようになった。これらの問題は、一九五〇年代の「社会主義改造」下でその解決が追求されていく。

おわりに

これまでの研究は中共が内戦に勝利した原因を、土地改革により農民の支持を得た点に求める見解が多かった。土地改革が農民の支持獲得に大きな役割を果たしたことはまちがいない。とはいえ、内戦勝利に必要な条件は軍事力の増強であり、軍事力を支える財政収入の確保であった。財政収入は土地改革だけでは確保できない側面もあった。東北解放区で中共はソ連への農産物輸出をおこなうとともに、農業生産の増加をうながし、財政収入を増やそうとしていた。こうした対外貿易をテコに農業生産を増大させるという方法は、マンチュリア経済の歴史的特徴に則した方向性でもあったと指摘できよう。マンチュリアでの中共勝利を支えた要因として、土地改革の実施だけでなく、かかる財政経済政策を実施していた点にも注目したい。

マンチュリアには満洲国期に拡充された工業設備が残っていたとはいえ、これらが稼働するのは一九四九年以降であり、中共は東北解放区の工業設備を内戦期には十分に活用できていなかった。つまり、東北解放区での内戦勝利を支えたのは農業であり、工業ではなかった。東北解放区の財政収入を支えた主因は、農産物の増産をはかって公糧を増やすとともに、農産物をソ連に輸出するといった農業を基調とした政策に求められる。[101]

農村部では土地改革の過程で地主は打倒され、中共に賛同する人々が力を持つようになった。また、商工業者も清算闘争のなかで、大きな打撃を受けていた。さらに中共は国営商店や供銷合作社の育成をおこない、私営商工業者の勢力削減をはかったため没落する商工業者も多かった。こうした中共が実施した政策の結果、満洲国期まで有力者であった人々は財産を没収され、その社会的影響力を低下させていた。国共内戦期に、マンチュリア統治を担った人々には交替が生じ、以前の有力者は没落し、中共の政策に賛同し、その指導に従う人々がマンチュリア統治を担うようになったと考えられる。

註

（1）これらの史料集の概要については、石剛の解題を参照（井村哲郎編『一九四〇年代の東アジア―文献解題』アジア経済研究所、一九九七年、二六七〜二九二頁）。
（2）本章では中共中央、中共中央東北局などの語句を使い分け、政策の決定、執行主体をできるだけ明確にした。しかし中共全般の動向を示す場合には、単に中共と記した。
（3）マンチュリアの中共軍の名称は、東北人民自治軍、東北民主聯軍、東北人民解放軍隊、中国人民解放軍第四野戦軍と繁雑に変更されていた。本章では中共軍で統一した。
（4）陳雲「対満洲工作的几点意見（一九四五・一一・三〇）」（『陳雲文選　一九二六〜一九四九年』人民出版社、一九八四年）二二三頁。
（5）「中ソ友好同盟条約」の付属協定「今次の日本国にたいする共同作戦におけるソ連軍の中国東三省地域内への進入後のソ連軍最高司令官と中国行政当局とのあいだの関係に関する協定」では、軍事行動の終了後、マンチュリアは国民政府に引き渡されることが決められていた（日本国際問題研究所中国部会『新中国資料集成』一、日本国際問題研究所、一九六三年、一一一〜一一二頁）。
（6）一九四五年九月から四六年六月までの中共の戦略変化については（丸山鋼二一九九二）を参照。
（7）陳雲「北満根拠地建設的進展状況（一九四六・四・二〇）」（『陳雲文選　一九二六―一九四九』）二二五〜二二八頁。
（8）「中共中央東北局関于処理日偽土地的指示（一九四六・三・二〇）」（『史料集』A1巻）二六四〜二六五頁。
（9）「中央関于控制長春、哈爾浜及中東路保衛北満給東北局的指示（一九四六・三・二四）」（中央檔案館編『中共中央文件選集』一六、中共中央党校出版社、一九九二年）一〇〇頁。
（10）羅栄桓「対東北解放戦争形勢与任務的分析和部隊政治思想工作」（『遼瀋決戦』上、人民出版社、一九八八年）三七〜三八頁。

(11) 陳雲「発動農民是建立東北根拠地的関鍵（一九四六・七・一三）」（『陳雲文選　一九二六―一九四九』）二三七頁。
(12) 陳雲「関于形勢和任務的決議（一九四六・七・七）」（『陳雲文選　一九二六―一九四九』）二二九〜二三五頁。
(13) 「黒龍江省党支部組織状況統計表」（中共黒龍江省委組織部、中共黒龍江省委党史研究室、黒龍江省檔案館編『中国共産党黒龍江省組織史資料　一九二三―一九八七』黒龍江人民出版社、一九九二年）一四一頁。
(14) 「東北敵我軍力量各介時期比較表」（『遼瀋決戦』下、六八五頁）。
(15) 林楓「東北各省代表聯席会議閉幕詞（一九四六・八・一五）」（『史料集』A1巻）一八頁。
(16) 李六如「関于財政問題的結論報告（一九四七・一・二一）」（『史料集』A1巻）二八〜三三頁。
(17) 「東北銀行総行三年来工作報告（一九四九・五）」（『史料集』A3巻）五七〇頁。
(18) 陳雲「把財経工作提到重要位置上来（一九四八・八）」（『陳雲文選　一九二六―一九四九』）二六五〜二六六頁。
(19) 彭真「存各省財経連席会議上関于工業建設問題的講話（一九四七・一・二〇）」（『史料集』A2巻）六〜七頁。
(20) 東北局「関于一九四七年度財経工作方針与任務的指示（一九四七・三・四）」（『史料集』A1巻）三三〜四〇頁。
(21) 李富春「在財経会議的報告与総結（一九四七・八）」（『史料集』A1巻）五三〜七二頁。
(22) 工鉱処「関于東北工鉱業一些材料的匯集報告（一九四七・三）」（『史料集』A2巻）一一〜二二頁。
(23) 陳郁「東北工業概況（一九四八・八）」（『史料集』A2巻）七七〜八四頁。
(24) 東北局「関于加強城市工作的指示（一九四七・一〇・一〇）」（『史料集』A1巻）四六頁。
(25) 註(18)に同じ。
(26) 東北財政委員会「東北解放区一九四七年財政工作報告（一九四八・一・三一）」（『史料集』A4巻）一〇四〜一〇七頁。
(27) 「合江省政府関于購糧工作総結（一九四七・七・二五）」（『史料集』A3巻）二〇頁。
(28) 「東北貿易総公司第一年度対外貿易工作総結与第二年度対外貿易意見草案」（『史料集』A3巻）二八一〜二八三頁。
(29) ここで依拠した「東北解放区歴年購糧統計表」は合計数量に不一致が多く、統計としての信憑性に疑問が残る。
(30) 「商業部三年来工作概述（一九四九・五）」（『史料集』A3巻）二一六〜二一七頁。
(31) 同前、二一七頁。
(32) 「合江省政府関于購糧工作総結（一九四七・七・二五）」（『史料集』A3巻）二一頁。

(33)「哈市物価問題（一九四八・五・二〇）」（『史料集』A3巻）八八～八九頁。

(34) いずれの協定も協定自体はどの資料集にも収録されておらず、具体的な内容は不明である。若干の概要が、暁春「略論解放戦争時期東北解放区的対外貿易」（那安臣・白俊成主編『解放戦争与東北』遼寧大学出版会、一九九三年、五五〇～五五二頁）に紹介されている。

(35)「東北行政委員会関于発展紡績工業問題的指示（一九四七・五・一七）」（『史料集』A2巻）二二一～二二三頁。

(36)「哈市金融物価総結（一九四七・八）」（『史料集』A3巻）三〇～三八頁。

(37)「二年来対外貿易工作初歩総結（一九四七年）」（『史料集』A3巻）三一二頁。

(38)「東北人民政府貿易部対外貿易局一九四九年対外貿易工作総結（一九四九・一・三〇）」（『史料集』A3巻）三五一頁。

(39) 楊勉「遼南地区的貿易工作」（商業部商業経済研究所編『革命根拠地商業回憶録』中国商業出版社、一九八四年）。

(40)「駐朝鮮弁事処」の設置にあたって、中共中央東北局は一九四六年六月に「以北朝鮮為隠蔽的後方来支援南満作戦（北朝鮮を隠れ蓑として、後方から南満作戦を支援する）」という方針を立てていた（丁暁春・戈福録・王世英主編『東北解放戦争大事記』中共党史資料出版社、一九八七年、二〇三頁）。

(41) 丁雪松・侃振・斉光「回憶東北解放戦争期間東北局駐朝弁事処」（『遼瀋決戦』上）六二五～六三三頁。また鐸木昌之〔一九九三、四九～五三頁〕を参照。

(42)「北朝鮮人民委員会全権代表与中国東北行政委員会全権代表茶訂之《中国東北物資通過北朝鮮協定書》（一九四七・一〇・二〇）」（『史料集』A3巻）三七三～三七七頁。

(43) 孟繁徳「解放戦争時期東満根拠地的戦略地位及其作用」（『解放戦争与東北』）一六八頁。

(44) 平壌商業代表団「一年的商務総結報告」（『史料集』A3巻）三五三～三五八頁。

(45) こうした協定の内容は北朝鮮側の資料によっても、現在のところでは確認不可能とのことである（鐸木昌之氏よりの教示）。

(46)「吉林省吉北行政督察専員公署訓令――関于出入口物資管理与緝私工作範（一九四六・九・二八）」（『史料集』B3巻）一三～一四頁、「遼吉区行署関于特産出口的決定（一九四六・一一・二五）」（『史料集』B3巻）二二～二五頁。

(47)「遼寧省政府通令――頒布進出口物資管理及征税臨時弁法（一九四七・一二・一）」（『史料集』B3巻）六九～七〇頁。

(48)「東北税務総局一九四七年東北税務工作過程（一九四七年）」（『史料集』B1巻）三六七頁。

(49)「東北銀行総行三年来工作報告（一九四九・五）」（『史料集』A3巻）五七一頁。

(50)「東北行政委員会関于東北銀行発放農貸問題的指示（一九四六・一二・二六）」（吉林省金融研究所『吉林省解放区銀行史料』中国金融出版社、一九九〇年）一七七〜一七九頁。

(51)「東北行政委員会関于発放五億元農貸問題（一九四七・一・一）」（『史料集』A3巻）三八二〜三八三頁。

(52)「吉林省分行向総行関于農業放款重点問題的報告（一九四八・三・一七）」（『吉林省解放区銀行史料』）二三九〜二四一頁。

(53)「吉林省分行一九四九年春耕農貸総結」（『吉林省解放区銀行史料』）四二八頁。

(54)「東北銀行総行一九四九年農貸工作報告（一九五〇・三）」（『史料集』A3巻）六四〇頁。

(55)「吉林省分行一九四八年冬季工作総結報告――有関農貸検査与回収工作」（『吉林省解放区銀行史料』）三四四〜三四五頁。

(56)「吉林省分行一九四九年農貸回収準備工作総結」（『吉林省解放区銀行史料』）四三四〜四四〇頁。

(57)「吉林省分行一九四九年農貸工作全年総結――工作述要」（『吉林省解放区銀行史料』）四四八頁。

(58)「吉林省分行夏鋤貸糧総結報告」（『吉林省解放区銀行史料』）四三一頁。

(59)「吉林省分行一九四九年回収農貸総結」（『吉林省解放区銀行史料』）四四三頁。

(60)東北糧食総局「三年来糧食工作総結報告（一九四九・六）」（『史料集』A4巻）二二六〜二三三頁。

(61)例えば吉林省については、「吉林省政府徴収公糧暫行条例（一九四七・一〇・一八）」（『史料集』A4巻）六三〜六七頁を参照。

(62)東北人民政府「東北区公糧徴収暫行条例（一九四九・一〇）」（『史料集』A4巻）三〇五〜三〇九頁。

(63)註(60)に同じ。

(64)記述資料のなかには、華中の徴収率（四八年）はだいたい二〇％で、山東の二五％や華北の三〇％よりは低いと述べているものがあり、表23の数字には検討の余地が残されている（「華中工委関于籌借公糧確保戦争供応的決定（一九四八・一二・一二）」江蘇省財政庁・江蘇省檔案館・財政経済史編写組編『華中解放区財政経済史料選編』五、南京大学出版社、一九八九年、二九二頁）。

(65)前掲『中国共産党黒龍江省組織史資料』一二三・一六七・一九二頁。

(66)　東北行政委員会民政部「東北三年来各地人力、畜力、戦勤統計表（一九四九・三・一二）」（『史料集』A4巻）五六六頁。
(67)　羅栄桓「東北解放戦争形勢与任務的分析和部隊政治思想工作」（『遼瀋決戦』上）三四頁。
(68)　東北行政委員会民政部「東北三年来戦勤工作（一九四九・五）」（『史料集』A4巻）五七〇頁。
(69)　「東北各省市民主政府共同施政綱領（一九四六・八・一一）」（『史料集』A1巻）一三頁。
(70)　「東北局関于城市工人店員工作的指示（一九四六・一〇・七）」（『史料集』A2巻）一～二頁。
(71)　「克山城区被闘工商業償様処理的（一八四八・五）」（『史料集』A3巻）九八頁。
(72)　「東北局関于清算地主在城市中工商業的指示（一九四七・八・八）」（『史料集』A3巻）二八～二九頁。
(73)　「安東市私人工商業糾偏総結（一九四八・六）」（『史料集』A3巻）一〇七～一一六頁。
(74)　『毛沢東選集』第四巻（人民出版社、一九六〇年）一二八三～八四頁。
(75)　三江省の状況については、「中共三江省委関于糾偏工作給東北局的報告（一九四八・八・五）」（『史料集』A1巻）四一八～四二三頁参照。吉林省楡樹県の状況については、「楡樹城区被害侵工商業的初歩研究（一九四八・八）」（『史料集』A3巻）一二三〇頁を参照。
(76)　松江省工商管理局「一九四六～一九四七年松江省税収工作概況（一九四七年）」（『史料集』A4巻）八七頁。
(77)　「従清理産銷税中看到的問題（一九四九・二・一二）」（『史料集』B3巻）一七二～一七三頁。
(78)　「東北行政委員会令――頒布東北解放区貨物産銷税暫行条例（一九四七・一二・一八）」（『史料集』B2巻）三一七～三二二頁。一九四九年二月に改訂されている（『史料集』B2巻、三六〇～三六五頁）。
(79)　任泉生「税収与工商業政策（一九四八・七）」（『史料集』B1巻）一五〇頁。課税方法については、所得に応じた累進課税による東北解放区工商所得税暫行条例が一九四九年八月に制定され統一された（東北行政委員会「東北解放区工商所得税暫行条例（一九四九・八・二）」『史料集』A4巻、二五〇～二五五頁）。
(80)　「吉林省税務局布告（一九四七・六・一一）」（『史料集』B3巻）五一頁。
(81)　「遼東省税務局一九四九年税収工作基本総結（一九四九年）」（『史料集』B1巻）六八三頁。
(82)　「吉林省吉北税務分局一九四七年税収工作総結（一九四八・一・六）」（『史料集』B1巻）三八七～三八八頁。
(83)　「東北税務総局為避免税款去失加強幹部責任心与内部制度的通知（一九四九・六・二三）」（『史料集』B3巻）五一八～五

一九頁。

(84) 東北税務総局「一九四六～一九四九年東北税収工作簡単報告（一九四九・五・一七）」（『史料集』Ａ４巻）一八一頁。

(85) 「検査領導、改進工作――石英在松江省県局長会議上的総結（一九四八・一〇）」（『史料集』Ｂ１巻）四三六頁。

(86) 「吉林省税務局一九四八年幹部状況簡単総結（一九四八年）」（『史料集』Ｂ１巻）五〇八～五〇九頁。

(87) 東北税務局は商工業者の税負担は農民より軽いとみなしていた（東北税務総局「関于購銷証制度及農業税与工商業税税率等問題（一九四九・九・一）」『史料集』Ｂ１巻、二〇九～二一五頁）。商工業者が恐れたのは税金よりも、公債の負担だったようである（「中共錦州市委関于対私商進行税務管理的工作報告（一九四九・八・八）」遼寧省檔案館『遼寧対資改造檔案選編　一九四九―一九五六』上、一九八七年）三八頁。

(88) 「東北局関于開展農村合作社工作的指示（一九四八年）」（『史料集』Ａ３巻）一六三～一六五頁。

(89) 「東北局関于一九四八年農業生産的総結与一九四九年農業生産的決議（一九四八・一〇・六）」（『史料集』Ａ１巻）四九八～四九九頁。

(90) 「吉林省分行一九四八年上半期工作総結――有関工商業概況、貨幣流通与物価」（『吉林省解放区銀行史料』）一九〇頁。

(91) 「一九四九年東北区国営内地商業工作的簡要報告」（『史料集』Ａ３巻）二六一～二六二頁。

(92) 東北合作総社「四年多的東北合作社工作（一九五〇・六）」（『史料集』Ａ３巻）二七二頁。

(93) 註(91)に同じ。

(94) 「東北局関于七、八両月工作向毛主席的総合報告（一九四九・九）」（『史料集』Ａ１巻）一八六～一八八頁。

(95) 高崗「在農村工作座談会上的総結発言（一九五〇・一）」（『史料集』Ａ１巻）六二五頁。

(96) 註(94)一七九～一八一頁。

(97) 「中共遼西省委関于私営工商業問題初歩検査総結（一九四九・七・二四）」（『遼寧対資改造檔案選編　一九四九～一九五六』上）六～七頁。

(98) 「関于税務工作的几個問題――財政部顧卓新部長在県級税幹輪訓班講話（一九四九・一一）」（『史料集』Ｂ１巻）二八六～二九一頁。

(99) 註(94)一八〇～一八三頁。

(100)　高崗「関于三、四両月工作向毛主席的総合報告」(『史料集』Ａ1巻)一一二〜一一三頁。

(101)　このように内戦期の東北解放区における財政経済政策をまとめてみると、西村成雄氏の提唱した農村変革だけではない商工業者の変革をも含む「東北モデル」には不十分な点もある。豊かな農業生産力を背景に、農産物を輸出して不足物資を補うとともに財政収入を確保していた側面も組み込む必要があると言えよう。

終章　マンチュリアでの社会変容

各章の検討を踏まえ、明代から中華人民共和国の成立までの期間、マンチュリアではいかなる社会変容が生じていたのか、終章としてまとめてみたい。

明朝は衛所制により遼東を統治し、ヌルガン地区は羈縻衛所制により管轄した。遼東とヌルガン地区の境には遼東辺牆を築き、その境界を明らかにしていた。遼東では衛所を設置して領域的な統治をおこなったが、ヌルガン地区での羈縻衛所制は朝貢に来る首長を羈縻衛所の長に任命して統治を委任する制度であり、領域的な統治ではなかった。ヌルガン地区の境域は曖昧であったが、明代にはおぼろげながらマンチュリアの姿が現れた。また、マンチュリアと中国関内との結びつきは、ゆるやかなものであった。

明朝が構築した地域秩序は、十五世紀後半以降に変容していく。衛所制は軍士の逃亡、その結果としての屯田の崩壊により機能が低下し、軍事力は有力者の家丁への依存を深めていた。より多く朝貢をおこない、明朝からの賜給品を増やしたかった女真は、互いの抗争を激化させていた。また、貂皮交易により富を増やし、軍事力を増強していた。そうしたなかでヌルハチは明朝が実施した羈縻衛所制度を利用して勢力を増大し、女真を統一して対明戦争を始めた。ヌルハチ、ホンタイジによる軍事行動が進むなかで、羈縻衛所制と衛所制は消滅した。

清朝は明朝とはまったく異なるマンチュリア統治をおこない、旗人の生計保護を第一にした旗民制により地域秩序を構築した。清朝は、盛京では「旗民分治」、吉林・黒龍江では民人の流入禁止により旗人の生計を維持する統治をおこなった。そして柳条辺牆によりマンチュリアを区画し、マンチュリアに社会変容が生じることをできるだけ回避する方向性をとっていた。また、ロシアと結んだネルチンスク条約（一六八九年）により、マンチュリア北辺の境界が定められ、マンチュリアの形はよりはっきりとなった。清朝は旗人の生計維持を第一にした統治をしており、マンチュリアのすみずみにまで統治力をおよぼそうとはしていなかった。そして、清朝は民人の流入を制限していたので、マンチュリアと中国関内との結びつきはゆるやかであった。

清朝は民人の無原則な流入は禁止していたが、民人の流入は止まなかった。民人の流入により旗人と民人との間のバランスが崩れ、その調整がはかられるなか、十九世紀後半にロシアとの間にアイグン条約、ペキン条約が結ばれ、マンチュリアには国境が生まれた。また、朝鮮との間でも図們江、鴨緑江が国境として認識されるようになり、国境線に画されたマンチュリアの範囲が形成された。そして、国境がマンチュリアに住む人々の行動を制約する時代に入った。このときに形成されたマンチュリアの範囲はその後にも受け継がれ、中華民国期の東三省、満洲国の領域ともおおよそ重なっていた。

一九〇〇年前後に鉄道が敷設されるとマンチュリアの人口は急増し、旗民制の維持はできなくなった。清朝は旗民制を放棄して、州県制の拡大や警察機構の導入をおこない、統治力をより浸透させようとした。鉄道敷設により移住してくる漢人は増え、マンチュリアは漢人の色彩に染まるとともに、中国関内との一体性を強めた。漢人移民は「無主の地」を耕していたのではなく、清朝が払い下げた土地を耕作しており、土地払い下げの過程で生じた権利関係のなかで暮らしていた。変容した旗民関係の上に、鉄道敷設を契機とした人口急増、大規模な土地の払い下げという状況が積み重なり、マンチュリアの重層性は形成された。

張作霖ら中華民国期の東三省の政治権力者は、土地の払い下げと大豆売買に利益を見出した。張作霖らは清朝が管轄した土地の払い下げを受けることにより、広大な土地を所有する地主となった。また、鉄道敷設により商業的農業が拡大し、大豆の売買が大きな利益を生むことを知った。それゆえ、張作霖政権は自己の都合に合わせて紙幣を発行し、その紙幣を使って大豆を購入・販売して大きな利益を得ていた。こうした要因がマンチュリアの地域的特質に重層的に付加され、その上に満洲国は存在した。

満洲国期の特徴としては、工業化政策と統制経済の浸透があげられる。工業化政策により、一部の都市では工業化と都市化が進み、周辺にもその影響は波及していた。また、統制経済の浸透をはかるため、満洲国政府は以前の政治権力よりも、末端社会にまで統治力を浸透させる試みをおこなった。しかし、政策内容が「中国人」の特性と合致していなかったこと、政策を推進、実行する人材が不足していたことから、その浸透は限定的であった。総じて満洲国政府は、領域的主権国家の確立を目指して、国境にまで統治力をおよぼすとともに、中央集権的な統治をおこなった。こうした要因がマンチュリアの地域的特質に重層的に付加され、満洲国は崩壊した。

中国共産党は土地改革、商工業者の財産没収をおこない、これまでの土地、財産の状況を一変させた。このとき、それまでまとわりついていた清朝以来の土地権利関係や、在地有力者の土地や財産は消滅したと考えられる。国共内戦期には、それまでのマンチュリアの状況を激変させる、大きな社会変容が生じていたと考えられる。

十四世紀後半の明代から一九四九年の中華人民共和国の成立までの期間を、本書で明らかにした社会変容を指標にして、以下のように時期区分してみたい。

第一期は、十四世紀後半から十五世紀前半までであり、衛所制と羈縻衛所制による統治の時期である。第二期は、十五世紀後半から十六世紀末までの衛所制、羈縻衛所制の変容期であり、軍士の逃亡、女真の台頭などから衛所制、羈縻衛所制が変容した時期である。第三期は、十七世紀初めから十七世紀末までの旗民制の形成期である。この時期はヌルハチ、ホンタイジによる八旗制の形成、入関による大規模な旗人の関内への移動、対ロシア、ジュンガル戦に備えた先住民の八旗制への編入、軍事拠点への旗人の移駐などにより、マンチュリアの社会状況が大きく変化した時期であった。第四期は、十八世紀初めから十九世紀後半までの旗民制の変容期である。民人の流入により旗民制が変容していく時期であり、またロシア、朝鮮との間に国境が形成された時期でもあった。第五期は、二十世紀初めから満洲国の滅亡までである。この時期は鉄道敷設により人口が急増し、農業生産や農産物輸出が増加した。中国関内から多数の移民がやってきたことから、マンチュリアと中国関内との一体化が緊密になった。また、旗民制の放棄により旗人は没落し、土地の払い下げや大豆の生産・販売に関わる在地有力者が台頭した時期でもあった。第六期は、国共内戦以降であり、中国共産党が統治を始めた時期である。この時期は第五期に台頭した在地有力者の土地、財産は中国共産党により没収され、土地の権利関係に残っていた清朝以来の諸関係も土地改革により消滅した。第六期以降は、中国共産党の指導のもとで働く人々が、重要な位置を占めるようになった。

日本人がイメージする満洲は、第五期の約五〇年間のなかで形成されており、それ以前をも含み込むものではない。満洲国が崩壊すると、日本人の間では満洲という地域概念は消滅していき、「旧満洲」と表記されるようになった。つまり、日本人の満洲イメージは「マンチュリア六〇〇年の歴史」のなかでの、わずか五〇年ほどに依拠して形成されたものだと指摘したい。

周知のように、矢野仁一は「満洲は満洲人の領土であり、満洲と中国とは別物」であり、さらには「満洲に漢人が移住したのは十九世紀以降なので、満洲を漢人固有の領土とみなすことはできない」と主張していた（矢野仁一 一九三二）。こうした理解はマンチュリアの重層性を軽視しており、マンチュリアの歴史のなかで自己に都合のよい、過去のある時点を強調した見解だと指摘したい。

曖昧かつ可変的な場所であるマンチュリアは、明代に萌芽的な姿を現し、清代にかなり明瞭な範囲を示すに至り、中華民国期、満洲国期には領域的なまとまりを強めていた。一九四九年に中華人民共和国が成立すると、マンチュリアの大部分は中華人民共和国の領土となり、周辺国（ソ連、モンゴル、北朝鮮）との国境も明確化された。それゆえ「中国東北」という地域概念が台頭した。本書が使ってきたマンチュリアという地域概念は有効性を失い、「中国東北」のほうがより地域の実態を示すものになった。

マンチュリアのほとんどは中華人民共和国に属することになり、明確にその領土になった。しかしながら、こうした状況が過去から一貫して存在した訳ではなかったことを本書では強調した。「マンチュリア＝中国東北ではなく、かつてのマンチュリアの大部分は現在では中華人民共和国の東北部に位置している」という理解が本書の主張である（註）。したがって、日本の新聞が使っている「旧満洲」＝「現中国東北部」という表記は、満洲と現中国東北部とが同質であったかのような誤解を招くものであり、マンチュリアの歴史的特徴についての配慮が欠けていると指摘したい。

註　誤解のないように註記したいが、筆者は「マンチュリアは中国の領土ではなかった」などと主張しているのではない。マンチュリアの歴史を検証することにより、マンチュリアが中国の領土になるプロセスを明らかにしたのである。「固有の領土」や「現代国家から見た歴史」に固執する人たちには、筆者の見解は受け入れがたいものであろう。

あとがき

本書は、二〇一三年度に中央大学大学院文学研究科に提出した博士学位論文（「マンチュリアの社会変容と地域秩序―明代から中華人民共和国の成立まで―」）をもとに作成している。

一九九三年に最初の著書である『中国近代東北経済史研究―鉄道敷設と中国東北経済の変化―』を東方書店から出版したが、その内容にはミスや誤植が多く、絶版になっていることにむしろ安堵している。その後、満洲国の研究や在満日本人の研究をおこなったが、マンチュリアの社会変容をどのように考えるのかは、いつも頭の片隅にあった。

二〇〇五年から二〇〇六年にかけて、国内研究員として東洋文庫で半年間にわたり研究に従事する機会を得た。書庫には中国史に関する史料が大量にあり、改めて中国の歴史の巨大さを認識した。そして「自分の研究など、その上っ面をなでているだけではないか」との疑問を感じるようになった。そうしたなか、書庫には明清期の檔案が多数所蔵されていることを知った。また、中国では明清期のマンチュリア史研究の進展は著しく、檔案を使った新たな研究が次々に出されていることも知った。いつしか、明清期のマンチュリア史研究に没頭している自分がいた。

二〇〇八年に清朝期を考察した初めての論文である「中国東北の変容―一八六〇～八〇年代の吉林を中心に―」（左近幸村編『近代東北アジアの誕生―跨境史への試み―』北海道大学出版会）を世に問うた。以後、勤務先の『紀要』などに明清期の社会変容、研究史の整理を発表し、明清期マンチュリア史に関する自分なりのイメージをつくっていった。

二〇一〇年には長春を中心に明清期を専攻する中国人研究者との交流をおこなった。吉林省社会科学院では時間の関係から旧知の満鉄資料館の前は素通りせざるを得ず、自分が歩いている道が以前とは違うことに気が付いた。二〇一二年に、ほぼ明代から国共内戦期までの検討が終わり、社会変容を軸に約六〇〇年におよぶマンチュリア史を叙述する作業に着手した。以上のような経緯で本書は作成されており、各章の初出は以下のとおりである。

序章　書き下ろし。

Ⅰ　マンチュリア史研究の軌跡

第一章　書き下ろし。

第二章「戦前、戦後におけるマンチュリア史研究の成果と問題点」(『長野大学紀要』三三―三、二〇一一年)を修正、加筆。

Ⅱ　元末から清まで

第一章「元末・明朝前期におけるマンチュリアの社会変容と地域秩序」(『長野大学紀要』三三―一、二〇一〇年)を修正、加筆。

第二章「明代中期・後期におけるマンチュリアの社会変容と地域秩序」(『長野大学紀要』三四―二、二〇一二年)を修正、加筆。

第三章「清代、中国東北における封禁政策再考」(中央大学東洋史学研究室編『池田雄一教授古稀記念　アジア史論叢』白東史学会、二〇〇八年)、「中国東北の変容―一八六〇～八〇年代の吉林を中心に―」(左近幸村編『近代東北アジアの誕生―跨境史への試み―』北海道大学出版会、二〇〇八年)を大幅に修正、加筆。

Ⅲ　清末から中華人民共和国の成立まで

第一章　『中国近代東北経済史研究―鉄道敷設と中国東北経済の変化―』（東方書店、一九九三年）を大幅に修正、加筆。

第二章　「一九四〇年代における満洲国統治の社会への浸透」（『アジア経済』三九―七、一九九八年）、「奉天商工公会の設立とその活動」（柳沢遊・木村健二編『戦時下アジアの日本経済団体』日本経済評論社、二〇〇四年）、「満洲国社会への日本統治力の浸透」（姫田光義編『中国の地域政権と日本の統治』慶応義塾大学出版会、二〇〇六年）、『検閲月報』にみる満洲国の中国人―一九四〇年代の状況を中心に―」（小林英夫編『検閲された手紙が語る満洲国の実態』小学館、二〇〇六年）、「満洲国における産業発展と地域社会の変容」（『環東アジア研究センター年報』七、二〇一二年）をもとに大幅に修正、加筆。

第三章　「国共内戦期、東北解放区における中国共産党の財政経済政策」（『長野大学紀要』二三―三、二〇〇一年）を修正、加筆。

終章　書き下ろし。

本書の作成にあたっては、多くの方々の協力、助言をいただいている。とりわけ、博士学位論文の主査をつとめていただいた川越泰博先生、副査の妹尾達彦先生・新免康先生・江夏由樹先生には感謝を申し上げたい。

二〇一四年九月

塚　瀬　　進

塚瀬　進著

満洲国

「民族協和」の実像

二三〇〇円（税別）　四六判・二六四頁

日本のために存在した満洲国。その虚構に満ちた歴史には、今日の日本人が顧みるに足る日本人の限界・問題点が凝集している。国家消滅から五十年を経てその地に立った著者が、満洲という地域の特徴を明らかにし、満洲国統治の実態とその矛盾について考察する。民族共生の道とは何か、国際化社会における現代日本人のあり方に新たな問いを投げかける。

吉川弘文館

著者略歴

一九六二年　東京都に生まれる

一九九〇年　中央大学大学院文学研究科博士課程単位取得退学

現在　長野大学教授・博士（史学）（中央大学）

〔主要著書〕

『中国近代東北経済史研究』（東方書店、一九九三年）

『満洲国―民族協和の実像―』（吉川弘文館、一九九八年）

『満洲の日本人』（吉川弘文館、二〇〇四年）

マンチュリア史研究

「満洲」六〇〇年の社会変容

二〇一四年（平成二十六）十一月一日　第一刷発行

著　者　塚《つか》瀬《せ》　進《すすむ》

発行者　吉川道郎

発行所　株式会社　吉川弘文館

郵便番号一一三―〇〇三三

東京都文京区本郷七丁目二番八号

電話〇三―三八一三―九一五一〈代〉

振替口座〇〇一〇〇―五―二四四番

http://www.yoshikawa-k.co.jp/

印刷＝株式会社　理想社

製本＝株式会社　ブックアート

装幀＝山崎　登

ISBN978-4-642-03837-9

索　　引

I　事　項　名

あ　行

か　行

さ　行

た　行

な　行

は　行

ま　行

ら　行

Ⅱ 人　名

あ 行

か 行

さ 行

た 行

な 行

は 行

ま 行

や　行

ら　行

わ　行

参考文献

序章

上野稔弘　2002 「地域概念としての〈中国〉と東北アジア」『東北アジア地域論の可能性』 東北アジア研究センター　41〜49頁
鴛淵一　1940 『奉天と遼陽』 富山房
千葉正史　2010 「天朝『大清国』から国民国家『大清帝国』へ」『メトロポリタン史学』6　89〜113頁
外山軍治　1964 『金朝史研究』 同朋舎出版
羽田正　2005 『イスラーム世界の創造』 東京大学出版会
松井等　1931 「満洲史要領」『東亜』4—8　35〜44頁
村田雄二郎　1986 「中華帝国と国民国家」『呴沫集』9　6〜14頁
矢木毅　2008 「朝鮮前近代における民族意識の展開——三韓から大韓帝国まで」 夫馬進編『中国東アジア外交交流史の研究』 京都大学学術出版会　86〜117頁
吉田光男　2009 『北東アジアの歴史と朝鮮半島』 放送大学教育振興会

Ⅰ—第一章

池上二良　1987 「アムール川下流地方と松花江地方—『満州』の語源にふれて—」『東方学論集　東方学会創立四十周年紀念』 東方学会　45〜55頁
石橋秀雄　1995 「清朝入関後のマンジュ（Manju）満洲の呼称をめぐって」『清代中国の諸問題』 山川出版社　19〜36頁
市村瓚次郎　1909 「清朝国号考」『東洋協会調査部学術報告』1　129〜158頁
稲葉岩吉　1915 『満洲発達史』 大阪屋号出版社
——　1934 「満洲国号の由来」『朝鮮』227　91〜102頁→『増訂 満洲発達史』 日本評論社　1935年　563〜574頁
今西春秋　1961 「MANJU国考」『塚本博士頌寿記念　仏教史学論集』 63〜78頁
岡田英弘　2009 「満洲の語源——文殊師利ではない」『別冊 環16　清朝とは何か』 藤原書店　126〜127頁
神田信夫　1972 「満洲（Manju）国号考」『山本博士還暦記念　東洋史論叢』 山川出版社　155〜166頁→『清朝史論考』 山川出版社　2005年　22〜33頁
菊池俊彦　2010 「はじめに」『北東アジアの歴史と文化』 北海道大学出版会　i〜ix頁
敦冰河　2001 「清初国家意識の形成と転換—アイシン国から大清国へ—」『東洋学報』

83—1　27～52頁
内藤湖南　1936「日本満洲交通略説（1907年の講演録）」『東洋文化史研究』弘文堂→『内藤湖南全集』8　筑摩書房　1969年　194～247頁
中見立夫　1993「地域概念の政治性」『アジアから考える1　交錯するアジア』東京大学出版会　273～295頁
――　2002「『地域』『民族』という万華鏡，『周辺』『辺境』と呼ばれた仮想空間」中見立夫編『境界を超えて　東アジアの周辺から』アジア理解講座1　山川出版社　3～33頁
平野聡　2007『大清帝国と中華の混迷　興亡の世界史17』講談社
古市大輔　2012「『清実録』のなかの「東三省」の語とその用例・用法—18世紀清朝の対マンチュリア認識との関わりにも触れながら—」『金沢大学言語文化学系論集　史学・考古学篇』4　1～58頁
松浦茂　1995『清の太祖　ヌルハチ』白帝社
――　2009「文化5・6年松田・間宮の北辺調査」『アジア史学論集』2　1～18頁
三田村泰助　1936「満珠国成立過程の一考察」『東洋史研究』2—2　117～135頁→『清朝前史の研究』同朋舎出版　1965年　467～492頁
矢野仁一　1941『満洲近代史』弘文堂

烏拉康春　1990「従語言論證女真，満洲之族称」『満族文化』14　55～61頁
王昊　1996　張甫白「“満洲”名称考釈」『史学集刊』3　29～34頁
王俊中　1997「『満洲』与『文殊』的淵源及西蔵政教思想中的領袖与佛菩薩」『中央研究院近代史研究所集刊』28　89～132頁
王鍾翰　2004「談談満洲名称問題」『王鍾翰清史論集』1　11～16頁
黄彰健　1967「満洲国国号考」『歴史語言研究所集刊』37下　459～474頁→存萃学社編『清史論叢』第一集　大東図書公司　1977年　1～15頁→『明清史研究叢稿』台湾商務印書館　1977年　532～551頁
長山　2009「族称 manju 詞源探析」『満語研究』1　13～16頁
張璇如　2009「関于“満洲”族称的幾個問題」『東北辺疆歴史与文化研究』吉林人民出版社　274～285頁
陳捷先　1963「説満洲」『満洲叢考』台湾大学文学院　1～24頁
陳鵬　2011「“満洲”名称述考」『民族研究』3　95～103頁
邸永君　2005「関于漢語“満洲”一詞之由来」『満語研究』1　87～90頁
滕紹箴　1981「試談“満洲”一辞的源流」『学習与探索』3　141～144頁→『東北歴史地理論著匯編』1　吉林人民出版社　1987年　54～58頁
――　1995「満洲満族名称辨析（上・下）」『満族研究』3・4　45～53・47～54頁
――　1996「“満洲”名称考述」『民族研究』4　70～77頁
馮家昇　1933「満洲名称之種種推測」『東方雑誌』30—17　61～74頁
孟森　1930「満洲名称考」『清朝前紀』商務印書館（中華書局　2008年復刻　1～5頁）

孟森　1986「滿洲名義考」『明清史論著集刊続編』中華書局　1〜3頁
姚斌　1990「李滿住与滿族族名」『滿族研究』3　14〜17頁
劉厚生　2007「関于滿族族称的再思考」『東北史地』1　26〜28頁

Giovanni Stary Venezia　1990　“The Meaning of the Word Manchu. A New Solution to an Old Problem”　*Central Asiatic Journal* 34, no. 1-2　pp. 109〜119

I—第二章

青木富太郎　1940『東洋学の成立とその発展』蛍雪書院
浅田喬二　1982「満州経済論争をめぐる諸問題」『駒沢大学経済学論集』14—1　33〜79頁→『日本知識人の植民地認識』校倉書房　1985年　47〜105頁
——　1984「最近における日本植民地研究の動向」『土地制度史学』103　58〜63頁
浅田喬二・小林英夫編　1986『日本帝国主義の満州支配』時潮社
天海謙三郎　1958「中国旧慣の調査について—天海謙三郎氏をめぐる座談会—」『東洋文化』25　50〜123頁→『中国土地文書の研究』勁草書房　1966年　781〜856頁
天野元之助　1961「過ぎ去った歳月」『人文研究（大阪市立大学）』12—8　1〜16頁
石田興平　1964『満州における植民地経済の史的展開』ミネルヴァ書房
石橋秀雄　1989『清代史研究』緑蔭書房
市村瓚次郎　1934「満洲出張の思出と内藤湖南博士の追懐」『漢学会雑誌』2—2　144〜153頁
稲葉岩吉　1914『清朝全史』上・下　早稲田大学出版部
——　1915『満洲発達史』大阪屋号出版部
——　1934「満鮮史学上の内藤湖南博士—特に清朝史研究について—」『朝鮮』231　1〜16頁
——　1938a「予が満鮮史研究過程」『稲葉博士還暦記念　満鮮史論叢』1〜28頁
——　1938b『支那近世史講和』日本評論社
——　1940『満洲国史通論』日本評論社
稲葉岩吉他編　1935『世界歴史大系11　朝鮮・満洲史』平凡社
井上清他編　1973『歪められた古代史』毎日新聞社
井上直樹　2005「高句麗史研究と『国史』—その帰属をめぐって—(上・下)」『東アジアの古代文化』122・123　132〜152・178〜193頁
——　2013『帝国日本と満鮮史　大陸政策と朝鮮・満州認識』塙書房
井村哲郎編　1996『満鉄調査部—関係者の証言—』アジア経済研究所
江上波夫編　1956『北アジア史（世界各国史12）』山川出版社
江嶋壽雄　1999『明代清初の女直史研究』中国書店
衛藤利夫　1938『韃靼　東北アジアの歴史と文献』東京朝日新聞社
江夏美千穂　1996「満洲における企業形態『合夥』」『アジア経済』27—3　72〜86頁

江夏由樹編　2005 『近代中国東北地域史研究の新視角』 山川出版社
及川儀右衛門　1935 『満洲通史』 博文館
大上末広　1933a 『清朝時代に於ける満洲の農業関係—旧満洲の土地形態と地代形態—』 満鉄経済調査会第一部
——　1933b 「満洲経済の史的考察」『満洲経済年報　1933 年版』 改造社　3〜35 頁
大原利武　1933 『概説 満洲史』 近沢書店
岡田英弘　2010 『モンゴル帝国から大清帝国へ』 藤原書店
岡部牧夫　1978 『満州国』 三省堂
鴛淵一　1950 「故戸田茂喜学士の追憶」『史学研究』2　99〜101 頁
小野信爾　1974 「西原亀三と矢野仁一」『近代日本と中国』上　朝日新聞社　321〜340 頁
金子文夫　1979 「1970 年代における『満州』研究の状況（Ⅰ・Ⅱ）」『アジア経済』20—3・20—11　38〜55・24〜43 頁
——　1988 「最近の満州社会経済史研究に関する文献目録（1979—1987 年）」『横浜市立大学論叢（人文科学系列）』39—2・3　185〜208 頁
河内良弘　1980 「今西春秋先生をしのんで」『朝鮮学報』94　237〜239 頁
——　1992 『明代女真史の研究』 同朋舎出版
河内良弘他編　1972 『日本における東北アジア研究論文目録　1895—1968』 汲古書院（私家版）
神田信夫　2005 『清朝史論考』 山川出版社
神田信夫他編　1989 『東北アジアの民族と歴史』 山川出版社
金光林　2004 「高句麗史の帰属をめぐる韓国・朝鮮と中国の論争」『新潟産業大学人文学部紀要』16　137〜149 頁
小林英夫　1975 『「大東亜共栄圏」の形成と崩壊』 御茶の水書房
小松久男他編　2000 『世界各国史 4　中央ユーラシア史』 山川出版社
小峰和夫　1991 『満洲——起源・植民・覇権』 御茶の水書房→『満洲—マンチュリアの起源・植民・覇権』 講談社　2011 年
桜沢亜伊　2007 「『満鮮史観』の再検討—『満鮮歴史地理調査部』と稲葉岩吉を中心として—」『現代社会文化研究』39　19〜36 頁
澤喜司郎　2004 「中国の領土的覇権主義と高句麗史歪曲」『山口経済学雑誌』53—4　375〜397 頁
史学会編　1988 『日本歴史学界の回顧と展望 17　内陸アジア』 山川出版社
滋賀大学経済経営研究所　2005 「滋賀大学経済経営研究所調査資料室報⑩」『彦根論叢』354　187〜203 頁
清水美紀　2003 「1930 年代の『東北』地域概念の形成—日中歴史学者の論争を中心として—」『日本植民地研究』15　37〜53 頁
白鳥庫吉　1969〜71 『白鳥庫吉全集』 岩波書店
——　1969 「満鮮史研究の三十年」『白鳥庫吉全集』10 巻　403〜407 頁
杉本直治郎　1959 「浦廉一博士略伝」『華夷変態』下　東洋文庫　1〜6 頁

杉山清彦　2001「大清帝国史のための覚書」『満族史研究通信』10　110〜126頁
――　2008「大清帝国史研究の現在―日本における概況と展望―」『東洋文化研究』10　347〜372頁
鈴木隆史　1971「『満州』研究の現状と課題」『アジア経済』12―4　49〜60頁
鈴木仁麗　2012『満洲国と内モンゴル　満蒙政策から興安省統治へ』明石書店
園田一亀　1922『怪傑張作霖』中華堂
――　1929『東北四省政局の現状』盛京時報社
――　1939『韃靼漂流記の研究』満鉄
――　1944『清朝皇帝東巡の研究』大和書院
――　1948『明代建州女直史研究』国立書院
――　1953『明代建州女直史研究（続編）』東洋文庫
高橋政清　1937「松井等先生小伝」『国史学』33　111〜123頁
瀧澤規起　2003「稲葉岩吉と『満鮮史』」山田賢編『中華世界と変動する「民族」』千葉大学大学院社会文化科学研究科　57〜66頁
田村実造　1959「『明代満蒙史料』の刊行をおえて」『東洋史研究』18―2　81〜86頁
田村実造他編　1956『アジア史講座第4巻　北アジア史』岩崎書店
塚瀬進　1993『中国近代東北経済史研究』東方書店
――　2004「満洲国の実験」『日本の時代史25　大日本帝国の崩壊』吉川弘文館　106〜139頁
――　2008「日本人が作成した中国東北に関する調査報告書の有効性と限界」『環東アジア研究センター年報』3　61〜68頁
――　2012a「明末清初におけるマンチュリア史研究の現状と課題（上・下）」『長野大学紀要』34―1・34―2　9〜26・15〜52頁
――　2012b「清代マンチュリアの諸民族に関する研究動向」『News Letter（近現代東北アジア地域史研究会）』24　21〜37頁
――　2012c「中国東北地域の社会経済史」久保亨編『中国経済史入門』東京大学出版会　137〜148頁
――　2013a「明代マンチュリア史研究の現状と課題（上・下）」『長野大学紀要』34―3・35―1　49〜67・27〜49頁
――　2013b「清代マンチュリア史に関する研究史の整理―清代前半を中心に―」『News Letter（近現代東北アジア地域史研究会）』25　29〜37頁
――　2014「清代マンチュリア史に関する研究史の整理―露清関係史，中朝関係史を中心に―」『長野大学紀要』35―3　61〜77頁
津田左右吉　1944「白鳥博士小伝」『東洋学報』29―3・4　1〜66頁→『津田左右吉全集』24巻　岩波書店　1965年　109〜161頁
――　1963〜68『津田左右吉全集』岩波書店
寺内威太郎　2004「『満鮮史』研究と稲葉岩吉」『植民地主義と歴史学』刀水書房　19〜70頁
東京大学百年史編集委員会編　1986『東京大学百年史　部局史1（文学部）』東京大

学出版会
陶徳民　2006「内藤湖南の奉天調査における学術と政治」『アジア文化交流研究』1　131～143頁
外山軍治　1960「明代満蒙史料の編集を回顧して」『立命館文学』179　92～96頁
——　1967「日本における満州史研究」『歴史教育』15—9・10　75～81頁
豊田要三　1943『満洲史』満洲事情案内所
内藤湖南　1900「明東北疆域辨誤　附奴児干永寧寺碑記」『地理と歴史』1—4・1—5→『内藤湖南全集』7巻　筑摩書房　1970年　301～311頁
——　1969～76『内藤湖南全集』筑摩書房
中見立夫　1992「日本の東洋史学黎明期における史料への探究」『清朝と東アジア　神田信夫先生古稀記念論集』山川出版社　97～126頁
——　2006「日本的『東洋学』の形成と構図」岸本美緒編『「帝国」日本の学知3　東洋学の磁場』岩波書店　13～54頁
——　2013『「満蒙問題」の歴史的構図』東京大学出版会
長岡新吉　1982「北大における満蒙研究」『北大百年史 通説』ぎょうせい　746～761頁
——　1991「『満州』国臨時産業調査局の農村実体調査について」『経済学研究（北海道大学）』40—4　353～377頁
中兼和津次　1981『旧満洲農村社会経済構造の分析』アジア政経学会
波形昭一　1985『日本植民地金融政策史の研究』早稲田大学出版部
名和悦子　1998～99「内藤湖南と間島問題（1・2）」『岡山大学大学院文化科学研究科紀要』6・7　99～117・235～253頁
——　2000「内藤湖南と間島問題に関する新聞論調」『岡山大学大学院文化科学研究科紀要』9　137～155頁
——　2012『内藤湖南の国境領土論再考』汲古書院
野間清　1975「満鉄経済調査会の設立とその役割」『愛知大学国際問題研究所所報』56　1～56頁
——　1976「満洲農村実態調査の企画と業績」『愛知大学国際問題研究所所報』58　35～66頁
荷見守義　2000「明代遼東統治体制試論」『人文研紀要（中央大学）』37　1～29頁
——　2002a「明代遼東馬市檔案考」『人文研紀要（中央大学）』44　27～59頁
——　2002b「明代遼東馬市抽銀考」『人文社会論叢（弘前大学人文学部）』8　1～18頁
——　2004「遼東馬市信牌檔—明朝檔案の配列を中心として—」『明清史研究』1　3～26頁
——　2006「明代巡按『遼東』考」『九州大学東洋史論集』34　157～185頁
——　2007a「明代遼東守巡道考」『明代中国の歴史的位相（上）　山根幸夫教授追悼記念論叢』汲古書院　111～140頁
——　2007b「明朝檔案にみる安楽・自在知州」『人文研紀要（中央大学）』61　35～

67 頁
荷見守義　2009「都司と巡按―永楽年間の遼東鎮守―」『檔案の世界』 中央大学出版部　123～180 頁
――　2010「明朝遼東総兵官考―洪武年間の場合―」『人文研紀要（中央大学）』68　133～167 頁
――　2011a「明代巡按山東監察御史の基礎的考察」『人文研紀要（中央大学）』72　91～134 頁
――　2011b「明代遼東における情報と審判―自在州の場合―」『情報の歴史学』 中央大学出版部　273～304 頁
旗田巍　1964「満鮮史の虚像」『鈴木俊教授還暦記念　東洋史論叢』 473～492 頁
――　1966「日本における東洋史学の伝統」『歴史像再構成の課題』 御茶の水書房　205～228 頁
日野開三郎　1980～88『日野開三郎東洋史学論集』 三一書房
平野健一郎　1981「『満洲産業調査』（1905 年）について」『年報・近代日本研究』3　429～453 頁
広川佐保　2005『蒙地奉上――「満洲国」の土地政策』 汲古書院
古畑徹　2003「戦後日本における渤海史の歴史枠組みに関する史学史的考察」『東北大学東洋史論集』9　215～245 頁
――　2008「中韓高句麗歴史論争のゆくえ」 弁納才一他編『東アジア共生の歴史的基礎―日本・中国・南北コリアンの対話―』 御茶の水書房　181～208 頁
細谷良夫編　2008『清朝史研究の新たな地平』 山川出版社
ボルジギン・ブレンサイン　2003『近現代におけるモンゴル人農耕村落社会の形成』 風間書房
松井等　1930「満洲に於ける日本の地位」『東亜』3―2　2～10 頁
松重充浩　2006「戦前・戦中期高等商業学校のアジア調査」『帝国日本の学知』6　岩波書店　240～282 頁
松原孝俊　2005「稲葉岩吉（君山）著作関係目録」『韓国言語文化研究』9　3～16 頁
松村潤　2008『明清史論考』 山川出版社
満州史研究会編　1972『日本帝国主義下の満州』 御茶の水書房
満鉄　1913『満洲歴史地理』1・2
満蒙叢書刊行会　1919～22『満蒙叢書』
三上次男　1970「池内宏先生――その人と学問」 池内宏『日本上代史の一研究』 中央公論美術出版　187～196 頁
三上次男他編　1959『図説 世界文化史大系 19　朝鮮・東北アジア』 角川書店
村上勝彦　1984「日本資本主義と植民地」『社会経済史学の課題と展望』 有斐閣　193～200 頁
護雅夫他編　1981『北アジア史　新版（世界各国史 12）』 山川出版社
安冨歩編　2009『「満洲」の成立　森林の消尽と近代空間の形成』 名古屋大学出版会
箭内亙　1930「文学博士箭内亙氏小伝」『蒙古史研究』 刀江書房　1～9 頁

矢野仁一　1941　『満洲近代史』　弘文堂
矢野仁一他編　1941　『満洲の今昔』　目黒書店
山本裕　2008　「満州」『日本植民地研究の現状と課題』　アテネ社　219～248頁
山本有造　2003　『「満洲国」経済史研究』　名古屋大学出版会
吉澤誠一郎　2006　「東洋史学の形成と中国——桑原隲蔵の場合」『「帝国」日本の学知3　東洋学の磁場』　岩波書店　55～97頁
李鎔賢　2005　「『東北工程』と韓国の高句麗史の現状」『東アジアの古代文化』122　118～131頁
若松寛他編　1999　『アジアの歴史と文化7　北アジア』　同朋舎出版
和田清　1933　「満洲蒙古史」『歴史教育』7—9　525～547頁→『明治以後に於ける歴史学の発達』　四海書房　1933年　525～547頁
——　1955　『東亜史研究　満洲篇』　東洋文庫

栄文庫　1994　「試評金毓黻的東北地方史研究」『遼寧大学学報』1994—5　49～54頁
王魁喜他編　1984　『近代東北史』　黒龍江人民出版社
王慶豊　1986　「金毓黻与『遼海叢書』」『社会科学輯刊』1　70～74頁
姜念東他編　1980　『偽満洲国史』　吉林人民出版社
金毓黻　1941　『東北通史』→中国辺疆史地叢書初編12冊『東北通史』　台聯国風出版社　1969年
金景芳　1986　「金毓黻伝略」『社会科学戦線』1986—2　233～237頁
孔経緯　1986　『東北経済史』　四川人民出版社
常城他編　1986　『現代東北史』　黒龍江教育出版社
——　1987　『東北近現代史綱』　東北師範大学出版社
薛虹他編　1991　『中国東北通史』　吉林文史出版社
孫玉良　1988　「金毓黻先生撰写『渤海国志長編』的始末」『社会科学戦線』4　221～224頁
張士尊　2002　『明代遼東辺疆研究』　吉林人民出版社
張博泉　1985　『東北地方史稿』　吉林大学出版社
陳善本他編　1989　『日本侵略中国東北史』　吉林大学出版社
定宜庄　2003　『清代八旗駐防研究』　遼寧民族出版社
——　2004　郭松義・李中清・康文林　『遼東移民中的旗人社会』　上海社会科学院出版社
佟冬他編　1998　『中国東北史』全6巻　吉林文史出版社
董万侖　1987　『東北史綱要』　黒龍江人民出版社
寧夢辰　1999　『東北地方史』　遼寧大学出版会
馬大正主編　2003　『中国東北辺疆研究』　中国社会科学出版社
馬汝珩他編　1998　『清代辺疆開発』上・下　山西人民出版社
傅斯年他編　1932　『東北史綱』　中央研究院歴史語言研究所
馮家昇　1934　「我的研究東北史地的計劃」『禹貢半月刊』1—10　2～6頁

彭明輝　1995「東北史地研究」『歴史地理学与現代中国史学』東大図書　314〜333頁
李治亭　2009「東北地方史研究的回顧与思考」『東北辺疆歴史与文化研究』吉林人民出版社　24〜37頁
李治亭他編　2003『東北通史』中州古籍出版社
劉小萌　1995『満族的部落与国家』吉林文史出版社
劉信君編　2008『中国古代治理東北辺疆思想研究』吉林人民出版社
劉徳斌他編　2006『東北亜史』吉林人民出版社
梁啓政　2008「金毓黻三次域外訪書述評」『社会科学戦線』5　104〜106頁

Ⅱ—第一章

愛新覚羅烏拉熙春　2009『明代の女真人』京都大学学術出版会
池内宏　1915a「李朝の四祖の伝説とその構成」『東洋学報』5—2・5—3　229〜266・328〜357頁→『満鮮史研究　近世編』7〜63頁
——　1915b「三万衛についての考」『史学雑誌』26—5　572〜580頁→『満鮮史研究　中世1』683〜693頁
——　1916〜20「鮮初の東北境と女真との関係（1〜4)」『満鮮地理歴史研究報告』2・4・5・7　203〜323・299〜365・299〜366・219〜254頁→『満鮮史研究　近世編』65〜222頁（大幅に改稿している）
——　1917「高麗恭愍王の元に対する反抗の運動」『東洋学報』7—1　117〜136頁→『満鮮史研究　中世3』175〜195頁
——　1918a「高麗辛禑朝に於ける鉄嶺問題」『東洋学報』8—1　82〜115頁→『満鮮史研究　中世3』235〜264頁
——　1918b「高麗恭愍王朝の東寧府征伐に就いての考」『東洋学報』8—2　206〜248頁→『満鮮史研究　中世3』197〜234頁
——　1918c「高麗末に於ける明及び北元との関係」『史学雑誌』29—1〜29—4　56〜90・161〜179・251〜271・372〜389頁→『満鮮史研究　中世3』265〜331頁
——　1919「公嶮鎮と蘇下江」『東洋学報』9—1　100〜129頁→『満鮮史研究　中世3』333〜360頁
——　1922「元代の地名開元の沿革」『東洋学報』12—3　46〜67頁→『満鮮史研究　中世1』651〜681頁
——　1963a『満鮮史研究　中世1』吉川弘文館
——　1963b『満鮮史研究　中世3』吉川弘文館
——　1972『満鮮史研究　近世編』中央公論美術出版
稲葉岩吉　1934「鉄嶺衛の位置を疑う」『青丘学叢』18　120〜122頁
岩間徳也　1925「元張百戸墓碑考」『満蒙』65　14〜31頁
江嶋壽雄　1950「明初における女直の遼東移住について—自在安楽二州の一考察—」『東洋史学』1　57〜75頁→『明代清初の女直史研究』3〜21頁

——　1953「亦失哈の奴児干招撫」『西日本史学』13　43～61頁→『明代清初の女直史研究』73～96頁
——　1999『明代清初の女直史研究』中国書店
遠藤巌　1988「応永初期の蝦夷の反乱—中世国家の蝦夷問題によせて—」北海道・東北史研究会編『北からの日本史』三省堂　163～181頁
榎森進　1990「十三～十六世紀の東アジアとアイヌ民族—元・明朝とサハリン・アイヌの関係を中心に—」羽下徳彦編『北日本中世史の研究』吉川弘文館　223～268頁
——　2008「明朝のアムール政策とアイヌ民族」『中世の北東アジアとアイヌ』高志書院　65～104頁
江原正昭　1963「高麗の州県軍に関する一考察—女真人の高麗軍への編入を中心にして—」『朝鮮学報』28　35～74頁
大葉昇一　1998「クイ（骨嵬，蝦夷）・ギレミ（吉里迷）の抗争とオホーツク文化の終焉—元朝の樺太出兵と水達達経営に関わって—」『学苑』701　119～150頁
岡田英弘　1959「元の瀋王と遼陽行省」『朝鮮学報』14　533～543頁→『モンゴル帝国から大清帝国へ』藤原書店　2010年　146～164頁
——　1961「開原城新考」『和田博士古稀記念　東洋史論叢』講談社　247～254頁
海保嶺夫　1987『中世の蝦夷地』吉川弘文館
薩木原洋　2008「洪武帝初期の対琉球政策—馬・高麗・納哈出を通して—」『東洋史訪』14　1～14頁
川越泰博　1986「明代軍屯制の一考察—とくに朝鮮牛買付けをめぐって—」『中村治兵衛先生古稀記念　東洋史論叢』刀水書房　153～170頁
——　2001「軍事行政—衛所を中心として—」『明代中国の軍制と政治』国書刊行会　35～229頁
河内良弘　1992『明代女真史の研究』同朋舎出版
北島万次　1995「永楽帝期における朝鮮国王の冊封と交易」田中健夫編『前近代の日本と東アジア』吉川弘文館　196～215頁
——　1996「明の朝鮮冊封と交易関係」『中世史講座』11　学生社　152～187頁
北村秀人　1964「高麗に於ける征東行省について」『朝鮮学報』32　1～73頁
——　1972「高麗時代の瀋王についての一考察」『人文研究（大阪市立大学）』24—10　93～144頁
佐々木史郎　1994「北海の交易——大陸の情勢と中世蝦夷の動向」『岩波講座 日本通史』10　岩波書店　321～339頁
佐藤文俊　1999『明代王府の研究』研文出版
清水泰次　1918「大寧都司の内徙につきて」『東洋学報』8—1　125～141頁
——　1928「明代の漕運」『史学雑誌』39—3　215～255頁
——　1935「明代の遼東経営」『東亜』8—1　131～141頁
——　1937a「明代満洲屯田考」『地友会雑誌』2—2　25～39頁
——　1937b「東蒙古に於ける明初の経営」『東亜経済研究』21—2　1～18頁

徐仁範　1999「衛所と衛所軍—軍士の選充方法を中心に—」『明代史研究』27　5～19頁
末松保和　1941「麗末鮮初に於ける対明関係」『史学論叢（京城帝国大学）』2　1～280頁→『末松保和朝鮮史著作集5　高麗朝史と朝鮮朝史』吉川弘文館　1996年　124～291頁
須川英徳　2000「朝鮮初期における経済構想」『東洋史研究』58—4　57～88頁
杉山清彦　2008「明初のマンチュリア進出と女真人羈縻衛所制」『中世の北東アジアとアイヌ』高志書院　106～134頁
園田一亀　1948『明代建州女直史研究』国立書院
——　1949「元代南満洲の交通路について」『東洋学報』32—2　33～64頁
谷井陽子　2009「明初の対モンゴル軍事政策とその帰結」『史林』92—3　27～60頁
津田左右吉　1964a「元代に於ける高麗西北境の混乱」『津田左右吉全集』11　岩波書店　342～366頁
——　1964b「元代に於ける高麗の東北境」『津田左右吉全集』11　岩波書店　367～378頁
——　1964c「高麗末に於ける鴨緑江畔の領土」『津田左右吉全集』11　岩波書店　379～400頁
——　1964d「高麗末に於ける東北境の開拓」『津田左右吉全集』11　岩波書店　401～416頁
——　1964e「兀良哈と斡都里との住地，幷に偽公嶮鎮の位置」『津田左右吉全集』11　岩波書店　416～438頁
デイビッド・ロビンソン　2007「モンゴル帝国の崩壊と高麗恭愍王の外交政策」夫馬進編『中国東アジア外交交流史の研究』京都大学学術出版会　145～184頁
徳永洋介　1996「金元時代の流刑」梅原郁編『前近代中国の刑罰』京都大学人文科学研究所　285～321頁
中村和之　1992「『北からの蒙古襲来』小論—元朝のサハリン侵攻をめぐって—」『史朋』25　1～9頁
——　2006「金・元・明朝の北東アジア政策と日本列島」『北方世界の交流と変容』山川出版社　100～121頁
——　2008「モンゴル時代の東征元帥府と明代の奴児干都司」『中世の北東アジアとアイヌ』高志書院　43～64頁
西野幸雄　1988「高麗朝における北方両界地域について—蒙古侵略期の対応から—」『専修史学』20　101～119頁
萩原淳平　1960「明初の北辺について」『東洋史研究』19—2　15～47頁→「元朝の崩壊と明初のモンゴル人」『明代蒙古史研究』同朋舎出版　1980年　1～46頁
荷見守義　2002「辺防と貿易—中朝関係における永楽期—」『中央大学東洋史学専攻創設五十周年記念　アジア史論叢』113～135頁
浜中昇　1986「高麗末期政治史序説」『歴史評論』437　54～70頁
星斌夫　1963『明代漕運の研究』日本学術振興会

堀江雅明　1990 「ナヤンの反乱について（上）」『東洋史苑』34・35　73～91 頁
増井寛也　1982 「『乞列迷四種』試論—元明時代のアムールランド—」『立命館文学』444・445　96～130 頁
——　1996 「明代の野人女直と海西女直（上）」『大垣女子短期大学研究紀要』37　55～66 頁
丸亀金作　1934 「元・高麗関係の一齣—瀋王に就いて—」『青丘学叢』18　1～57 頁
森平雅彦　1998a 「駙馬高麗国王の成立—元朝における高麗王の地位についての予備的考察—」『東洋学報』79—4　1～31 頁→『モンゴル覇権下の高麗』 22～59 頁
——　1998b 「高麗王位下の基礎的考察——大元ウルスの一分権勢力としての高麗王家」『朝鮮史研究会論文集』36　55～87 頁→『モンゴル覇権下の高麗』 60～104 頁
——　2008 「事元期高麗における在来王朝体制の保全問題」『北東アジア研究』別冊1　135～172 頁→『モンゴル覇権下の高麗』 400～457 頁
——　2013 『モンゴル覇権下の高麗』 名古屋大学出版会
箭内亙　1913 「満洲に於ける元の疆域」『満洲歴史地理』2　268～432 頁
——　1923 「池内博士の『元代の地名開元の沿革』を読む」『東洋学報』13—1　70～103 頁→『蒙古史研究』 刀江書院　1930 年　899～944 頁
吉野正史　2008 「ナヤンの乱における元朝軍の陣容」『早稲田大学大学院文学研究科紀要』54—4　21～37 頁
——　2009 「元朝にとってのナヤン・カダアンの乱」『史観』161　34～58 頁
和田清　1928 「元代の開元路に就いて」『東洋学報』17—3　412～443 頁→『東亜史研究（満洲篇）』 190～222 頁
——　1930・32「兀良哈三衛に関する研究（上・下）」『満鮮地理歴史研究報告』12・13　137～311・261～498 頁→『東亜史研究（蒙古篇）』151～423 頁
——　1932 「明初の蒙古経略」『満鮮地理歴史研究報告』13　101～259 頁→『東亜史研究（蒙古篇）』 1～106 頁
——　1934・37「明初の満洲経略（上・下）」『満鮮地理歴史研究報告』14・15　177～298・71～292 頁→『東亜史研究（満洲篇）』 260～477 頁
——　1944 「開元・古州及び毛憐」『北亜細亜学報』3　1～28 頁→『東亜史研究（満洲篇）』 223～248 頁
——　1955 『東亜史研究（満洲篇）』 東洋文庫
——　1959 『東亜史研究（蒙古篇）』 東洋文庫

于志嘉　2009 「犬牙相制——以明清時代的潼関衛為例」『中央研究院歴史語言研究所集刊』80—1　77～133 頁
王剣　2006 「納哈出盤踞遼東時明朝与高麗的関係」『中国辺疆史地研究』4　103～112 頁→『黒水文明研究』 黒龍江人民出版社　2007 年　107～118 頁
王頲　1982 「元代極東北三族雑考」『北方論叢』1　79～83 頁
王崇時　1991 「元代入居中国的高麗人」『東北師大学報』6　46～49 頁→『中朝関係史

研究論文集』 吉林文史出版社　1995 年　150～158 頁
王綿厚　1981 「張成墓碑与元代水達達路」『社会科学輯刊』3　99～105 頁→『東北歴史地理論著匯編』3　吉林人民出版社　1987 年　599～607 頁
解毓才　1940 「明代衛所制度興衰考」『説文月刊』2—9・2—10・2—11・2—12　37～50・75～85・113～126・99～122 頁→『明史論叢 4——明代政治』 学生書局　1968 年　155～247 頁
郭毅生　1980 「元代遼陽行省駅道考略（上・下）」『北方論叢』2・4　89～97・74～82・100 頁
郭紅　2000 「明代大寧都司沿革考実」『歴史地理』16　145～156 頁
邱樹森　2003 「元代的女真人」『社会科学戦線』4　161～164 頁
姜陽　2006 「明初鉄嶺衛設置与高麗関係述略」『韓国学論文集』15　73～79 頁
金渭顕　1998 「高麗与明之間的貢馬問題」『韓国学論文集』7　289～295 頁
景愛　1979 「関于開原路若干問題的探討」『学習与探索』3　48～57 頁
厳従簡　1993 『殊域周咨録』 中華書局（原本は 1583 年刊行）
厳聖欽　1995 「高麗与蒙元的政治軍事関係」『韓国学論文集』4　198～214 頁
顧誠　1989 「談明代的衛籍」『北京師範大学学報』5　56～65 頁→翻訳は，新宮学訳「明代の衛籍について」『東北大学東洋史論集』7　1998 年　239～265 頁
胡凡　1998 「論明代洪武時期的北部辺防建設」『東北師大学報（哲学社会科学版）』4　47～53 頁
——　2006 「明代洪武永楽時期北辺軍鎮建置考」『文史』77　167～180 頁
呉松弟　1996 「蒙（元）時期朝鮮半島対中国的移民」『韓国研究論叢』2　302～309 頁
実瑋　2002 「満族第一発祥地斡朶里故城遺址的発現」『学習与探索』2　125～126 頁
徐桂榮　1981 「元代的水達達路和開元路」『歴史地理』1　179～181 頁→『東北歴史地理論著匯編』3　吉林人民出版社　1987 年　596～598 頁
蔣秀松　1992 「羈縻衛所和羈縻政策」『黒龍江民族叢刊』4　57～66 頁→『東北民族史研究（三）』 中州古籍出版社　154～164 頁
——　1994 「高麗末期的東，西女真」『黒龍江民族叢刊』3　59～66 頁→『東北民族史研究（三）』 中州古籍出版社　139～146 頁
——　1997a 「元代的“合蘭府”」『東北民族史研究（三）』 中州古籍出版社　125～130 頁
——　1997b 「関于公嶮鎮的地理位置」『東北民族史研究（三）』 中州古籍出版社　88～94 頁
薛磊　2005 「元代開原路建置新考」『元史論叢』10　150～154 頁
——　2006 「元代瀋陽路建置芻議」『歴史地理』21　87～91 頁
——　2008 「元代征東省芻議」『内蒙古大学学報（哲学社会科学版）』3　42～45 頁
曹樹基　1996 「対明代初年田土数的新認識——兼論明初辺衛所轄的民籍人口」『歴史研究』1　147～160 頁
叢佩遠　1988 「元代的野人，吾者野人，女直野人与北山野人」『史学集刊』3　13～20

頁
——　1990「黒龍江下游地区古代的狗国与狗站」『中国史研究』2　107～119頁
——　1993a「元代遼陽行省境内的契丹，高麗，色目与蒙古」『史学集刊』1　7～14頁
——　1993b「元代遼陽行省的農業」『北方文物』1　78～88頁
——　1998「元代東北編」佟冬主編『中国東北史』3　吉林文史出版社　3～530頁
孫衛国　1997「略論明初与麗末之中韓関係」『韓国学論文集』6　33～41頁
譚其驤　1935「釋明代都司衛所制度」『禹貢半月刊』3—10　1～6頁→『長水集』上　人民出版社　1987年　150～158頁
張輝　2003「鉄嶺立衛与辛禑朝出師攻遼」『中国辺疆史地研究』1　19～25頁
張杰　2003　王虹「明初朱元璋経営鉄嶺以北元朝旧疆始末」馬大正主編『中国東北辺疆研究』中国社会科学出版社　87～100頁
——　2004「朱元璋設置鉄嶺衛于鴨緑江東始末」『遼寧大学学報（哲学社会科学版）』1　72～76頁
張士尊　2002「明代遼東東部山区海島開発考略」『遼寧大学学報（哲学社会科学版）』30—4　58～61頁
——　2003「奴児干都司職能分析」『遼寧大学学報（哲学社会科学版）』31—5　46～49頁
張勝彦　1976「明太祖時代遼東之主権的確立与政略」『食貨』5—11　12～26頁
張泰湘　1982「試論元初開元城的位置」『学習与探索』1　118・142～144頁→『東北亜研究——東北考古学研究（三）』中州古籍出版社　1994年　349～352頁
——　1986「論乃顔之乱」『民族研究』2　44～50頁→『東北亜研究——東北考古学研究（三）』中州古籍出版社　1994年　291～298頁
趙立人　1994「洪武時期北部辺防政策的形成与演変」『史学集刊』4　12～16頁
張立凡　1983「略論明代洪武期間与北元与戦和」中国蒙古史学会編『中国蒙古史学会論文選集』248～254頁
陳文石　1967「明代前期遼東的辺防（洪武四年—正統十四年）」『中央研究院歴史語言研究所集刊』37上　237～312頁
鄭慶平　2007「衛所制度変遷与基層社会的資源配置——以明清蔚州為中心的考察」『求是学刊』34—6　150～155頁
程尼娜　2005「元朝対黒龍江下流女真水達達地区統括研究」『中国辺疆史地研究』2　69～77頁
——　2006「元代朝鮮半島征東行省研究」『社会科学戦線』6　157～162頁
都興智　2009「元代遼陽行省的設置与治所変遷問題探討」『遼寧師範大学学報（社会科学版）』1　117～119頁
滕紹箴　2010「“斡朶里”非今“馬大屯”考」『清史研究』3　116～123頁
——　2011「“斡朶里”非今“馬大屯”考（二）」『東北史地』4　36～42頁
董万侖　1990「元代合蘭府水達達研究」『北方文物』2　59～65頁
——　1993「明代三万衛初設地研究」『歴史地理』11　224～232頁→刁書仁主編『中

朝関係史研究論文集』吉林文史出版社　1995年　170～181頁
樊鏵　2008「明初南北転運重建的真相：永楽十三年停罷海運考」『歴史地理』23　188～198頁
方学風　1989「元代高麗人遷入中国境内的一些史料」韓俊光主編『中国朝鮮族遷入史論文集』黒龍江朝鮮民族出版社　384～401頁
彭建英　2004「明代羈縻衛所制述論」『中国辺疆史地研究』3　26～38・148頁→『東北歴史地理論著匯編』4　吉林人民出版社　1986年　186～192頁
楊暁春　2007「13—14世紀遼陽，瀋陽地区高麗移民研究」『中国辺疆史地研究』3　36～45頁
楊保隆　1984「浅談元代的女真」『民族研究』3　16～25頁
楊茂盛　1989「関于元代兀者的名称，分布与族属問題」『中央民族学院学報』4　26～32頁
楊暘　1980　李治亭・傅朗云「明代遼東都司及其衛的研究」『社会科学輯刊』6　79～85頁→『東北歴史地理論著匯編』4　吉林出版社　1986年　186～192頁
——　1982　袁閭琨・傅朗云『明代奴児干都司及其衛所研究』中州書画社
——　1995　敬知本「関于明成祖在東北辺陲実施以佛教“御辺”国策之我見」『博物館研究』2　27～31・37頁
李学智　1956「朝鮮史籍中之『移闌豆漫』与明代三万衛考」『大陸雜誌』12—8　250～258頁
——　1959「元代設於遼東行省之開元路（上・中・下）」『大陸雜誌』18—2・18—3・18—4　10～12・22～26・22～26頁→『辺疆論文集』1　国防研究院　1964年　212～224頁
李三謀　1989「明代遼東都司，衛所的行政職能」『遼寧師範大学学報（社会科学版）』6　71～77頁
——　1996「明代遼東都司衛所的農経活動」『中国辺疆史地研究』1　31～37頁
李新峰　1998「恭愍王後期明高麗関係与明蒙戦局」『韓国学論文集』7　306～312頁
劉子敏　2003「関于“公嶮鎮”位置的再考証」馬大正主編『中国東北辺疆研究』中国社会科学出版社　251～262頁

Ⅱ—第二章

稲葉岩吉　1913「明代遼東の辺牆」『満洲歴史地理』2　南満洲鉄道　460～546頁
今西春秋　1967「jusen国域号」『東方学紀要』2　1～172頁
岩井茂樹　1996「十六・十七世紀の中国辺境社会」小野和子編『明末清初の社会と文化』京都大学人文科学研究所　625～659頁
上田裕之　2002「清初の人参採取とハン・王公・功臣」『社会文化史学』43　17～40頁
江嶋壽雄　1952「明正統期に於ける女直朝貢の制限」『東洋史学』6　27～44頁→『明代清初の女直史研究』129～149頁

——　1954「遼東馬市起源」『東洋史学』9　1〜25頁→『明代清初の女直史研究』217〜244頁
——　1957「遼東馬市における私市と所謂開原南関馬市」『重松先生古稀紀念　九州大学東洋史論叢』19〜39頁→『明代清初の女直史研究』307〜331頁
——　1958「明代女直朝貢貿易の概観」『史淵』77　1〜25頁→『明代清初の女直史研究』153〜181頁
——　1962「明末女直の朝貢に就て」『清水博士追悼紀念　明代史論叢』489〜518頁→『明代清初の女直史研究』185〜213頁
——　1963「明末遼東の互市場」『史淵』90　67〜94頁→『明代清初の女直史研究』359〜389頁
——　1968「明末遼東の互市場補遺」『史淵』100　157〜167頁→『明代清初の女直史研究』393〜405頁
——　1999『明代清初の女直史研究』中国書店
岡野昌子　1989「嘉靖十四年の遼東兵変」『明末清初期の研究』京都大学人文科学研究所　35〜65頁
川越泰博　1972「脱々不花王の女直経略をめぐって」『軍事史学』7—4　62〜73頁
河内良弘　1971「明代東北アジアの貂皮貿易」『東洋史研究』30—1　62〜120頁→「貂皮貿易の展開」『明代女真史の研究』592〜656頁
——　1974「朝鮮世祖の字小主義とその挫折」『天理大学学報』25—6　1〜27頁→『明代女真史の研究』365〜394頁
——　1976「燕山君時代の朝鮮と女真」『朝鮮学報』81　75〜91頁→『明代女真史の研究』657〜675頁
——　1977「中宗・明宗時代の朝鮮と女真」『朝鮮学報』82　65〜100頁→『明代女真史の研究』676〜715頁
——　1992『明代女真史の研究』同朋舎出版
後藤智子　1993「ホイファ世系考察」『史叢』51　92〜107頁
鈴木正　1952「明代家丁考」『史観』37　23〜40頁
園田一亀　1948『明代建州女直史研究』国立書院
——　1953『明代建州女直史研究（続篇）』東洋文庫
中島楽章　2011「14—16世紀，東アジア貿易秩序の変容と再編—朝貢体制から1570年システムへ—」『社会経済史学』76—4　3〜26頁
谷井陽子　2006「八旗制度再考（二）—経済的背景—」『天理大学学報』211　35〜58頁
荷見守義　1995「明朝の冊封体制とその様態——土木の変をめぐる李氏朝鮮との関係」『史学雑誌』104—8　37〜73頁
——　1999「李朝の交隣政策とその展開—土木の変期の明・女直・日本との関係を中心に—」『人文研紀要（中央大学）』34　41〜68頁
——　2002「明代遼東馬市抽銀考」『人文社会論叢（弘前大学人文学部）』8　1〜18頁

松浦茂　1995『清の太祖　ヌルハチ』白水社
諸星健児　1990「明代遼東の軍屯に関する一考察—宣徳～景泰年間の屯糧問題をめぐって—」『山根幸夫教授退休記念　明代史論叢』汲古書院　165～186頁
——　1992「遼東兵変と呂経」『東洋大学文学部紀要　史学科編』18　75～104頁
和田清　1930・32「兀良哈三衛に関する研究（上・下）」『満鮮地理歴史研究報告』12・13　137～311・261～498頁→『東亜史研究（蒙古篇）』東洋文庫　1959年　151～423頁
——　1951「清の太祖興起の事情について」『東洋学報』33—2　127～162頁→『東亜史研究（満洲篇）』東洋文庫　1955年　624～633頁
和田正広　1975「万暦政治における員缺の位置」『九州大学東洋史論集』4　38～57頁
——　1995『中国官僚制の腐敗構造に関する事例研究：明清交替期の軍閥李成梁をめぐって』九州国際大学社会文化研究所

衣保中　1993「試論明代遼東軍屯的破壊与民田的発展」李洵主編『明史論集』吉林文史出版社　488～495頁
王兆蘭　1990「15世紀30年代朝鮮両次入侵建州」『社会科学戦線』1　199～204頁→刁書仁主編『中朝関係史研究論文集』吉林文史出版社　1995年　159～169頁
王廷元　1981「略論明代遼東軍戸」『安徽師大学報（哲学社会科学版）』4　74～82頁
王冬芳　2005「明朝対女真人的羈縻政策，文化歧視及対後世的深遠影響」『明史研究』9　289～298頁
何爾健　1982『按遼御璫疏稿』中州書画社
姜守鵬　1987「明末遼東勢族」『社会科学戦線』2　203～209頁
周遠廉　1980a　謝肇華「明代遼東軍戸制初探——明代遼東檔案研究之一」『社会科学輯刊』2　45～60頁
——　1980b　謝肇華「明代遼東軍屯制初探——明代遼東檔案研究之二」『遼寧大学学報』6　53～60頁
肖許　1984「明代将帥家丁的興衰及其影響」『南開史学』1　102～122頁
蔣秀松　1984「明代女真的敕貢制」『民族研究』4　16～29頁→『東北民族史研究（三）』中州古籍出版社　1997年　192～193頁
——　1997「論十五世紀三十年代朝鮮両次入侵建州」『東北民族史研究（三）』中州古籍出版社　310～320頁
全漢昇　1970「明代北辺米糧価格的変動」『新亜学報』9—2　49～96頁→『中国経済史研究』中　新亜研究所出版　1976年　261～308頁
叢佩遠　1984a「扈倫四部形成概述」『民族研究』2　8～17頁
——　1984b「扈倫四部世系考索」『社会科学戦線』2　200～212頁
——　1985a「明代遼東軍屯」『中国史研究』3　93～107頁
——　1985b「明代遼東軍戸的反抗闘争」『史学集刊』3　23～30頁
張士尊　1994「論明末遼東軍食与明清戦争的関係」『鞍山師範学院学報』4　12～21・

52 頁
趙中男　1991 「論明代軍事家丁制度的歴史地位」『中国史研究』4　158〜164 頁
陳暁珊　2010 「明代登遼海道的興廃与遼東辺疆経略」『文史』90　209〜234 頁
馬楚堅　1985 「明代的家丁」『明史研究専刊』8　191〜252 頁→『明清辺政与治乱』天津人民出版社　1994 年　124〜162 頁
楊暘　1991 『中国的東北社会（十四—十七世紀）』 遼寧人民出版社
欒凡　1999 『一種文化辺縁地帯的特有経済類型剖析』 東北師範大学出版社
——　2000 「明代女真族的貿易関係網及社会効応」『北方文物』1　73〜76 頁
——　2004 「明朝治理東北辺疆思想芻議」『明代史研究』32　10〜18 頁
——　2010 「明代遼東的米値，軍糧与時局」『東北史地』3　65〜72 頁
劉謙　1989 『明遼東長城及防御考』 文物出版社
遼寧省檔案館　1985　遼寧省社会科学院歴史研究所 『明代遼東檔案匯編』上・下　遼瀋書社

Ⅱ—第三章

秋月俊幸　1994 『日露関係とサハリン島』 筑摩書房
秋月望　1983 「鴨緑江北岸の統巡会哨について」『九州大学東洋史論集』11　117〜137 頁
——　1984 「朝中貿易交渉の経緯—1882 年派使駐京問題を中心に—」『九州大学東洋史論集』13　83〜102 頁
——　1985 「朝中間の 3 貿易章程の締結経緯」『朝鮮学報』115　103〜137 頁
——　1989 「中朝勘界交渉の発端と展開」『朝鮮学報』132　79〜108 頁
——　1991 「露中国境の成立と朝鮮の対応」『国際学研究（明治学院大学）』8　23〜37 頁
——　2002 「朝清境界問題にみられた朝鮮の『領域観』—『勘界会談』後から日露戦争期まで—」『朝鮮史研究会論文集』40　125〜149 頁
A. L. アニシモフ　1993 「19 世紀 50〜60 年代におけるサハリンの露日国境確定問題に対する東シベリア行政府の態度」『北海道極東研究』1　185〜209 頁
天海謙三郎　1943 「満洲土地制度の理解に関する一関鍵」『満洲土地問題関係文献』満鉄　1〜70 頁→『中国土地文書の研究』 勁草書房　1966 年　715〜780 頁
荒武達朗　2008 『近代満洲の開発と移民—渤海を渡った人びと—』 汲古書院
有高巌　1926 「黒龍江省呼蘭平野の開発に就きて」『内藤博士還暦祝賀　支那学論叢』弘文堂　819〜864 頁
池上二良　1968 「カラフトのナヨロ文書の満州文」『北方文化研究』3　179〜196 頁
イゴリ・R. サヴェリエフ　2005 『移民と国家　極東ロシアにおける中国人，朝鮮人，日本人移民』 御茶の水書房
江夏由樹　1983 「清末の時期，東三省南部における官地の丈放の社会経済史的意味—錦州官荘の丈放を一例として—」『社会経済史学』49—4　28〜47 頁

江夏由樹　1988「旧奉天省遼陽の郷団指導者，袁金鎧について」『一橋論叢』100―6　84～104頁
――　1990「奉天地方官僚集団の形成―辛亥革命期を中心に―」『一橋大学研究年報経済学研究』31　309～347頁
榎森進　2007『アイヌ民族の歴史』草風館
岡野恵美子　1994「設立時のロシア―アメリカ会社」『群馬県立女子大学紀要』15　73～88頁
――　1997「ロシア領アメリカにおけるロシア―アメリカ会社，1799―1802」『群馬県立女子大学紀要』18　73～88頁
――　1999「ロシア人の北太平洋進出と政府の役割―ベーリング探検隊から一七八〇年代まで―」『群馬県立女子大学紀要』20　73～93頁
岡本隆司　2004『属国と自主のあいだ　近代清韓関係と東アジアの命運』名古屋大学出版会
奥平武彦　1936「クリミア戦争と極東（1・2）」『国際法外交雑誌』35―1・35―4　42～68・15～45頁
オークニ（原子林二郎訳）1943『カムチャツカの歴史』大阪屋号書店
川久保悌郎　1935「清末に於ける吉林省西北部の開発」『歴史学研究』5―2　147～184頁
――　1968「満洲馬賊考―咸豊・同治期におけるその活動を中心として―」『文経論叢（弘前大学）』3―4　1～44頁
――　1990「柳條辺牆管見」『東洋学報』71―3・4　1～31頁
木村和男　2004『毛皮交易が創る世界　ハドソン湾からユーラシアへ』岩波書店
――　2007『北太平洋の「発見」毛皮交易とアメリカ太平洋の分割』山川出版社
小峰和夫　1991『満洲　起源・植民・覇権』御茶の水書房→『満洲――マンチュリアの起源・植民・覇権』講談社　2011年
佐々木史郎　1991「レニングラードの人類学民族学博物館所蔵の満州文書」畑中幸子・原山煌編『東北アジアの歴史と文化』名古屋大学出版会　195～216頁
佐々木揚　1977「日清戦争後の清国の対露政策――1896年の露清同盟条約の成立をめぐって」『東洋学報』59―1・2　67～104頁
――　1980「日清戦争前の朝鮮をめぐる露清関係」『佐賀大学教育学部研究論文集』28―1　35～51頁
――　1987「1880年代における露朝関係――1885年の「第一次露朝密約」を中心として」『韓』106　3～55頁
参謀本部編　1889『支那地誌』巻15上（参謀本部編『満洲地誌』〈国書刊行会〉1976年復刻）
柴三九男　1934「呼蘭地方の植民地的発展」『史観』6　113～154頁
――　1937「満洲植民の効果――殊に黒龍江将軍特普欽の土地開放について」『史観』13　31～49頁
――　1941「清代中葉における満洲封禁の歴史的意義」『史観』26・27　1～31頁

渋谷由里　1997 「張作霖政権成立の背景――奉天省における軍隊，警察と辛亥革命」『アジア経済』38―5　2～27 頁
周藤吉之　1940 「清代の満洲に於ける糧米の漕運に就いて」『東亜論叢』3　141～165 頁→『清代東アジア史研究』 日本学術振興会　1972 年　439～459 頁
――　1944 『清代満洲土地政策の研究』 河出書房
田川孝三　1944 「近代北鮮農村社会と流民問題」『近代朝鮮史研究』 朝鮮総督府　407～625 頁
――　1981 「光緒初年朝鮮越境流民問題」『論集 近代中国研究――市古教授退官記念論叢』 山川出版社　213～232 頁
塚瀬進　2007 「中国東北地域史研究が見てきた内モンゴル東部地域像」 モンゴル研究所編『近現代内モンゴル東部の変容』 雄山閣　372～386 頁
――　2008a 「中国東北の変容―一八六〇～八〇年代の吉林を中心に―」 左近幸村編『近代東北アジアの誕生――跨境史への試み』 北海道大学出版会　269～294 頁
――　2008b 「清代，中国東北における封禁政策再考」 中央大学東洋史学研究室編『池田雄一教授古稀記念　アジア史論叢』 白東史学会　409～428 頁
――　2012 「清代マンチュリアの諸民族に関する研究動向」『News Letter（近現代東北アジア地域史研究会)』24　21～37 頁
――　2013 「清代マンチュリア史に関する研究史の整理―清代前半を中心に―」『News Letter（近現代東北アジア地域史研究会)』25　29～37 頁
――　2014 「清代マンチュリア史に関する研究史の整理―露清関係史，中朝関係史を中心に―」『長野大学紀要』35―3　61～77 頁
古市大輔　1996a 「清代後期の盛京行政とその変容」『史学雑誌』105―11　33～58 頁
――　1996b 「光緒初年盛京行政改革再考―盛京将軍崇実の上奏した「変通奉天吏治章程」の再検討を通じて―」『アジア・アフリカ歴史社会研究』1　3～23 頁
――　1997 「光緒初年盛京行政改革の財政的背景」『東洋学報』79―1　75～102 頁
――　2004 「満洲人官僚崇実の地方赴任―四川と盛京を中心に―」『歴史と地理』576　74～78 頁
――　2008 「清代光緒年間の東三省練軍整備計画とその背景」 弁納才一編『東アジア共生の歴史的基盤』 御茶の水書房　31～63 頁
細谷良夫　1990 「マンジュ・グルンと満洲国」『シリーズ世界史への問い 8　歴史のなかの地域』 岩波書店　103～135 頁
松浦茂　2006 『清朝のアムール政策と少数民族』 京都大学学術出版会
松里公孝　2008 「プリアムール総督府の導入とロシア極東の誕生」 左近幸村編『近代東北アジアの誕生――跨境史への試み』 北海道大学出版会　295～332 頁
松重充浩　2007 「張作霖奉天省政府による内モンゴル東部地域統治政策に関する覚書」 モンゴル研究所編『近現代内モンゴル東部の変容』 雄山閣　184～199 頁
真鍋重忠　1978 『日露関係史　1697―1875』 吉川弘文館
満鉄総務部事務局調査課　1915 『一般民地』中
森川哲雄　1983 「チャハルのブルニ親王の乱をめぐって」『東洋学報』64―1・2　99

～129頁
森永貴子　2008 『ロシアの拡大と毛皮交易　16～19世紀シベリア・北太平洋の商人世界』 彩流社
柳沢明　2008 「遼寧省鳳城・岫巌のバルガ人」『北東アジア研究（島根県立大学)』別冊1　47～66頁
山本進　2010 「清末民国期鴨緑江流域の開墾」『九州大学東洋史論集』38　141～159頁
――　2011 「清代鴨緑江流域の開発と国境管理」『九州大学東洋史論集』39　145～176頁
山本俊朗　1989 「スペランスキーとムラヴィヨフ・アムールスキー」『早稲田大学大学院文学研究科紀要（哲学・史学編)』34　63～75頁
ユ・ヒョヂョン　2002 「利用と排除の構図――19世紀末，極東ロシアにおける『黄色人種問題』の展開」 原田勝正編著 『「国民」形成における統合と隔離』 日本経済評論社　201～259頁
吉田金一　1977 「清の柳條辺牆について―メリホフ説批判―」『東洋学報』59―1・2　1～25頁
――　1984 『ロシアの東方進出とネルチンスク条約』 近代中国研究センター
劉正愛　2006 『民族生成の歴史人類学　満洲・旗人・満族』 風響社
渡部裕　2003 「カムチャツカにおけるクロテン猟と毛皮交易」 大塚和義編『北太平洋の先住民交易と工芸』 思文閣出版　150～153頁

王革生　1993 「李金鏞在東北」『北方文物』1　76～81頁
王広義　2009 「論清代東北地区“郷約”」『史学集刊』5　107～116頁
何栄偉　1992 「簡述清代双城堡地区的行政制度」『満族研究』1　26～30頁
華立　1988 「従旗人編査保甲清王朝“旗民分治”政策的変化」『民族研究』5　97～106頁
賀飛　2009 「呉大澂籌措吉林辺防叙論」『東北辺疆歴史与文化研究』 吉林人民出版社　250～259頁
関嘉録　1984　魏鑒勛「従《黒圖檔》看康熙朝盛京皇荘的賦役制度」『中国史研究』2　93～101頁
鞠殿義　1986 「関于奉吉両省中段交界的勘定問題」『東北歴史地理論著匯編』5　吉林人民出版社　148・157～160頁
魏影　2010 『清代京旗回屯問題研究』 黒龍江大学出版
姜念思　1999　高栄斌「雍正帝整飭盛京陋習」『明清論叢』1　202～206頁
姜龍範　2000 「清政府移民実辺政策与中国朝鮮族的形成」『社会科学戦線』4　187～193頁
金毓黻　1941 「清代統治東北之二重体系」『東北集刊』2 →『東北歴史地理論著匯編』5　吉林人民出版社　1986年　377～382頁
康沛竹　1989 「日俄戦争後的清廷東北防務」『近代史研究』3　77～89頁

高月　2006 「清末東北新政改革論—以趙爾巽主政東北時期的奉天財政改革為中心—」『中国辺疆史地研究』4　62～74頁
隋国旗　1992 「浅析“保険隊”性質」『東北地方史研究』2・3　104～107頁
荘吉発　1978 「清季東北辺防経費的籌措」『東呉文史学報』3　93～102頁
段自成　2008 「略論晩清東北郷約」『史学月刊』8　66～71頁
趙英蘭　2007 「清代東北辺疆戸口管理体系及其演変」『社会科学戦線』4　278～281頁
——　2011 『清代東北人口社会研究』 社会科学文献出版社
張其卓　2005 「岫岩，鳳凰城城守尉之沿革」『満族研究』3　68～73頁
——　2006 「丹東八旗家譜中『随龍安家』的記載」『満族研究』4　75～84頁
張杰　2005 『清代東北辺疆的満族』 遼寧民族出版社
張志強　1988 「清代呼蘭地区的土地開発」『明清檔案与歴史研究　中国第一歴史檔案館六十周年記念論文集』下冊　中華書局　681～695頁
張士尊　2010 「清代乾隆年間奉天民人口数探究」『東北師範大学（哲学社会科学版）』4　67～73頁
——　2003 『清代東北移民与社会変遷　1644—1911』 吉林人民出版社
刁書仁　1991 「論清代東北旗界的設置与管理」『吉林師範学院学報』3・4　84～89頁→『明清東北史研究論集』 吉林文史出版社　1995年　27～39頁
——　1994a 「論清代吉林地区行政体制及其変化」『社会科学戦線』3　194～199頁→『明清東北史研究論集』 吉林文史出版社　1995年　177～187頁
——　1994b 『近三百年東北土地開発史』 吉林文史出版社
張博泉　1985 『東北地方史稿』 吉林大学出版社
張風鳴　1989　高暁燕「19世紀後半呼蘭地区土地開発」『学習与探索』4・5　144～150頁
趙麗艶　2000 「清代双城堡地区編査保甲述略」『満族研究』3　48～50頁
定宜庄　1993 「清代理事同知考略」『慶祝王鐘翰先生八十寿辰学術論文集』 遼寧大学出版社　263～274頁
——　2004　郭松義・李中清・康文林『遼東移民中的旗人社会　歴史文献・人口統計与田野調査』 上海社会科学院出版社
鄭川水　1982 「清末満族社会特点初探」『学術研究』2　60～66頁
——　1985 「論清朝的旗餉政策及其影響」『遼寧大学学報』2　76～79頁
田志和　1987 「論清代東北行政体制的改革」『東北師大学報（哲学社会科学版）』4　59～64頁
佟永功　1995　関嘉録「盛京内務府糧荘述要」『歴史檔案』1　89～97頁
佟冬主編　1985 『沙俄与東北』 吉林文史出版社
任玉雪　2007 「従八旗駐防到地方行政制度——以清代盛京八旗駐防制度的嬗変為中心」『中国歴史地理論叢』22—3　103～112頁
——　2010 「再論清代東北的旗，民管理体制」『学術界』3　183～192頁
——　2011 「論清代東北地区的庁」『中国歴史地理論叢』3　81～91頁

宝音朝克図　2003 「清朝辺防中的三種巡視制度解析」『清史研究』4　67～73 頁
暴景昇　2009 「清代中前期東北地区統轄管理体制初探」『雲南師範大学学報（哲学社会科学版)』2　12～20 頁
民族問題五種叢書遼寧省編輯委員会編　1985 「遼寧省興城県満族調査報告（節録)」『満族社会歴史調査』 遼寧人民出版社
葉高樹　1993 「清同治朝中俄在吉林的貢貂交渉」『輔仁歴史学報』5　259～288 頁
頼惠敏　2007 『但問旗民――清代的法律与社会』 五南図書出版
李花子　2006 『清朝与朝鮮関係史研究』 延辺大学出版社
李皓　2008 「浅析盛京将軍趙爾巽的奉天警務改革」『社会科学輯刊』6　150～155 頁
栗振復　1983 「乾隆防御沙俄侵略的措置」『歴史檔案』3　84～91 頁
李林　1992 『満族宗譜研究』 遼瀋書社

James R. Gibson　1968　“Russia on the Pacific: The Role of The Amur”　*Canadian Geographer* 12–1　pp. 15–27
John J. Stephan　1969　“The Crimean War in the Far East”　*Modern Asian Studies* 3–3　pp. 257–277
John D. Grainger　2008　*The First Pacific War Britain and Russia, 1854–1856*　The Boydell Press　Woodbridge

Ⅲ―第一章

麻田雅文　2012 『中東鉄道経営史　ロシアと「満洲」1896―1935』 名古屋大学出版会
味岡徹　1983 「ロシア革命後の東三省北部における幣権回収」『歴史学研究』513　56～67 頁
金子文夫　1991 『近代日本における対満州投資の研究』 近藤出版社
倉橋正直　1981 「営口の巨商東盛和の倒産」『東洋学報』63―1・2　167～200 頁
小瀬一　1989 「一九世紀末中国開港場間流通の構造―営口を中心として―」『社会経済史学』54―5　30～58 頁
塚瀬進　1993 『中国近代東北経済史研究―鉄道敷設と中国東北経済の変化―』 東方書店
――　2005 「中国東北地域における大豆取引の動向と三井物産」 江夏由樹編『近代中国東北地域史研究の新視角』 山川出版社　70～94 頁
――　2012 「中国東北地域の社会経済史」 久保亨編『中国経済史入門』 東京大学出版会　137～148 頁
西村成雄　1984 『中国近代東北地域史研究』 法律文化社
――　1992 「張学良政権下の幣制改革――現大洋票の政治的含意」『東洋史研究』50―4　1～47 頁
安冨歩　2009a 「県城経済――1930 年前後における満洲農村市場の特徴」『「満洲」の成立　森林の消尽と近代空間の形成』 名古屋大学出版会　165～200 頁

——　2009b　兼橋正人「鉄道・人・集落」『「満洲」の成立　森林の消尽と近代空間の形成』　名古屋大学出版会　61〜90 頁
山本進　2009 『環渤海交易圏の形成と変容』 東方書店
山本有造　2003 『「満洲国」経済史研究』 名古屋大学出版会

海放　1986　張偉「近代奉天的官帖与私帖」『東北地方史研究』1　16〜23 頁
魏福祥　1989 「張作霖統治初期対奉票的改革与整頓」『東北地方史研究』1　35〜40・48 頁
劉万山　1987　梁継先「吉林永衡官銀銭号的始末」『東北地区資本主義発展史研究』黒龍江人民出版社　316〜327 頁

Ronald Suleski　1979　"The Rise and Fall of the Feng Tien Dollar, 1917–1928: Currency Reform in Warlord China"　*Modern Asian Studies* 13–4　pp. 643–660

Ⅲ—第二章

飯塚靖　1986 「農業資源の収奪」 浅田喬二・小林英夫編『日本帝国主義の満洲支配』時潮社　423〜545 頁
江夏美千穂　1986 「満洲における企業形態『合夥』」『アジア経済』27—3　72〜86 頁
江夏由樹　1997 「土地権利関係をめぐる中国・日本の官民関係」『アジア経済』38—1　2〜24 頁
大豆生田稔　1986 「日中戦争開戦当初における対植民地・満州米政策」『城西人文研究』13　380〜357 頁
——　1993 「戦時食糧問題の発生」『岩波講座 近代日本と植民地』5　岩波書店　177〜195 頁
風間秀人　1986 「農村行政支配」 浅田喬二・小林英夫編『日本帝国主義の満洲支配』時潮社　255〜326 頁
——　1993 『満州民族資本の研究』 緑蔭書房
——　2007 「1930 年代における『満洲国』工業—土着資本と日本資本の動向—」『アジア経済』38—12　2〜29 頁
鈴木隆史　1992 『日本帝国主義と満州　1900〜1945』上・下　塙書房
地方財政有志の会編　1986 『満洲国の想い出』 地方財政有志の会
張暁紅　2008 「『満州国』 商工業都市—1930 年代の奉天の経済発展—」『三田学会雑誌』101—1　107〜122 頁
陳祥　2010 「『満州国』統制経済下の農村闇市場問題」『環東アジア研究センター年報』5　82〜96 頁
塚瀬進　1998 「1940 年代における満洲国統治の社会への浸透」『アジア経済』39—7　2〜21 頁
——　2006 「『検閲月報』 にみる満洲国の中国人—1940 年代の状況を中心に—」 小

林英夫編『検閲された手紙が語る満洲国の実態』小学館　82〜114 頁
浜口裕子　1996『日本統治と東アジア社会』勁草書房
原朗　1972「1930 年代の満洲経済統制政策」満洲史研究会編『日本帝国主義下の満洲』御茶の水書房　3〜114 頁
満史会編　1964『満州開発四十年史』下
満州国史編纂刊行会編　1970『満州国史　総論』満蒙同胞援護会
——　1971『満州国史　各論』満蒙同胞援護会
満州史研究会編　1972『日本帝国主義下の満州』御茶の水書房
満州中央銀行史研究会編　1988『満州中央銀行史』東洋経済新報社
柳沢遊　2008「1930 年代大連の工業化」『三田学会雑誌』101—1　149〜179 頁
山本有造　2003『「満州国」経済史研究』名古屋大学出版会

Ⅲ—第三章

石井明　1990「戦後内戦期の国共両党・ソ連の関係について」『中ソ関係史の研究 1945〜1950』東京大学出版会　15〜65 頁
大沢武彦　2002「内戦期，中国共産党による都市基層社会の統合—哈爾浜を中心として—」『史学雑誌』111—6　58〜79 頁
——　2004「戦後内戦期における中国共産党統治下の大衆運動と都市商工業—東北解放区を中心として—」『中国研究月報』675　20〜32 頁
——　2006「戦後内戦期における中国共産党の東北支配と対ソ交易」『歴史学研究』814　1〜15・61 頁
金子文夫　1991『近代日本における対満州投資の研究』近藤出版社
鐸木昌之　1993「満州・朝鮮の革命的連繋」『岩波講座 近代日本と植民地』6　岩波書店　29〜59 頁
西村成雄　1984『中国近代東北地域史研究』法律文化社
丸山鋼二　1992「中国共産党「満州戦略」の第一次転換」『アジア研究』39—1　25〜53 頁
——　2005a「戦後満洲における中共軍の武器調達」『近代中国東北地域史研究の新視角』山川出版社　299〜327 頁
——　2005b「戦後初期の満洲における中国共産党の政府樹立工作」『文教大学国際学部紀要』16—1　19〜39 頁
門間理良　1997「国共内戦期の東北における新兵動員工作」『史境』35　20〜39 頁
山本有造　2005「国民政府統治下における東北経済」『近代中国東北地域史研究の新視角』山川出版社　243〜273 頁

朱建華編　1987a『東北解放戦争史』黒龍江人民出版社
——　1987b『東北解放区財政経済史稿』黒龍江人民出版社
常城　1986　李鴻文・朱建華『現代東北史』黒龍江教育出版会

終　章

矢野仁一　1932「満洲国の建国とその使命」『外交時報』656　249〜259頁